高等院校市场营销专业系列教材

商务礼仪

杨秀丽　主　编
徐华楠　王福生　副主编
过仕明　主　审

上海财经大学出版社

图书在版编目(CIP)数据

商务礼仪/杨秀丽主编.一上海:上海财经大学出版社,2015.9

(高等院校市场营销专业系列教材)

ISBN 978-7-5642-2261-1/F·2261

Ⅰ.①商… Ⅱ.①杨… Ⅲ.①商务-礼仪-高等学校-教材

Ⅳ.①F718

中国版本图书馆 CIP 数据核字(2015)第 201041 号

□ 责任编辑 刘光本

□ 责编电话 021－65904890

□ 责编电邮 lgb55@126.com

□ 责任校对 王从远

□ 封面设计 张克瑶

SHANGWU LIYI

商务礼仪

杨秀丽 主 编

上海财经大学出版社出版发行

(上海市武东路 321 号乙 邮编 200434)

网 址:http://www.sufep.com

电子邮箱:webmaster @ sufep.com

全国新华书店经销

上海华业装璜印刷厂印刷装订

2015 年 9 月第 1 版 2015 年 9 月第 1 次印刷

787mm×1092mm 1/16、15.75 印张 403 千字

印数:0 001－4 000 定价:35.00 元

前　言

中国素以“礼仪之邦”著称于世。讲“礼”重“仪”是我国世代相传的优秀传统，源远流长的礼仪文化是前人留给我们的丰厚遗产。礼仪是社会约定俗成的用来律己的行为规范体系，有助于促进人们之间的互相尊重，缓和不必要的矛盾和冲突。随着市场经济的发展，商业活动越来越全球化，商务礼仪成为商务人员必须了解并遵守的活动规则和规范。商务礼仪具有规范性和可操作性，既有利于协调人际关系，又有利于塑造良好的企业形象，提高企业的经济效益。

本书旨在普及商务礼仪知识，提高人们在商务活动中的礼仪素养。通过本书的学习，可以提高学生的礼仪修养和商务礼仪运用的能力，步入社会后能将商务礼仪规则运用于商务活动，体现出较高的综合素质。

本书结构紧凑，体系完整，涵盖了商务活动所涉及的各种礼仪，以职业需求为基点进行介绍，内容更完善，更具有实用性。本书在正文中设计了“小知识”“小故事”“案例”“课堂训练”等，使本书更具操作性。每章末大多设计了“本章小结”“复习题”和“案例分析”等，便于掌握得更加扎实。本书根据学生的认知规律，循序渐进、由浅入深地阐述了商务活动的基本礼仪，力求通俗易懂，让学生读着有趣、教师教着顺手。

本书由哈尔滨师范大学杨秀丽担任主编，哈尔滨师范大学徐华楠、王福生担任副主编，哈尔滨师范大学经济学院过仕明院长担任主审。全书共分十一章，杨秀丽负责编写第一、二、三、四、五、六章，徐华楠负责编写第七、八、九、十章，王福生负责编写第十一章。参与本书编写的还有于春满、熊文强、丁玎、徐宁、唐红、万采红，他们负责相关资料的搜集和整理。

本书汇聚了多位教师教学及实践的经验，总结了在教学中能够让学生迅速接受的方法，是一本实用的商务礼仪教材。

限于编写人员的知识水平和教学经验，本书缺点和疏漏之处在所难免，希望读者批评指正。

编　者

2015年9月

目　录

第一章

商务礼仪概述

学习目的和要求

通过本章的学习，应使学生了解礼仪的起源与发展、礼仪的定义与特点，熟悉商务礼仪的特征；掌握商务礼仪的原则、作用；通过案例分析，使学生深入理解商务礼仪对个人及现代企业生存和发展所起的重要作用。

树立良好的声誉，需要二十年的时间，而毁掉它，五分钟就够了。如果你能考虑到这一点，你就会讲究礼仪了。

——沃伦·巴菲特

商务礼仪是现代人立足于社会的必修课程，其重要性不亚于专业技能。礼仪就是教养，通过对课程的学习，您将了解商务礼仪的行为规范，掌握敬人、自律、适度、真诚的基本原则，用以指导自己的日常行为。

第一节 礼仪与商务礼仪

案例 1—1 **张良拜师**

张良是西汉高祖刘邦的军师,他的祖先是韩国人。在秦灭韩后,张良立志为韩国报仇。有一次,因刺杀秦始皇未遂,受到追捕而避居下邳。

张良在下邳闲暇无事。有一天他到下邳桥上散步,碰到一个老人,穿着粗布短衣,走到张良旁边,故意把他的鞋子掉到桥下,然后回过头来冲着张良说:"孩子! 下桥去给我把鞋子拾上来!"张良听了一愣,很想打他一下,但一看他是个老人,就强忍怒气,到桥下把鞋拾了上来。那老人竟又命令说:"把鞋子给我穿上!"张良一想,既然已经给他拾来了鞋子,就给他穿上吧,于是跪在地上给他穿鞋。那老人把脚伸着,让张良给他穿好后,就笑嘻嘻地走了。张良一直用惊奇的目光注视着他的去向。

那老人走了里把路,又折回身来,对张良说:"你这个孩子是能培养成才的。5 天以后,天一亮,就到这里同我会面!"张良跪下来说:"是。"第五天天刚亮,张良到了下邳桥上。不料那老人已经等在那里了,见了张良就生气地说:"和老人约会,怎么迟到了? 下一个第五天早上再来相会!"说完就离去了。到第五天早上,鸡一叫,张良就赶去。可是那老人又等在那里了,见了张良,又生气地说:"怎么又掉在我后面了? 过了五天再早点来!"说完又走了。

到第五天,张良没到半夜就赶到桥上,等了好久,那老人也来了,高兴地说:"这样才好。"然后他拿出一本书来,指着说道:"认真研读这本书,就能做帝王的老师了! 过十年,天下形势有变,你就会发迹了。再过 13 年,你就会在济北郡谷城山下看到我,那儿有块黄石就是我了。"老人说完就走了。

天亮时,张良拿出那本书一看,原来是《太公兵法》(辅佐周武王伐纣的姜太公的兵书)! 张良十分珍爱它,经常熟读,反复地学习、研究。

10 年过去了,陈胜等人起兵反秦,张良聚集了 100 多人响应。沛公刘邦率领几千人马,在下邳的西面攻占了一些地方,张良就归附于他,成为他的部属。张良根据《太公兵法》经常向沛公献计献策,沛公认为很好,常常采用他的计谋,后来成了刘邦运筹帷幄、决胜千里的军师。刘邦称帝后,封他为留侯。

张良始终不忘那个给他《太公兵法》的老人。13 年后,他随刘邦经过济北时,果然在谷城山下看见有块黄石,并把它取回,称之为"黄石公",作为珍宝供奉起来,按时祭祀。张良死后,家属把这块黄石和他葬在一起。

资料来源:http://wenku.baidu.com/view/d573efbffd0a79563c1e72b1.html。

自古以来，国人就非常崇尚礼仪，有懂礼、习礼、守礼、重礼的传统，所以我国也被称为“礼仪之邦”。礼仪是人类文明的结晶。中华民族五千年悠久的历史，不但创造了灿烂的文化，同时也形成了很多传统美德。礼仪是一个民族、一个国家文明程度的重要标志之一，也是个人文化修养和道德修养的外在表现形式，是做人的基本要求。礼仪也是现代文明的重要组成部分。在现实生活中，懂礼仪会赢得别人的尊敬和信任，从而获得更多的机遇。可见，礼仪教育对培养道德高尚的高素质人才有着十分重要的意义。

一、礼仪概述

(一)礼仪的概念

礼仪是在人际交往、社会交往和国际交往中用于表示尊重、友善和友好的言语和动作，是在长期的社会生活实践中由风俗习惯而形成的为大家共同遵守的一系列行为道德、社会规范和惯用形式。

由于礼仪是社会、道德、习俗、宗教等方面的行为规范，所以它是人们文明程度和道德修养的一种外在表现形式。礼仪是人类文明的结晶，是现代文明的重要组成部分。它体现的宗旨是尊重，既是对人也是对己的尊重，这种尊重总是同人们的生活方式有机地、自然地、和谐地、毫不勉强地融合在一起，成为人们日常生活、工作的行为规范。这种行为规范包含着个人的文明素养，也体现出人们的品行修养。礼仪的本质是“诚”，有敬重、友好、谦恭、关心、体贴之意。在现代生活、工作及交往中，得体的服饰、语言、举止、态度、处世方式等都是礼仪。礼仪对个人而言，就是一个人思想水平、文化修养、交际能力的外在表现。

(二)礼仪的构成

1. 礼貌

礼貌是指人们在社会交往过程中良好的言谈和行为。它主要包括口头语言的礼貌、书面语言的礼貌、态度和行为举止的礼貌。礼貌是人的道德品质修养的最简单、最直接的体现，也是人类文明行为最基本的要求。

2. 礼节

礼节是人们在交际过程中逐渐形成的、约定俗成的和惯用的各种行为规范的总和。礼节是社会外在文明的组成部分，具有严格的礼仪性质。它反映一定的道德原则的内容，反映对人对己的尊重，是人们心灵美的外化。

3. 仪表

仪表是指人的外表，包括仪容、服饰、体态等。仪表属于美的外在因素，反映人的精神状态。仪表美是一个人心灵美与外在美的和谐统一。美好纯正的仪表来自于高尚的道德品质，它与人的精神境界融为一体。

4. 仪式

仪式是指行礼的具体过程或程序。人们在社会交往过程中或在开展各项专题活动过程中，常常举办各种仪式，以体现对某人或某事的重视，或是为了纪念等。常见的仪式包括成人仪式、结婚仪式、安葬仪式、凭吊仪式、告别仪式、开业或开幕仪式、闭幕仪式、欢迎仪式、升旗仪式、入场仪式、签字仪式、剪彩仪式、揭匾挂牌仪式、颁奖授勋仪式、宣誓就职仪式、交接仪式、奠基仪式、捐赠仪式等。

5. 礼俗

礼俗即民俗礼仪，是指各种风俗习惯，是礼仪的一种特殊形式。礼俗是由历史形成的，普及于社会和群体之中，并根植于人们的心理之中，在一定的环境重复出现的行为方式。"十里不同风，百里不同俗"，不但每一个民族、地区甚至一个小小的村落都可能形成自己的风俗习惯。

案例 1—2　　特殊的握手

我国南方某旅行团去蒙古旅游。游玩过程中，在人多之处王小姐被一位蒙古男士不慎踩了一脚。王小姐并未在意，但没想到的是那位男士立即转过身来，拉住王小姐的手握个不停，令王小姐不知所措。经过导游解释才知道，按照当地的礼俗，不小心踩到他人后，要主动与对方握手，以表示自己的歉意。

资料来源：维基百科。

（三）礼仪的规律

1. 约定俗成

约定俗成，是指各种礼仪规范都是在社会生活中共同议约、众所习用的。礼仪规范不是法律规范，也不完全同于道德规范，因此它既不能像法律规范可以靠强制的权力来维持，也不能像道德规范靠舆论的力量来维持。维持礼仪规范的办法只能是社会成员的认同、认可和主动遵守。

小故事

20 世纪初，在欧美如果有一位少妇外出遛狗，将被视为极大地丧失风度，有辱礼节。即使那只哈巴狗很有"教养"，少妇也会被认为是没有教养的，周围的异样眼光将使她陷入尴尬境地。但仅仅 20 年后，欧美遛狗成风，成为少妇最有风度的行为。在人们羡慕的眼光里，这不但符合礼节，而且是上层生活的表现。

2. 等级相称

等级相称，是指礼仪是划分为一定等级的。礼仪的等级与礼仪主体和客体的等级必须相称。这里所谓的等级是广义上的等级概念，既包括社会地位的等级，也包括家族地位的等级，如辈分、长幼、亲疏等。其要求是，礼仪的规模、规格和形式都应恰如其分，不能对上者、尊者、长者、亲者使用对下者、卑者、幼者、疏者的礼仪；也不能对下者、卑者、幼者、疏者等使用对上者、尊者、长者、亲者的礼仪。

3. 时空有序

时空有序，是指一切礼仪行为和礼仪活动中的时间、空间顺序都是有意义的。这一规律广泛地体现在各种礼仪活动中。从表面上看，只是时间或空间的先后顺序，实质上则是礼仪主体和客体各自的地位、权力、尊严和荣誉的体现。

4. 客随主便

客随主便，是指处于客位的礼仪当事人必须遵循处于主位的礼仪当事人所在地域的礼仪规范。客位礼仪当事人和主位礼仪当事人的划分是根据礼仪活动所处的地域来确定的。礼仪当事人如果是从其他地方来到该地域，就是处于客位的礼仪当事人；礼仪当事人如果是以该地域主人的身份出现，就是处于主位的礼仪当事人。在一般情况下，处于客位的礼仪当事人可以简称为“客人”或“来宾”，处于主位的礼仪当事人则可以称为“主人”或“东道主”。也就是说，外来客人应当遵循主人所在地域的礼仪规范。

二、礼仪的起源与发展

中国历来被称为“礼仪之邦”，礼仪在中国社会的政治文化生活中占有极其重要的地位。古代礼仪包括的范围非常广泛，诸如政治体制、朝廷法典、天地鬼神祭祀、水旱灾害祈禳、科举、军队征战、行政区域划分、房舍陵墓营造，乃至衣食住行、婚丧嫁娶、言谈举止，无一不与礼仪息息相关，它几乎是一个囊括了国家政治、经济、军事、文化一切典章制度以及个人伦理道德修养、行为准则规范的庞大概念。直到近代，礼仪的范畴才逐渐缩小，现在基本表示礼节和仪式的意思。

(一)中国古代礼仪的起源

礼仪的起源，可以追溯到久远的过去。中华民族的历史掀开第一页的时候，礼仪就伴随着人的活动，伴随着原始宗教而产生了。荀子说：“礼有三本”：“天地者生之本，”“先祖者类之本，”“君师者治之本”(《荀子·礼论》)。礼仪制度正是为着处理人与神、人与鬼、人与人的三大关系而制定出来的。郭沫若说：“大概礼之起源于祀神，故其字后来从示，其后扩展而为对人，更其后扩展而为吉、凶、军、宾、嘉的各种仪制”(《十批判书·孔墨的批判》)。从考古资料来看，在辽宁喀左发现的距今五千年的红山文化遗址中，有大型的祭坛、神庙、积石冢等，是举行大规模祭祀活动的场所；有裸体怀孕的妇女陶塑像，可能是受先民膜拜的生育女神。更早的仰韶文化彩陶上的人面虫身图像，墓葬中死者头颅西向而卧，也都透露出远古时代礼仪制度的若干信息。在古代文献方面，有“伏羲以来，五礼始彰；尧舜之时，五礼咸备”的说法。

1. 礼仪的起源时期：夏朝以前(公元前21世纪以前)

礼仪起源于原始社会，在原始社会中、晚期(约旧石器时代)出现了早期礼仪的萌芽。

原始社会是中国礼仪的萌芽时期,礼仪相对来说较为简单和虔诚,而且不具有阶级性。内容包括:制定明确血缘关系的婚嫁礼仪;区别部族内部尊卑等级的礼制;为祭天敬神而确定的祭典仪式;制定一些在人们的相互交往中表示礼节和恭敬的动作。例如,在旧石器时代人们尊崇男女有别的思想,后来人们逐渐推出"三纲五常"的理论。

小知识

"三纲五常"为中国传统礼学之核心。"三纲"即君为臣纲、父为子纲、夫为妻纲,其系统阐发者为西汉思想家董仲舒。他认为"三纲"为天意之体现,强调"君臣、父子、夫妇之义"是永恒不变的社会行为准则,是人人应当遵守的基本社会秩序。"五常"即仁、义、礼、智、信,是儒家鼓吹的重要道德标准。"三纲五常"对维护传统政治伦理秩序具有极为重要的意义,为历代统治者所承袭。

归结起来,礼仪起源于人类最原始的两大信仰:一是天地信仰,二是祖先信仰。礼仪是原始人为祭祀天地神明、保佑风调雨顺、祈祷祖先显灵、拜求降福免灾而举行的一项敬神拜祖的仪式。关于礼仪的根源,古往今来一直是人们关注的问题,主要有以下几种观点:

(1)祭祖说。它认为礼仪源于祭祖,是原始人祭祀祖先的一种仪式规则,后来才慢慢发展为调整相互关系的风俗习惯。

(2)祭地说。夏至是祭地之日,礼仪与祭天大致相同。汉代称地神为地母,说她是赐福人类的女神,也叫社神。最早祭地是以血祭祀。汉代以后,不宜动土的风水信仰盛行。祭地礼仪还有祭山川、社稷,祭土神、谷神等。

(3)风俗说。它认为礼仪是由原始社会的风俗习惯演变而来的,进入文明社会由所谓的"圣人"加以改造,后来变成了系统的礼。

(4)父权制说。它认为是为了划分尊卑贵贱的需要,类似于家长制的说法。

小故事

传说尧年轻的时候十分敬重老年人,同辈之间礼让三先。每次把打回的猎物平分给众人,自己拿最少的一份,有时还把那最少的一份再分送给年迈体弱的老者。他的德行受到众人的称颂,所以大家推选他为首领。

2. 礼仪的形成时期:夏、商、西周三代(公元前21世纪~前771年)

尧舜时期制定的礼仪经过夏、商、周1 000余年的总结、推广,日趋完善。周朝前期历经文王、武王、成王,重新"兴正礼乐,度制于是政,而民和睦,颂声兴"。周公还在朝廷设置礼官,专门掌管天下礼仪,把我国古代礼仪制度推向了较为完备的阶段。在这个阶段,中国第一次形成了比较完整的国家礼仪与制度，如“五礼”就是一整套涉及社会生活各方面的礼仪规范和行为标准。古代的礼制典籍亦多撰修于这一时期，如周代的《周礼》《仪礼》《礼记》就是我国最早的礼仪学专著。在汉以后，它们一直是国家制定礼仪制度的经典著作，被称为礼经。

3. 礼仪的变革时期：春秋战国时期（公元前771～前221年）

这一时期，学术界形成了百家争鸣的局面，以孔子、孟子、荀子为代表的诸子百家对礼教进行了研究，对礼仪的起源、本质和功能进行了系统阐述，第一次在理论上全面而深刻地论述了社会等级秩序的划分及其意义。春秋时期的孔子（公元前551～前479年）把“礼”推向了至高无上的地位。他要求所有的人都要“克己复礼”。为了宣扬古代礼制，他不远千里，从鲁国到西歧向老子（李耳）学礼。他要求人们用礼的规范来约束自己的行为，要做到“非礼勿视，非礼勿听，非礼勿言，非礼勿动”。倡导“仁者爱人”，强调人与人之间要有同情心，要相互关心、彼此尊重。孟子把“礼”解释为对尊长和宾客严肃而有礼貌，即“恭敬之心，礼也”，并把“礼”看作人的善性的发端之一。荀子把“礼”看作做人的根本目的和最高理想，“礼者，人道之极也”。他认为“礼”既是目标、理想，又是行为过程。“人无礼则不生，事无礼则不成，国无礼则不宁。”管仲认为“礼”关系到国家的生死存亡，把“礼”看作人生的指导思想和维持国家的第一支柱。

4. 强化时期：秦汉到清末（公元前221～公元1911年）

在我国长达2000多年的封建社会里，尽管不同朝代的礼仪文化具有不同的社会、政治、经济、文化特征，却有一个共同点，就是一直为统治阶级所利用，是维护封建社会等级秩序的工具。汉武帝时期，“废黜百家，独尊儒术”的治国方略确立，礼仪作为社会道德、行为标准、精神支柱，其重要性提高到了前所未有的高度。这一时期礼仪的重要特点是尊君抑臣、尊夫抑妇、尊父抑子、尊神抑人。在漫长的历史演变过程中，它逐渐成为妨碍人类个性自由发展、阻挠人类平等交往、窒息思想自由的精神枷锁。综观封建社会的礼仪，内容大致有涉及国家政治的礼制和家庭伦理两类。这一时期的礼仪构成了中华传统礼仪的主体。

（二）西方礼仪的起源与发展

在西方，礼仪的演变与中国有相似之处，但又有很大的特殊之处。这不仅表现在礼仪的具体形式上，还在于礼仪的哲学论述上。换句话说，孔孟与苏格拉底、柏拉图不一样。“礼仪”一词最早源于希腊语，意思是胶水，礼仪就是把许多人粘在一起的“胶水”。在西方，“礼仪”一词始于法语的（Etiqutte），它的原意是“法庭上的通行证”，即古代法国的法庭为保证法庭秩序，把各种规则写在进入法庭的通行证上让人们遵守。后来，“礼仪”一词进入英文，多了一个“e”——Etiquette，其意思也演变为“人际交往的通行证”。

西方的文明史，同样在很大程度上表现着人类对礼仪追求及其演进的历史。人类为了维持与发展血缘亲情以外的各种人际关系，避免“格斗”或“战争”，逐步形成了各种与

“格斗”“战争”有关的动态礼仪。如人们为了表示自己手里没有武器,让对方感觉到自己没有恶意而创造了举手礼,后来就演变为握手。人们为了表示自己的友好与尊重,愿在对方面前“丢盔卸甲”,于是创造了脱帽礼等。

在古希腊的典籍中,如在苏格拉底、柏拉图、亚里士多德等先哲的著述中,有很多关于礼仪的论述。中世纪更是礼仪发展的鼎盛时期。文艺复兴以后,欧美的礼仪有了新的发展:从上层社会对遵循礼节的烦琐要求到20世纪中期对优雅举止的赞赏,到适应社会平等关系的比较简单的礼仪规则。

小故事

非洲喀麦隆一带的西非庞圭人往往瞧不起到他们那儿去考察的白人,认为他们“缺乏教养”,原因很简单:这些人连“我要去拾点柴”或“我去看看捕兽陷阱”是暗示大小便的话都不懂。颇有礼貌的庞圭人来到其他村寨,首先便是婉言询问“村长的住处”,或者问:“如果有人追捕我,我能到什么地方去躲避呢?”

(三)东西方礼仪的差别

东方礼仪主要指以中国、日本、朝鲜、泰国、新加坡等为代表的亚洲国家所代表的具有东方民族特点的礼仪文化。西方礼仪主要指流传于欧洲、北美各国的礼仪文化。

1. 宴客礼仪差异

东方礼仪以作为礼仪之邦的中国为代表。中国人在餐桌上以劝菜劝酒为礼貌,劝客人多吃多喝,才显示出主人的热情好客;而西方人绝对不会勉强别人,客人往往随女主人动作。主人一般询问客人是否想喝点什么,客人应该如实回答;客人如果谢绝,主人便不会再勉强。中国人则会主动倒茶倒饮料,并且不断加茶。西方人以喝完为礼貌,如果主人不断加茶,那么客人往往会不知所措。殊不知中国人的习惯是不能让杯子空着,如果客人杯子空着,那就说明主人没有招待好。

2. 表达形式差异

西方礼仪强调实用,表达率直、坦诚。东方人以“让”为礼,凡事都要礼让三分。与西方人相比,常显得谦逊和含蓄。

在面对他人夸奖所采取的态度方面,东、西方不相同。面对他人的夸奖,中国人常常会说“过奖了”“惭愧”“我还差得很远”等字眼,表示自己的谦虚;而西方人面对别人真诚的赞美或赞扬,往往用“谢谢”来表示接受对方的美意。

小故事

两位中国朋友对话:

甲:你今天的发言真是太棒了!

两位美国朋友对话:

A:亲爱的,你今天的发言太棒了!

乙：哪里哪里，过奖了。

甲：你的头发弄得真好看。

乙：马马虎虎啦，还过得去吧。

B：谢谢，我尽力了。

A：你的头发做得很漂亮。

B：谢谢！

3. 礼品馈赠差异

在中国，人际交往特别讲究礼数，重视礼尚往来，往往将礼作为人际交往的媒介和桥梁。东方人馈赠礼品的名目繁多，除了重要节日互相拜访需要馈赠礼品外，平时的婚、丧、嫁、娶、生日、提职、加薪都可以作为馈赠礼品的理由。

西方礼仪强调务实，在讲究礼貌的基础上力求简洁便利，反感繁文缛节、客套造作。西方人一般不轻易送礼给别人，除非相互之间建立了较为稳固的人际关系，在送礼形式上也比东方人简单得多。一般情况下，他们既不送过于贵重的礼品，也不送廉价的物品，但非常重视礼品的包装，特别讲究礼品的文化格调与艺术品位。

在送礼和接受礼品时，东西方也存在很大差异。西方人送礼时，总是向受礼人直截了当地说明："这是我精心为你挑选的礼物，希望你喜欢"，或者说"这是最好的礼物"之类的话。西方人一般不推辞别人的礼物，接受礼物时先向送礼者表示感谢，接过礼物后总是当面拆开看，并对礼物赞扬一番。东方人则不同。中国人或者日本人在馈赠礼品时也费尽心机、精心挑选，但在受礼人面前却总是谦虚而恭敬地说"微薄之礼不成敬意，请笑纳"之类的话。东方人在受礼时，通常会客气地推辞一番。接过礼品后，一般不当面拆开看，唯恐对方因礼物过轻或不尽如人意而难堪，或显得自己重利轻义、有失礼貌。

4. 时间观念差异

西方人时间观念强，做事讲究效率。出门常带记事本，记录日程和安排，有约必须提前到达，至少要准时，且不随意改动。西方人不仅惜时如金，而且常将交往方是否遵守时间当作判断其工作是否负责、是否值得与其合作的重要依据。在他们看来，这直接反映了一个人的形象和修养。

遵守时间，养成了西方人严谨的工作作风，办起事来井井有条。西方人工作时间和业余时间区别分明，休假时间一般是不打电话谈论工作的，甚至在休假期间断绝工作范畴的交往。相对来讲，有些中国人使用时间比较随意，时间观念比较淡漠，包括改变原定的时间和先后顺序。有些中国人开会迟到、老师上课拖堂、开会做报告任意延长时间是经常的事。这在西方人看来是不可思议的。他们认为，不尊重别人拥有的时间是对别人最大的不敬。

案例1—3　　细节决定成败

有一位女士去应征财务经理，路上正好碰上一场大雨，幸好出门带了伞，才没有迟到。

当她来到招聘单位的电梯前时，取出纸巾把鞋擦干净，然后把纸扔进垃圾桶。当她坐在面试经理面前时，经理看完证书后，没问她任何问题，微笑着告诉她："欢迎你加入我们公司。"

当她不敢相信地看着经理时，经理告诉她："第一，这样的天气你仍然来了，说明你做人很有原则，很守信用；第二，你没有迟到，说明你准备很充分，很守时；第三，你的衣服没湿，说明你昨天看了天气预报，来时一定带了伞；第四，刚刚从公司的监视器里看到了你的行为，证明你很有修养，很细心。一个人的小习惯是无法刻意掩饰的，所以我们很愿意和你这样的人成为同事。"

资料来源：华英雄主编：《华英雄说礼仪》，中国经济出版社 2012 年版。

5. 隐私权差异

西方礼仪处处强调个人拥有的自由（在不违反法律的前提下），将个人的尊严看得神圣不可侵犯。在西方，冒犯对方"私人的"权利是非常失礼的行为。因为西方人尊重别人的隐私权，同样也要求别人尊重自己的隐私权。

东方人注重强调群体，强调人际关系的和谐。邻里间的相互关心、问寒问暖，是一种富于人情味的表现。

总之，礼仪的历史演变到今天，各个国家和民族都形成了自己独具特色的礼仪规范和礼仪文化。英国人的绅士风度、法国人的浪漫情调、美国人的洒脱自由、日本人的男女有别等，已经广为人知。另外，当今世界也形成了一些被人们普遍认可和接受的礼仪惯例。个性和共性并存，特色与惯例同在，共同构成了当今世界礼仪的靓丽风景。

三、商务礼仪的含义与特征

案例 1—4　　　　失礼毁了生意

王先生是国内一家大型外贸公司的总经理，为一批机械设备的出口事宜，携秘书韩小姐一行赴伊朗参加最后的商务洽谈。王先生一行在抵达伊朗的当天下午就到交易方的公司进行拜访，然而正巧遇上他们在祷告。

主人示意他们稍作等候再进行会谈，以办事效率高而闻名的王先生对这样的安排表示出不满。东道主为表示对王先生一行的欢迎，特意举行了欢迎晚会。秘书韩小姐希望以自己简洁、脱俗的服饰向众人展示中国妇女的精明、能干、美丽、大方。她上穿白色无袖紧身上衣，下穿蓝色短裙，在众人略显异样的眼光中步入会场。为表示敬意，主人向每一位中国来宾递上饮料，当习惯使用左手的韩小姐很自然地伸出左手接饮料时，主人立即改变了神色，并很不礼貌地将饮料放在了餐桌上。

令王先生一行不解的是，在接下来的会谈中，一向很有合作诚意的东道主没有再和他们进行任何实质性的会谈。

资料来源：http://m.baidu.com/from=844b/bd。

(一)商务礼仪的含义

商务礼仪是指商务人员在一定的商务活动中，为了树立个人和组织的良好形象，搞好组织的公共关系，沟通组织与相关方面的信息，赢得商务机会而应遵守的表达尊敬之心的相关行为规范。它是一般礼仪在商务活动中的运用和体现，在内容上比一般的人际交往礼仪更为丰富。同一般的人际交往礼仪相比，商务礼仪具有很强的规范性和可操作性，并且与商务组织的经济效益密切相关。

商务礼仪由商务礼节与商务仪式两部分组成。

(1)商务礼节，是指商务人员在企业商务活动中为了表示尊重之意而采取的具有时代和地域特色的约定俗成的规范。

(2)商务仪式，是指商务活动中的特定仪式，比如剪彩、签约等。

(二)商务礼仪的特征

1. 礼仪具有规范性

人们在待人接物时必须遵守一定的行为规范。这种规范性，不仅约束着人们在一切交际场合的言谈举止，使之合乎礼仪；而且也是人们在一切交际场合必须采用的一种"通用语言"，是衡量他人、判断自己是否自律、敬人的一种尺度。商务礼仪的规范就是商务人员待人接物的标准做法。商务礼仪不同于法律法规，它是一种舆论约束、自我约束。

自测题

有单位宴请客户，这位客户酒喝多了。

客人："你们单位，漂亮女士不多啊。"

主人只能跟着打哈哈……

客人(再接再厉)："你看那个女人怎么长得像一头猪呢？"

主人(非常不悦)："那是我老婆。"

客人(马上改口)："你夫人我认识，我说的是你夫人后面的那个女孩。"

主人(怒气冲冲)："那是我女儿。"

那边只有两位女士，再也找不出第三个了。一时间，场面陷入尴尬……

问题究竟出在哪呢？

2. 礼仪具有对象性

要区分对象，因人而异，跟什么人说什么话；根据不同的对象，安排不同的内容，用老百姓的话说，就是"在什么山唱什么歌；跟什么人讲什么话"。关键是让对方懂你，懂得你尊重他，对他友善。不同民族、不同地域、不同文化、不同宗教的商务礼仪各有其特征。而且在不同的场合，所要用的商务礼仪也可能不同。在进行商务活动时，要根据具体的情况来选用合适的商务礼仪。

案例 1—5　　　　　　　　　不懂礼俗闹尴尬

美国总统克林顿出访韩国时，按妇女出嫁后从夫姓的美国习惯，称呼韩国总统金泳三的夫人为“金夫人”，成为国际笑料。因为在韩国，女性婚后是保留本姓的。在国宴上，克林顿在发表演说前，突然叫翻译走近他身旁，站在他本人和坐着的金泳三之间。这又是一次失礼，因为在韩国，任何人站在两国元首之间被认为是一种侮辱。克林顿两次不经意的失礼，原因在于他的公关顾问未能及时弄清韩国的风俗习惯，并提醒总统。

资料来源：史锋主编：《商务礼仪》，中国科学技术大学出版社 2006 年版）。

3. 礼仪具有技巧性

应该做什么，不应该做什么，礼仪的可操作性很强。比如询问客人喝什么饮料：应该采用封闭式询问：“请问您喝咖啡还是喝茶……”而不要问开放式问题：“您需要什么饮料?”

自测题

有一天，一位教授去一家公司做客，董事长是他的学生，董事长秘书很热情。

问：“教授，您需要什么饮料?”

答：“来杯路易十三吧。”

问：“这玩意没有，听说得一万多一瓶呢。”

答：“那来杯豆汁吧。”

问：“豆汁是什么？我们这里只有豆浆。”

答：“我是南方人，那来杯醪糟吧。”

问：“那也没有。”

问题出在哪儿？请大家想一想。

4. 礼仪具有严肃性

在正式的商务活动中不要谈及性别、级别等敏感性话题。在开业典礼要制造喜气洋洋的气氛，这都是约定俗成、不能随意更改的。什么时候谈判，什么时候举行交接仪式，有什么样的过程和手续，这都是有严格规定的。商务旅行中应该注意什么，宴请、开会有什么样的程序，也都有严格规定。不遵守或者没有注意相应的礼仪就会冒犯对方，这些都体现出商业领域礼仪的规范和严格性，不能视为儿戏，更不能随随便便。例如，商业信函的写作格式、电子商务的保密问题都与法律紧密结合在一起。如果不严格遵守，轻则毁掉组织的形象，重则诉诸法律。

案例 1—6　　王先生的尴尬

一位在某公司任职的王先生，利用去日本参展的机会，顺便参加了日本同事的婚礼。王先生为了表达自己的心意，特意买了一束白色百合花，表示百年好合，爱情纯洁美好。没想到他一走进婚礼大厅，所有的贵宾都向他投来惊奇的目光。

原来在日本百合花只有在丧事时才使用，而王先生的意思与婚礼场合及实际带来的效果截然相反。所以，商务礼仪有着严肃的规定，应该严格遵循。

第二节　商务礼仪的原则

在商务场合，不合乎某民族、某地域风俗习惯的行为能够被人们谅解，但如果违反了商务礼仪的基本原则，则可能引起对方的不满甚至抗议，导致关系恶化。因此，商务礼仪的原则是礼仪学习的一项重要内容。

一、尊重原则

所谓尊重原则，就是要求人们在交际活动中，与交往对象既要互谦互让、互尊互敬、友好相待、和睦共处，更要将对交往对象的重视、恭敬、友好放在第一位。孟子云："爱人者人恒爱之，敬人者人恒敬之。"在人际交往过程中，敬人之心常存，处处尊敬他人，处处维护他人的自尊心，是构建和谐关系的基石，更是为自身赢得尊重的必要条件。

在商务活动中，商务人员与人交往，不论对方职务高低、才能大小、身份贵贱，只要与之打交道，就应尊重他人的人格。相互尊重还表现为尊重他人的人身自由及其他各项权利，比如要尊重他人的隐私权，允许他人表达思想、表现自己等。彼此的相互尊重，能够促进双方的深入交往。我们想表达对对方有"礼"，那么就要从尊重、关心对方开始，这也是获得对方尊敬的有效方式。尊敬了别人，别人当然能理解我们的良苦用心，接受善意，继而"投之以桃，报之以李"。"礼"的良性循环就是借助这样的机制得以生生不息。总之，对人尊敬和友善，是商务礼仪的首要原则。

小知识　　尊重的需要

心理学家马斯洛认为，人们对尊重的需要分两类：自我尊重的需要和来自他人的尊重。自我尊重的需要包括对获得信心、能力、本领、成就、独立和自由等的愿望。来自他人的尊重包括：威望、承认、接受、关心、地位、名誉和赏识。一个具有足够自尊心的人总是更有信心、更有能力，也更有效率，能够正确认识自己在社会上所扮演的角色，不会为了满足自己的自尊而造成对别人的无礼。礼仪讲究互尊原则，即相互尊敬、坦诚、谦恭、和善、得体，这样才能满足每个人的自尊心理。

二、自律原则

“君子不失足于人，不失色于人，不失口于人”，这是古人之训。现代商务活动中与他人交往，同样不可随心所欲，要做到自律和自重。礼仪规范由对待个人的要求与对待他人的做法两大部分构成。学习、应用礼仪，最重要的就是要自我要求、自我约束、自我控制、自我对照、自我反省、自我检点，这就是自律原则。如果人前人后不一样，只要求别人，不要求自己，遵守礼仪就无从谈起。有这样一个例子，某财会公司有一位实习生参加公司组织的郊游活动，地点是一家乡村俱乐部，他把此次郊游当作一次社交活动，喝了很多酒，大喊大叫，让人讨厌。最后，这位贪杯的人没有得到这家公司的聘书。

商务人员要通过不断的学习，提高自身的修养，做到“严于律己，宽以待人”，逐渐树立起高尚的道德信念和行为修养准则，不断提高自我约束、自我克制的能力。正如古人所说，慎独其身。

案例 1—7　　文明观赛

1998 年世界杯足球赛在法国举行。因为赛会方面的球票丑闻，日本数千名交了钱的球迷抵达图鲁兹赛场后却无票进场，但他们不骂不闹，服从东道主安排，在体育馆内通过大屏幕观赛。更令人感动的是，转播结束后，工作人员清理现场时，没有发现一点垃圾，所有的废弃物都被日本人装进自备的塑料袋带走了。日本队在第二场比赛中以 0∶1 输给克罗地亚队后，在场的日本球迷边流着伤心的眼泪，边向法国工作人员鞠躬致谢，没有一个人泄愤闹事。

三、宽容原则

宽容原则的基本含义，是要求人在交际活动中运用礼仪时，既要严于律己，更要宽以待人。要多容忍、体谅、理解他人，不要求全责备、斤斤计较、咄咄逼人。在人际交往中，要容许其他人有个人行动或独立进行自我判断的自由。

人非圣贤，孰能无过。孔子曰：“宽则得众。”中国传统文化历来重视并提倡宽容的道德原则，并把宽以待人视为为人处世的基本美德。在商务活动中，出于各自的立场和利益，难免出现冲突和误解。遵循宽容的基本原则，凡事想开一点，眼光看远一点，善解人意，体谅别人，才能正确对待和处理好各种关系与纷争，争取到更长远的利益。

案例 1—8　　林肯的大度

林肯在竞选总统期间，芝加哥人茅谭曾频频发出尖刻的批评。林肯当选后，有一次举行盛大宴会时看到茅谭正要通过走道。虽然茅谭曾大声辱骂、诽谤过自己，林肯还是很有风度地说："你不该站在那里，你应该过来和我站在一块。"每个与会的人都亲眼看见林肯赋予茅谭的荣耀。正因如此，茅谭日后成为林肯最忠诚的支持者。

资料来源：史锋主编：《商务礼仪》，中国科学技术大学出版社 2006 年版。

四、平等原则

现代礼仪的平等原则，是指以礼相待，有来有往。在具体运用礼仪时，允许因人而异，根据不同的交往对象采取不同的具体方法。但必须同时强调的是：在尊重交往对象、以礼相待这一点上，对任何交往对象必须一视同仁，给予同等程度的礼遇，这是礼仪的基本要求。

商务活动中的平等原则是指以礼待人，不能盛气凌人，也不可妄自菲薄。从人的心理需求上说，人们都有被尊重的需求。在商务交往中，平等地与他人沟通十分重要。但要注意，平等并不是绝对的，而是相对的，在一些情况下，对弱者要有适当的照顾。

五、从俗原则

由于国情、民族、文化背景的不同，在人际交往中存在"十里不同风，百里不同俗"的情况。对这一客观现实要有正确的认识，要做到入国问禁、入乡随俗、入门问讳。

小故事

肯德基在进入中国以前是用西餐的吃法来吃的。刚来北京时，按西餐规矩为每一份肯德基配备一套塑料刀叉。慢慢地，人们觉得用手吃更方便。现在，当你去吃肯德基时，你会发现，所有的中国人都是用手拿着吃的。这说明商务礼仪追求的是实用性。入乡随俗，采取合适的行动，会得到更好的结果。

六、真诚原则

礼仪上所讲的真诚原则，就是要求在人际交往中运用礼仪时，务必待人以诚、言行一致、表里如一。只有如此，在运用礼仪时对交往对象所表达的尊敬和友好，才能更好地被对方所理解并接受。例如，外国人到中国不会用筷子，我们不会认为这是失礼的行为，可以教他们如何使用筷子。真诚是对人对事的一种实事求是的态度，是待人真心真意的友善表现。只有做到真诚，才有可能交到朋友，才有可能使合作双方心心相印，友谊长久。口是心非、心术不正者往往得不到大家的认可。

从事商务活动并非短期行为，只有恪守真诚原则，着眼于将来，通过长期潜移默化的影响，才能获得最终的利益。也就是说，商务人员与企业要爱惜其形象与声誉，就不应仅追求商务礼仪外在形式的完美，更应将其视为商务人员情感的真诚流露与表现。

七、适度原则

在哲学上，“度”指的是事物保持自己质的数量界限，超过这个界限，就会引起质的变化。在人际交往中，情感的表达也有一个适度问题，过犹不及。运用礼仪时，做得过了头或者不到位，都不能正确表达自己的自律、敬人之意。

适度原则是指商务交往中要把握与特定环境相适应的感情尺度。在运用礼仪时，既要掌握普遍规律，又要针对具体情况。在不同的交往背景下，掌握交往的各种尺度，不得随便逾越。

八、谦和原则

“谦”就是谦虚，“和”就是和善、随和。《荀子·劝学》曾说道：“礼恭而后可与言道之方，辞顺而后可与言道之理，色从而后可与言道之敬”，是说只有举止、言谈、态度都谦恭有礼时，才能从别人那里得到教诲。谦和，是指在商务场合中要表现为平易近人、热情大方，善于与人相处、乐于听取他人的意见，显示出虚怀若谷的胸襟，因而对周围的人具有很强的吸引力，有着较强的调整人际关系的能力。

案例 1—9　　苏联小姑娘与萧伯纳

英国著名戏剧家、诺贝尔文学奖获得者萧伯纳有一次访问苏联。在莫斯科街头散步时，萧伯纳遇到了一位聪明伶俐的苏联小姑娘，便与她玩了很长时间。分手时，萧伯纳对小姑娘说：“回去告诉你妈妈，今天同你一起玩的是世界著名的萧伯纳。”

小姑娘望了望萧伯纳，学着大人的口气说：“回去告诉你妈妈，今天同你一起玩的是苏联小姑娘安妮娜。”

这使萧伯纳大吃一惊，立刻意识到自己太傲慢了。后来他经常回忆起这件事，并感慨万分地说：“一个人不论有多大成就，对任何人都应该平等相待，要永远谦虚。这就是苏联小姑娘给我的教训，我一辈子也忘不了她。”

资料来源：马飞主编：《商务礼仪规范手册》，金城出版社 2007 年版。

第三节　商务礼仪的功能

案例 1—10　　总理引来的喝彩

1960 年，周恩来总理赴印度新德里就中印边界问题进行磋商、谈判，努力在不违背原则的前提下与印方达成和解。其间，周恩来召开记者招待会，从容应对西方和印度记者的种种刁难。当时一个西方女记者忽然提出一个非常私人化的问题:“据我所知,您今年已经62岁了,比我的父亲还要大8岁,可为什么您依然神采奕奕,记忆非凡,显得这样年轻、英俊?”这个问题使紧张的会场气氛松弛下来,人们在笑声中等待周恩来的应对。周恩来略作思考,回答道:“我是东方人,我是按照东方人的生活习惯和生活方式生活的,所以依然这么健康。”会场顿时响起经久不息的掌声和喝彩声。

资料来源:http://www.cs360.cn/dbnews/2122069.html。

商务礼仪是人与商务人员交往的艺术。商务礼仪的作用是:内强素质,外塑形象。一个人的发展受人际沟通能力的限制比受其专业技能的限制更多,个人仅凭专业技术难以立足和发展得更好,人际交往的水平和综合素质的高低才是影响个人升迁的重要因素。具体来说,商务礼仪有以下作用:

一、内强素质

(一)能够提高商务人员的个人素质

所谓个人素质,就是在商务交往中待人接物的基本表现。

1. 以积极的情绪感染别人

一个神采奕奕、精力充沛、自信而富有活力的人,就能激发对方交往的欲望,活跃交往的气氛。

2. 以诚恳而坦率的态度对待别人

当你与交往对象坐在一起时,要让人感觉到你是一位亲切、温和的人,话语是那么得体,眼睛是那么迷人,态度是那么诚恳。端庄而不矜持冷漠,谦逊而不矫饰做作,上交不献媚,下交不轻慢。

3. 加强性格的修养

努力做到大方而不出格,自重而不自傲,豪放而不粗俗,刚强而不执拗,谦虚而不虚伪,认真而不迂腐,活泼而不轻佻,直率而不幼稚。

(二)有助于建立良好的人际沟通

交往中不懂礼貌、不懂规矩,有时会把事情搞砸。

案例1-11　　细节看人品

李先生是一位外贸公司的业务经理。有一次李先生因为工作上的需要,在酒店设宴招待一位来自英国的生意伙伴。非常有意思的是,那一顿饭下来,令对方最为欣赏的倒不是李先生专门为其准备的丰盛菜肴,而是李先生在陪同对方用餐时一处细小的举止表现。那位英国客人当时讲:“李先生,你在用餐时一点儿响声都没有,使我感到你的确具有良好的修养。”通过这件小事,李先生不仅在商场上为自己赢得了良好的口碑,同时也与外企建立了良好的合作关系。

歌德说:"一个人的礼貌,就是一面照出其肖像的镜子。"每一个人只有具备良好的礼仪修养,才能真正在社交中展现良好的个人形象。幽默文雅的谈吐既能显示人的智慧,又能创造轻松、风趣、和谐的交际气氛。

(三)可以更好地维护形象

良好的商务礼仪能够维护个人、企业和国家的形象。不知怎么做时,保险的做法就是紧跟或者模仿,吃西餐一般要看女主人的动作:女主人坐下,你才能坐下;女主人拿起刀叉,你再动刀叉;女主人把餐巾放在桌子上,意思是宴会结束。不知道不要紧,跟着别人学,别人怎么做,你就怎么做,要错大家一起错,大家全错不算错。了解这一点,你就能应对自如,落落大方。

商务礼仪包括语言、表情、行为、环境、习惯等,相信没有人愿意因为失礼而成为众人关注的焦点,并因此给人留下不良的印象。所以,学习商务礼仪,不仅是时代潮流,更是提升竞争力的现实需要。

案例1—12　　福勒的故事

原利物浦及英格兰国家队球员福勒,从十八岁起就是英格兰联赛的顶级射手,被利物浦球迷亲切地称为"上帝"。但就是因其在对艾弗顿的比赛中进球后作出吸毒状的庆祝动作以及球场外的各种事情,终被国家队扫地出门。

资料来源:华英雄主编:《华英雄说礼仪》,中国经济出版社2012年版。

二、塑造企业形象

从企业的角度来说,掌握一定的商务礼仪不仅可以塑造企业形象,提高顾客的满意度和产品的美誉度,并能最终达到提升企业的经济效益和社会效益的目的。商务礼仪是企业文化、企业精神的重要内容,是企业形象的主要附着点。但凡国际化的企业,对于商务礼仪都有高标准的要求,都把商务礼仪作为企业文化的重要内容,同时也是获得国际认证的重要软实力。在当今竞争日益激烈的社会中,越来越多的企业对企业自身的形象以及员工的形象越来越重视。专业的形象和气质以及在商务场合中的商务礼仪已成为在当今职场取得成功的重要手段,也成为企业形象的重要表现。

企业形象是企业内部、外部公众对本企业的总体评价和信赖程度,是企业良好公共关系的综合反映。如何优化企业的形象呢?要以美为企业形象的境界。从构造方面看,企业形象是企业的人、事、物在公众心目中的印象的总和。人是企业形象的首要构成要素,主要表现在企业领导人形象、专业人员形象和员工形象。我们每一个人若能塑造良好的个人形象，则我们所在的集体就会有一个良好的企业形象。良好的企业形象是企业的无形资产。在企业巨大价值的背后，是企业形象的震撼力。

身处职场，是否懂得和运用现代商务活动中的基本礼仪，不仅反映出我们自身的素质，而且折射出企业的文化水平和经营方针。我们的行为举止都时刻代表着公司的形象。不管在任何社交场合，员工代表着公司，要做到约束自己、尊重他人，树立良好的企业形象。

三、使人与人之间更和谐以加强合作

在商务活动中，随着商务人员之间交往的深入，双方可能产生一定的情绪体验。它表现为两种情感状态：一是感情共鸣，二是情感排斥。礼仪容易使双方互相吸引，增进感情，促成良好人际关系的建立和发展。反之，如果彼此不讲究礼仪，粗俗不堪，那么就容易产生感情排斥，造成人际关系紧张，给对方造成不好的印象。

商务活动中最重要的客人是回头客，还没有哪家公司只做一单生意就能维系公司运作和发展的。相关权威资料统计显示，老客户所产生的销量是新客户的15倍以上。一个老客户通过口碑宣传平均影响25个潜在消费者。有足够量的回头客才能维系企业和品牌的稳定成长，利润也就会稳定增长。数据表明，开发一个新客户的成本是维护一个老客户的5倍左右。回头客的成本优势如此明显，那么怎么赢得回头客呢？最常用的当然是薄利多销。但一个企业追求利润最大化，不可能靠简单的薄利多销来维系利润的最大化，这时商务礼仪的合理运用就起到关键性的作用。这样的例子在商务运营中比比皆是。

“百年老店”之所以发家壮大，靠的绝对不是独特的差异化的产品，因为这些产品大多是同质化的大众产品；也不是靠成本优势、资金优势，而是靠所谓的“人品”发家——“商道即人道”。

四、具有协调作用

在商务活动中，有时会碰到购销不畅、谈判不顺等问题；有时也会碰到与你有敌意的同事或客户等棘手问题，对这些问题处理不当，就会激化矛盾或使小事变成大事，影响企业的形象。通过一定的商务礼仪的巧妙应用，就可能化解矛盾，消除分歧，相互理解，达成谅解，使双方趋于和谐，从而妥善地解决纠纷，广交朋友。

礼仪小测试

判断下列说法正确与否：

①一位外国女士看到落地钟非常漂亮，认为他的中国朋友一定会喜欢，就买了一台送给他的客户。

②求职电话什么时候打都可以。

③电视电话会议只要看电视或打电话就可以了。

④脱下的大衣应该放在椅背上。

⑤与别人交谈时应该双眼看着对方。

⑥不时用手理头发，确保仪容整齐。

⑦选择服装时应该考虑气候、出席的场合等因素。

⑧双排扣的夹克敞着穿没关系。

⑨当别人夸奖自己时，越谦虚越好。

⑩逢年过节给沙特阿拉伯的朋友送葡萄酒是受欢迎的。

第四节　商务人员应该具备的素质

礼仪的修养是指一个人在待人接物方面的素质和能力。礼仪修养的过程是商务人员自我学习、自我磨炼、自我养成的过程。在现实生活尤其在一些涉外场合是否行礼如仪，会反映出人格和国格的文明水准，不仅影响个人形象，还影响企业形象和国家形象。

那么，什么样的商务人员才会在商务交往中取得成功呢?

一、具备高尚的道德修养

礼仪是社会交往的润滑剂，礼仪和道德是相辅相成的。英国哲学家约翰·洛克对此有过精彩的论述："礼仪是在别的美德之上所加的一层藻饰，使它们对其具有效用，去为其获得一切和其接近的人的尊敬与好感。没有良好的礼仪，其余一切成就可能被人看成骄夸、自负、无用和愚蠢。""美德是精神上的一种宝藏，但是使它们生出光彩的则是良好的礼仪；一个受人欢迎的人，他的动作不仅要具有力量，而且要优美。无论办什么事情，必须具有优雅的方法和态度，才能显得漂亮，得到别人的喜爱。"礼仪与道德的关系是"形于外而诚于中"。也就是说，良好的礼仪能够体现一个人高尚的道德修养，使他们获得别人的尊敬和好感。同时，具有良好道德修养的人，往往具有得体的礼仪形式和仪表风度。

二、具备高超的智慧

智慧是一个人的学识、经验及应变能力的浓缩。在商务交往场合，常常遇到许多尴尬及难以应付的局面，不同的人应对的方法、语言都不同。

有的机智但语言不幽不默，而有的机智且语言幽默风趣。其实，从一个人的智慧中可以发现这个人的思想、观念、处世态度和为人。马克·吐温说："机智就是把两件不相干的事物联结在一起。"幽默是机智的表现。幽默也是把两件不相干的(甚至是相反的)事物联结在一起。幽默浓于风趣，机智浓于机敏和智慧，机智的语言在语义内容上大多有出人意料的智慧，有的深邃得如禅机哲语，耐人寻味。

三、具有较强的综合能力

能力是知识和经验的结晶。成功的商务人员应具备以下几方面的综合能力：

(一)交际能力强

交际能力是指在商务活动中与人交往的能力。

要学会交际，首先，要注意语言沟通的技巧，要善于运用适宜的语言与别人迅速缩短心理距离。每个人的“自我”中都存在开放区域和秘密区域。开放区域是指他愿意向周围人公开的方面，对一般人来说，诸如籍贯、职业、资历等基本背景资料是有问必答的，像年龄、婚姻、家庭构成等情况，按中国人的习惯也大多不会回避。秘密区域则包括个人不愿意吐露、在与人接触中有意回避的方面，如个人的习惯与癖好、个人经历中某些不愉快的遭遇、某些社会关系、个人的计划或期待等。这两个区域会因为时间、地点及交往对象的不同而有所变化。一般来说，一个力图打开社交圈的人，应尽可能扩大开放区域，缩小秘密区域。当然，也不可过于开放，跨越人与人交往的界限，这样反而让人感到轻浮、不可信。

其次，尽量在空闲时间多参加不同的活动，在活动中扩大自己的社交圈，增长见识。

再次，要有主动与人交往的意识。

最后，还要注意在交往中的非语言信息的传递，如面部表情、肢体语言以及言语腔调都是非语言交往形式，这些都会影响交际效果。

(二)自控能力强

自控能力即控制自己情绪的能力。在人际交往中，常常会遇到各种情况，如遇到让人冲动的事情、交往对象给自己难堪、自己所做的事情别人不理解甚至误解、工作中的顾客投诉等，你将如何应对？首先要学会自控，还要学会一个“忍”字。如若不忍，则可能立即呈现紧张状态，多年的关系就要毁于一旦。一个人在情绪状态下所伴随的生理变化与行为反应，是当事人无法控制的。研究表明，人在愤怒时，呼吸每分钟可达 40～50 次(平静时每分钟 20 次左右)；突然惊恐时，呼吸会暂时中断，心跳每分钟 20 次；狂喜或悲痛时，呼吸还会出现痉挛现象。只有“忍”，只有自控，才能头脑冷静，情绪稳定，才能在瞬间表现出最佳的处理问题的方法和状态。

如何调整自我情绪？不妨经常进行自我暗示来调整自己的情绪，如：

“你发脾气是由于你受到了刺激。如果是我，我也会像你一样发脾气，我理解你，我不会与你计较。”

“从现在起，我要面对现实，想些实际的东西，任何事不能拖延，并且遵守诺言。”

“我希望睡个好觉，不胡思乱想，平静、沉沉地睡去。第二天醒来精力充沛，愉快地开始一天的工作。”

“我要逃出烦恼、焦虑的陷阱，变成一个快乐、活泼的人。”

“人生短暂，为什么要想那些不快乐的事？忘掉它，从现在开始做我喜欢做的事情。”

“我要学习自我控制，让自己成长，内心充满自信和愉悦。绝不让过去的阴影破坏现在和未来的完美生活，并牢牢记住：每年都有365个崭新的机会。”

(三)应变能力强

应变能力是指应付情况突然变化的能力。在商务活动中，各种突然发生的情况是经常存在的。这就好比走路，时常会遇到各种障碍。如果面前横了一块非常大的石头，你究竟是搬开它再往前走，或是从上面爬过去，还是绕开石头走？在遇到障碍时，首先要冷静、自控。但自控并不是目的，是为了在各种突然发生的变化面前保持清醒的头脑，分析主观、客观、有利、不利等条件。自控之后，还需应变。应变需要理智和急中生智。它要求人能够在最短的时间里拿出最佳方案：搬开石头要用多大力气？自己是否对付得了？爬过去是不是会摔跤？安全有多大保证？绕开它，路程又远了多少？有没有足够的时间？这一系列问题都要在最短的时间内作出权衡，才能得出结论。

提高应变能力，首先要掌握丰富的知识，在与人交往中可以做到“兵来将挡，水来土掩”。其次，在参加或组织各种活动时，经验不足的人应该多在制定计划时做各种假设，准备多种方案。多想几个“怎么办”——“停电了怎么办？”“顾客不去参观、购物怎么办？”“重要人物不来怎么办？”“车坏了怎么办？”“他提出价格太高怎么办？”有多方案的准备，到时就可以应对自如。在突发情况的瞬间就可以拿出最佳方案。应变有赖于机智，更有赖于准备。

(四)表达能力强

表达能力即语言表达能力，包括演说、解释、说服、谈判、协调概括和非语言的传播等能力。说话，本来是人人都会的，但是水平的高低却相差悬殊。有的人很会说，但说的始终都是别人的话。比如，他说起恭维话来，虽能像流水般倾泻出来，却都是些用滥了的、人们耳熟能详的词句，使被恭维者听了浑身不自在，或者平淡无奇，使听者昏昏欲睡。

西方的传播学者在细致地分析了人际传播的各种要素后提醒我们，处在面对面的接触中，人们可以借用的传播符号很多。比如，一个人的面目表情可以传递出很丰富的信息。说话不只有语言符号的交流，说话时用的语气、音量也都是不可忽视的符号，它们可以表达出不同的感情色彩。

小知识

传播学者在做过大量研究后，提出了这样一个计算公式：

冲击力 1=7%言辞+38%声音+55%视觉

即是说冲击力是100分的话，其中55分来自于视觉，38分来自于声音(包括音量和语调)，7分来自于言辞。出色的演员会表演得淋漓尽致，恰到好处。一句“早上好”，就可以亲昵地、漫不经心地、傲慢地去用不同的音调、语气、情感等来表达不同的意思。

(五)创新能力强

创新能力是指人在交往中善于发现新思想、新事物和新的环境,并用这些去影响和吸引交往对象,从而扩大自己的社交圈。人大多喜新厌旧,在与他人交往时,你的服饰、发型、办事方法、说话若能较新奇,对别人来说具有新鲜感,则你对别人的吸引力就强。一个务求事业能突破常规的人,常常会在很偶然的场合,爆出奇思妙想的火花。抓住它,充分让它发展完善,就可以使你的工作、交往获得出人意料的效果。

其实,创新也不是完全地改变原有的习惯、方式、程序等,新生事物往往不容易被接受。我们在商务活动过程中,在习惯、方式、程序等方面稍有新意,别人就会有一种不一样的感觉。切记不可墨守成规、照葫芦画瓢。

案例 1—13　　　　灵活应变

小郑刚参加工作。公司举办一次大型的产品发布会,邀请很多知名企业人士参加。小郑被安排在接待工作的岗位上。接待当天,小郑早早来到机场。当等到来参加发布会的人时,他便开口说:"您好!是来参加发布会的吗?您的单位及姓名,以便我们安排好就餐与住宿问题。"小郑有条不紊地做好记录。在会场,小郑帮客人引路,一直小心翼翼。虽然自己一向走路很快,但是他放慢步伐,很注意与客人的距离不能太远,一路带着客人。上下电梯,小郑也是走在前面,做好带路工作。原本很简单的事情,却几次被上司批评。

资料来源:http://zhidao.baidu.com/question/256502132。

四、具备真诚坦率、活泼开朗的性格

性格是表现人的态度和行为方面较稳定的心理特征,它是个性的重要组成部分,与人的气质密切相关,主要表现在对人对己的态度和行为方式上的不同心理特点。在对人的态度上开朗,有耐心,能宽容,并对别人的过错、无知甚至无礼能够忍让、接纳。商务活动中要善于向对方表达自己的意向和愿望,以诚恳的态度说服对方,唤起对方的友好情感,还要以极大的耐心听取对方的意见和反映。在处事的态度上,遇事沉着冷静,往往容易与他人和睦相处。在人际交往中,无论遇到什么事情,都应微笑面对,坦然自若,这样才不会破坏你的人际关系。

真诚是做人的美德,也是言谈的原则。与人交谈时态度要认真、诚恳。有了直率诚笃,才会有融洽的言谈环境,才能奠定言谈成功的基础。认真对待交谈的主题,坦诚相见,直抒胸臆,不躲不藏,明明白白地表达自己的观点和意见。真心实意的交流是自信的结果,是信任对方的表现。只有用自己的真情激起对方感情的共鸣,言谈才能取得满意的效果。有一大学生刚毕业去面试，当主考官问他当初考托福时是不是打算出国，他诚恳地说是的，对方认为他最大的优点就是诚实，因此很欣赏他。相反，有些学生矢口否认有出国的打算，这样会让人有“此地无银三百两”的感觉。

五、具备“T”型知识结构

在商务交往中，易于交往成功的知识结构应该是“T”型知识结构。“T”型知识结构，即专业知识要深、要渊博，其他知识面要宽、要广。精深的专业知识是成功交往的基础，它可以使与你交往的人产生尊重、羡慕感，提升你在社交活动中的地位。而知识面的宽广则会使你在人际交往中迅速与各层次、各领域的人拉近距离，迅速融入所接触的群体中。一个人要利用各种时间多学习各种知识。广博、扎实的知识是一个人的资本，也是产生智慧和能力的源泉。一个人的聪明才智、发展潜力与所掌握的知识密切相关。

复习题

1. 如何理解商务礼仪的基本内涵？
2. 请举例说明商务礼仪的功能。
3. 简述礼仪的产生和发展过程。
4. 商务礼仪的原则有哪些？谈谈你对这些原则的理解。
5. 商务人员如何提高自身的礼仪修养？

人缘测试

1. 你最近的一次交朋友，是因为：

A. 你认为不得不结交

B. 他们喜欢你

C. 你发现这些朋友令人高兴、愉快

2. 当你度假时，你是否：

A. 希望交到朋友，可往往很难做到

B. 喜欢独自一个人消磨时间

C. 通常很容易交到朋友

3. 你已经定下一个约会，到时你却疲惫不堪，无法赴约：

A. 不赴约了，希望对方谅解你

B. 去赴约，但问对方如果你早些回家的话，他是否会介意

C. 去赴约，并且尽量显得很高兴

4. 一个同事向你吐露了一件极有趣的个人问题，你常常：

A. 连考虑都没考虑，就把这件事告诉了别人

B. 根据情况决定是否要告诉别人

C. 为同事保密，不把这件事再告诉别人

5. 当你的同事有困难时，你发现：

A. 他们不愿意来麻烦你

B. 只有与你关系密切的少数朋友才向你求助

C. 他们愿意来找你请求帮助

6. 对于同事的优缺点，你的处置方法是：

A. 我喜欢赞扬别人的优点，缺点则尽量回避

B. 我相信真诚，所以对于我看不惯的缺点，我不得不指出

C. 我既不吹捧，也不求全苛责他们

7. 在你选择朋友时，你发现：

A. 你只能同你趣味相同的人友好相处

B. 兴趣、爱好不相同的人偶尔也能谈谈

C. 一般来说，你几乎能和任何人合得来

8. 对于同事们的恶作剧，你会：

A. 感到生气并发怒

B. 看你的心情和环境如何，也许和他们一起大笑，也许生气并发怒

C. 和他们一起大笑

9. 对于同事间的矛盾，你喜欢

A. 打听、传播

B. 不介入

C. 设法缓和

10. 每天上班以后，对于扫地、打开水一类琐事，你的态度是：

A. 想不到做

B. 轮流做

C. 主动做

计分：选择A得1分，选择B得2分，选择C得3分，把所有选项得分相加。

说明：分数为15分以下：你是一个不大合群的人，如果你确实想把自己的人缘搞好一点，你就需要改善一下你同周围人的关系了。分数为15～25：你的人缘还算可以。分数为25以上，你的人缘非常好。

第二章

商务仪容礼仪

学习目的和要求

通过本章的学习，使学生了解商务仪容的概念和作用，掌握对人物的发型、妆容等诸多因素进行整体组合和塑造的基本方法，从而达到对个人的整体商务形象进行完善优化的目的，针对不同的商务场合展现出得体的商务仪容礼仪。

案例 2—1　　林肯对长相的要求

曾有人向林肯推荐一个人，此人拥有卓越的才能，但林肯见了他以后并未重用他。

推荐人："您为什么不用他呢？"

林肯："我不喜欢他的长相。"

推荐人："啊，人的相貌好坏可是上帝负责的啊！"

林肯："不，40 岁以前上帝负责，40 岁以后应该自己负责。"

林肯之所以对长相有严格的要求，这和他自身的经历是分不开的。林肯出身于一个拓荒者的家庭，在竞选总统时是一名律师，名气并不是很大。在竞选过程中，林肯收到一个小姑娘的来信，信中说："您的相貌太平常了，您的下巴又光秃秃的，不够威严，不像男子汉。如果您蓄上一个大胡子，我们全家都会投您的票。"

林肯采纳小女孩的意见，真的蓄了一个大胡子，果然使他的形象增色不少，赢得了许多选民的好感，因而获得了成功。

资料来源：维基百科。

所谓商务形象，是指商务人员的仪容、仪表、仪态等通过他人的视觉、听觉、嗅觉、触觉等各种感官，在他人大脑中形成的关于商务人员的整体印象。由于人的意识具有主观能动性，他人对商务人员个人形象的良性感知会对后续的交际过程产生积极的影响；反之，也会对后续的交际过程产生消极的影响。良好的商务形象是商务人员与人成功接洽的基石，是事业能否成功的重要因素之一。

在商务交往乃至社会交往的场合中，给初次见面者留下的第一印象至关重要，它往往影响别人对自己的评价和看法。第一印象的形成是不需要长时间接触的，通常由见面的第一眼所决定。因为第一印象而引发的看法和评价，将在双方日后的交往过程中产生深远的影响。第一印象一旦形成，将长久而稳定地保留下来。因此，商务人员应当把握好自身形象。尤其是在商务场合中初次与他人接触时，要尽可能地给他人留下良好的印象，之后再次交际时，对方就会很容易延续以前留下的良好印象来认知和评价你。

仪容、仪表和仪态都是针对人的外在而言。“仪容”重在人的外貌，“仪表”重在人的衣着，“仪态”则重在人的行为举止。商务人员容貌整洁、着装规范、举止恰当，会令他人心情愉快，也是在商务场合中尊重他人的具体体现。

案例 2—2　　注意形象的保险中介机构

香港某大型保险中介机构由优秀的保险经纪人和保险代理人组成，这个团队有一个共同特点：他们的皮肤和头发都保养得相当好，简直可以成为护肤护发、美容美发的典范。

香港的保险业人士非常注重自己形象的塑造，把护肤护发当作形象塑造的第一课认真对待，日复一日地对皮肤和头发进行科学的护理。他们认为这样做的好处有很多：

第一，可以使自己保持良好的心情，而良好的心情是身心健康的基础和前提。

第二，可以使公司员工之间亲善和睦，部门同事之间关系融洽，最大限度地减少矛盾和摩擦。

第三，可以带给客户端庄靓丽的视觉感受，使客户乐于与你交往，从而增加签单的数量。

第四，如果全体员工都很好地做到了这一点，那么对于公司的整体社会形象以及公司的业绩和发展肯定是大有助益的。

资料来源：纪亚飞主编：《服务礼仪培训标准》，中国纺织出版社 2012 年版。

仪容礼仪，主要是指对一个人的容貌（即头发、面部以及所有未由服饰遮蔽的肌肤）进行修饰和美化。在人际交往过程中,每个人的仪容都会引起交往对象的特别关注,并将影响对方对自己的整体认知。就个人的整体商务形象而言,仪容能够反映出一个人的精神面貌,是传递给接触对象感官的最生动、最直观的第一信息。

首先,要讲求仪容的自然美,它是指仪容的先天条件良好,天生丽质。尽管以貌取人不尽合理,有失偏颇,但姣好的面貌无疑会令人心情愉悦。

其次,要讲求仪容的修饰美。当先天条件无法改变时,可依照规范,针对个人的实际情况,进行扬长避短的修饰,设计出良好的商务形象。

最后,要讲求仪容的内在美,通过不断学习,提升自己在文化、思想、道德等方面的素质,达到内在修养和外在表现的统一。商务仪容礼仪的基本要求是简洁、大方、庄重。

第一节 头发的保养与发型的选择

小问题

张芸熙是一名刚进入公共关系公司工作的女大学生,工作后第一天参与的项目便是在某知名化妆品牌的慈善晚宴上担任招待工作。晚宴当天,她把自己没有光泽、凌乱蓬松的头发用橡皮筋随意束在脑后,扎成了马尾辫。

张芸熙这样做合适吗?

一、头发的不同性质和养护方法

头发体现着一个人当前的生活状态和情绪。一个发质干枯、发型凌乱的人通常是很难被人接受的。保持头发的干净和整齐是对头发养护的基本要求。

(一)头发的性质

头发由表皮、皮质和髓质组成,主要成分是蛋白质和角蛋白。

一个人的头发一般有十几万根,一根头发的寿命在几个月至几年不等。每根头发的生命过程由成长期、休眠期和掉落期三个阶段组成。每人每天正常情况下要掉五十根左右的头发,头发掉落后还会重新长出。根据颜色可分为黑发、黄发、棕发和红发。随着年龄增长,头发会逐渐丧失生成色素的功能,变成白色。

油性发质的头发细长、油腻,需要经常清理;干性发质的头发无光泽、干燥,容易打结,特别是在湿润的情况下难以梳理;中性发质的头发不油腻、不干燥,柔软顺滑,有光泽,油脂分泌正常;混合性发质的头发根部比较油腻,发梢部分干枯甚至开叉。

(二)头发的养护方法

自然情况下,亚洲人理想头发的标准是乌黑、柔亮、紧密、富有弹性。一头秀发不仅为商务人士的仪容增色，还标志着身体健康。那么，怎么保养头发呢？

1. 勤梳理

勤梳理头发可以促进头皮血液循环，有利于新陈代谢。在出门前、上岗前或者摘下帽子时，都要自觉梳理头发，保持发型整齐。梳理时用力均匀，尽量不使用塑料制成的梳子，以免产生静电。

2. 常洗发

经常清洗头发可以避免异味和头皮屑的产生。根据发质选择适合自己的洗发水，并经常更换品牌，以免头发适应洗发水后影响洗发效果。水温适中，不宜过高。

3. 巧保养

在炎热的夏季，外出时应戴帽子或选择遮阳伞，防止紫外线对头发的伤害。

4. 少烫染

无论什么性质的烫发和染发，都会对头发造成一定的损伤，应尽可能减少烫染头发的次数，每年一般不要超过 3 次。

5. 少吹风

头发洗净后最好自然晾干。如果经常使用电吹风，则温度不宜太高。如果不需要特别的定型，头发吹至七八成干即可。

6. 多营养

多摄入可以为头发提供营养物质的食物，如猪肝、木耳、芝麻、花生、大豆、绿色蔬菜等。

7. 好心情

一些压力过大或心情不好的人会发生突然掉发的现象，所以好心情是发质良好的保障，要保持心情的平和。

实训 2－1　给自己和身边的同学鉴定一下头发的性质，给他们提供头发护理的建议。

二、头发的修饰方法

(一)染发

发色不理想的时候，可用染发剂将头发的颜色改变。一般来讲，商务场合中的男士最好以黑发示人，女士则不可以染过分鲜艳的发色。如有掉色，应及时补染，不应暴露发根本来的颜色。

(二)烫发

通过化学或者物理手段，将头发定型为适当的形状。商务人士在决定烫发的同时，还应考虑自身的性别、年龄、发质、场合、职业等因素。

(三)假发

针对有先天缺陷的商务人士，可以选择佩戴自然而真实的假发。

(四)发饰

女性在商务场合中适宜用造型简约、颜色与发色相协调的发卡来装饰,应放弃那些过于闪亮或者带有卡通图案的发饰。大花朵造型的发饰更适合用来度假。女士佩戴发饰时应该遵循简单大方的原则,不宜复杂花哨。一般情况下,黑色、深褐色以及深蓝色系的发饰是商务女性的经典选择。

三、发型的选择

案例 2—3　　遵守岗位礼仪标准的重要性

小张是一家高级餐厅新来的服务员。小伙子高高的个子,长得很是俊朗。在来这家餐厅工作之前,他是一家广告公司的业务员。第一天上班,经理就对他皱起了眉头。原来,小张在广告公司的时候,头发一直留得比较长,与小张心目中的偶像——台湾 F4 组合中的周渝民一样,常有女孩夸他"帅呆了"。经理告诉他,作为服务人员不适合留这样的发型,但是马上要上班了,已经来不及让他去理发了,希望他晚上回家之后能将头发修剪成符合岗位礼仪标准的发型。

经理还发现,小张的右手小拇指指甲留得很长,这样的指甲会给顾客留下不好的印象,会影响服务工作的效果,希望他下班以后尽快修剪。

小张一肚子不愉快,对经理说的话不以为然。谁知,没过多久,他的头发就给他带来了麻烦。

原来,有一位顾客点了一份西湖牛肉羹。小张给这位顾客上菜时,桌上已经摆了很多菜盘。于是小张先将西湖牛肉羹放在旁边的桌子上,低头帮顾客整理桌上的盘子,好腾出空来放新上的菜。桌子整理好后,小张又很麻利地将西湖牛肉羹摆到桌上。谁知,此时他的一根头发挡住了右眼,小张顺手就用右手整理了一下头发……只见一根长长的头发落在了牛肉羹里……

顾客非常生气。经理只好减免了部分餐费,才平息了顾客的情绪。

资料来源:吕艳芝主编:《公务礼仪培训标准》,中国纺织出版社 2012 年版。

发型的选择对于一个人的整体形象塑造起着至关重要的作用,不仅要考虑场合,更要结合自身的特点和职业需要。商务场合的发型选择要把握庄重严肃、利落大方的原则。

(一)发型选择的基本原则

1. 男士发型的选择

案例 2—4　　成功男士选对发型

某民企老总赵先生要接受电视台的采访。为此,赵先生特意聘请了个人形象顾问来咨询,并按照他的建议换了一个较为儒雅而精神的发型,且将之前留得很长的鬓角剃到了较短的长度。

果然,改变了发型后的赵先生在电视上亮相时形象焕然一新,显得精明强干、沉着稳健,因此吸引了许多观众,而他的企业也得到了更高的关注度。

资料来源:许湘岳主编:《礼仪训练教程》,人民出版社 2012 年版。

在风格方面,男士在工作形象上的发型,应给人以干净、精神、干练的印象。发型的选择不能过分时髦,更不能追求标新立异。

在长度要求上,应做到前发不宜盖过眉毛,侧面头发不要盖过上耳轮,脑后的头发不触及衬衫的衣领上缘,鬓角一般不要低于耳朵的中部,两边要修剪得对称、整齐。

2. 女士发型的选择

案例 2—5　　成功的职业女性都有自己形象识别的关键特征

成功的职业女性会选择适合自己特质和身份的完美发型,然后持续很长一段时间,因为这是一个人形象识别的关键特征。譬如英国女王伊丽莎白二世、有“铁娘子”之称的英国首相撒切尔夫人、时尚界名人 VOGUE 总编辑安娜·温图等,她们的发型多年不变,就是一个身份识别的重要特征。

资料来源:汤玉慈主编:《你值得更优雅——高端商务礼仪》,上海文化出版社 2013 年版。

对于长度的标准,前额如有刘海,应做到前发不遮双眼。对于长短不一的碎发,应拿适合发色的小型发卡、发胶、摩丝来定型。

女性在商务场合的发型,要体现庄重、传统的整体风范,对于流行发型的选择需谨慎。此外,发型还要与女士的脸型、体型以及个人气质相适应,并且应易梳理。

(二)根据脸型选择发型

1. 椭圆脸型

椭圆形脸也称鹅蛋脸,一般来说是东方女性理想、标准的脸型。其特点是:额头饱满,轮廓圆润,脸长约为脸宽的 1.5 倍,额头宽过下巴。这种脸型可以搭配任何发型,在衣着和配饰上也有很大的随意性。

2. 圆脸型

圆脸型的特点是:颊部丰满,额头和下巴偏圆。发型设计的总体原则是把圆的部分遮盖住,使脸型向椭圆形靠拢。不宜中分或者分层剪头发,不宜选择短发。在设计发型时,增加头发顶部的蓬松感,以中长发为主,使脸颊两侧的头发垂顺。

3. 方脸型

方脸型的特点是:棱角分明,额头宽,腮部较方正。在选择发型时,尽量使脸的轮廓趋于柔和，宜选择全刘海或者中分的发型，不宜头发披肩、露耳或者向后梳。

4. 长脸型

长脸型的特点是：脸庞较长，下巴尖且大，前额的发际线较高。设计发型时应避免把脸部全都露出来，应剪出刘海，可以在脸部周围烫出发卷以增加两侧头发的蓬松感。不宜选择长直发和中分发型。

5. 三角脸型

三角脸型又称梨形脸，下颚宽，但头顶及额部窄。应用较多的头发修饰腮部的轮廓，可以尝试波浪型卷发、披肩发型或者学生头。

6. 倒三角脸型

倒三角脸又称瓜子脸，上宽下窄。此类脸型比较适宜短发，以超过下巴两厘米为标准，可以向内卷曲，来增加下巴的宽度。

(三)根据体型选择发型

在选择发型时，应注意头部和身高的比例，一般认为比较理想的身长与头部的比例为7～7.5∶1。因此，在选择发型时应从整体比例出发，弥补缺陷，才能展现平衡的整体美。

矮小型身材不宜留长发或披肩直发，不宜烫大波浪型的卷发，应以短发和盘发为主；高大型身材则不应烫小波浪卷发和设计繁复的花样，适合选择长直发或者大波浪的卷发；矮胖型身材适合运动式发型或者盘发；瘦高型身材则不适宜盘高的发髻或者太短的头发，设计发型时应以长发为主。

(四)根据年龄、职业选择发型

发型反映一个人的文化修养和社会地位。不同年龄段的人在发型选择上是有所区别的。年轻女性应避免成熟的大波浪发型，以富有朝气的发型为主，也可以尝试一些时髦的发型。相反，年龄较大的女性设计发型时则应显出自己端庄典雅的气质，大波浪卷发和各种发髻会是不错的选择，让人感受到稳重、成熟之美。

选择发型还应配合职业身份的需要，不能一味地追求新潮。不同的职业有不同的环境氛围，与工作场合相协调的发型才能更好地展现商务人士的风度之美。例如，一个高端汽车的销售人员留着爆炸头，就会给客户留下不够稳重、不可信任的印象，同时也与企业文化不相符。

案例2—6　　被要求撤换的女大学生翻译

一家中日合资公司的合资双方预定在某日进行谈判。中方为了慎重起见，特意从某大学挑选了一位女大学生担任翻译。这位临时翻译梳着一头披肩发，无论身材、长相、语言都无可挑剔。谈判时，日方向中方提出要求：“你们必须把翻译换掉，否则我们的谈判无法进行下去！”中方感到纳闷，问：“是她翻译得不好？还是她长得不漂亮？”日方给出的回答竟是：“她翻译得很好，长得也很漂亮，但她的头发甩来甩去，使我们无法集中精神。”

资料来源：唐蜀湘主编：《商务礼仪》，北京师范大学出版社2013年版。

(五)根据服饰选择发型

发型并不需要一成不变，为了体现商务形象的整体美，可以根据着装的变化而相应变化。例如，穿着制服或者晚礼服时，可以选择盘发以显示端庄；披肩长发虽然秀美，在工作中却不合时宜，留披肩长发的女士在工作场合应该把头发束起，以免影响工作；在平日身着休闲服装时，则可以根据脸型和身材选择适合自己的时髦发型。

实训2—2 结合自己的脸型、体型设计一个适合自己的发型，设想一下上学、工作、参加商务谈判、参加晚宴应该分别选择什么样的发型。

第二节 面部的保养与修饰

一、五官的保养与修饰

案例2—7　　不要给别人放大你形象缺点的机会

Pusoy正在会议上滔滔不绝地讲着，突然台下传来一阵嘘声。Pusoy问台下的职员："怎么了，有什么不对吗？"没有人回答，却一直有人在下面小声议论着什么。就在Pusoy回过头在黑板上写字的一刹那，他听到台下说："喂，你看到没有，刚才大屏幕上Pusoy的嘴唇真是太难看了，尤其那死皮，一块一块的，哎呀……"

听到这，Pusoy的额头滴下了几滴冷汗，原来是嘲笑自己的嘴唇，真是太没面子了。

会议室采用现代化办公设备，有彩色投影仪，Pusoy在前面讲话时，投影仪的灯光直接照在他的脸上，资料文件以及他自己的形象也会被映射出来，效果也被放大。Pusoy不完美的一面暴露在众目睽睽之下。

资料来源：杨扬主编：《形象的力量——价值百万的商务礼仪与沟通》，人民邮电出版社2012年版。

面部是人整体形象的门面，对于五官的保养和修饰是仪容美德的重要组成部分，平时精心护理可以使自己在商务场合中展现自信的状态并避免尴尬。

(一)唇部护理

唇部是五官中最脆弱的一个部分，因为嘴唇是没有皮下脂肪的，随着季节变化，一旦疏于护理，就很容易变得粗糙进而出现死皮。注意唇部卫生是保护唇部的基本方法，也是处于健康角度的考虑。每天应及时清洗嘴唇，用专业的唇部卸妆液轻柔擦拭，去除残留的口红等化妆品。另外，应及时补充水分，户外活动时应随身携带护唇膏，及时涂抹，避免嘴唇干燥皲裂。晚上睡前可以涂抹橄榄油进行护理。

(二)口腔护理

口腔护理的主要工作是保持牙齿的健康和清洁。

首先,应保持牙齿的洁白美观,尽量养成不抽烟、不饮用浓茶和咖啡的习惯,以免牙齿变黑变黄。如果出现牙色不美观的色泽,可以到医院进行洗牙。

其次,要保证牙齿无异物,早晚刷牙,三餐之后漱口。在商务场合进餐后,要以餐巾遮住嘴才能进行牙齿的清洁行为,不可当众剔牙。

最后,要防止口腔有异味,工作之前不吃葱、蒜等味重的食物。若口腔出现异味,可食用牛奶或者咀嚼口香糖以减少异味。

(三)眉毛修饰

修眉时应考虑一个人的脸型:方形的脸,眉形要相对圆滑柔和,眉梢向外,眉峰略微弯曲,并将眉形拉长,这样可以使脸的上半部分舒展;长方形的脸,眉毛应画得略粗,或者化成新月形,拉宽脸部线条;圆形脸则应把眉毛画得稍长一些,并向斜上方轻微挑起,但不宜过长,起到拉长脸部的作用。

小知识

引起口腔异味的主要原因:

(1)饮食不当引起口腔异味,如食用大蒜、韭菜等食物。

(2)卫生习惯不好,不经常刷牙,食物残渣长期积存在口腔内,发酵腐败分解,引起难闻的气味。

(3)患有消化道疾病,如缺乏胃动力、消化不好,会引起口腔异味。

(4)牙周疾病、蛀牙会引起异味。

(5)有些处于发育期的女性,卵巢功能不健全,性激素水平较低,口腔组织能力下降,容易感染病菌而产生异味。

二、皮肤的清洁与护理

(一)认识皮肤

人的皮肤分为表皮、真皮、皮下组织三个部分,最外层为表皮,表皮下面是真皮和皮下组织,其中表皮与皮肤保养和化妆的关系最为密切。表皮由外而内又分为五个部分:角质层、透明层、颗粒层、棘状层、基底层。这五个部分不断地进行新陈代谢,由基底层向角质层生长转化,最外面的角质层会不断地衰老并且脱落。与真皮层接触的基底层含有黑色素,黑色素能够保护深层的组织免受紫外线强烈照射的伤害,但是强烈的紫外线可以刺激黑色素的增多,从而使皮肤变得黑黄、暗沉。因此,护肤的首要任务是防晒。

人的面部肌肤呈弱酸性，pH 值约为 5～7。按照肤质来说，可以分为中性皮肤、油性皮肤、干性皮肤、混合性皮肤和敏感性皮肤。根据不同的肤质，选择不同的清洁和护肤产品进行面部的保养，来预防皮肤的过早老化，加强皮肤的保护、再生和自我修复功能，改善皮肤的状况。

(二)不同肤质的清洁和护理方法

1. 中性皮肤

中性皮肤是健康的理想皮肤，皮脂腺、汗腺的分泌量适中，不干燥也不油腻，皮肤富有弹性，面色红润有光泽，不容易老化。中性皮肤的护理重点是：随着季节的变化换用不同功效的护肤品。在夏季，应当选用清爽质地的乳液型护肤产品，保持皮肤的水油平衡度，使肤质清爽光洁；冬季应当使用油性较大的霜状护肤品，预防皮肤干燥、粗糙等现象。中性皮肤在洁面时，应当选用碱性较小的洁面皂进行清洁，晚上入睡前涂用营养霜或者乳液，延缓皮肤的衰老，保持皮肤光滑细腻，使皮肤处于不紧不松的正常状态。

2. 油性皮肤

油性皮肤表现为：油脂分泌过多，面部油亮光泽，额头和鼻翼尤其爱出油，肌肤纹理粗糙，毛孔粗大明显，易生黑头、粉刺、痤疮等，角质层厚硬不光滑，弹性不佳，但是不容易产生皱纹。对于这种性质的皮肤，清洁工作要彻底，每天早晚至少认真地洗脸两次。油性皮肤的保养，可以选用一些有水油平衡功效的洗面奶或者乳液，白天护肤品要选择亲水性的产品，避免皮肤泛油光，晚上要选择清爽的夜间护理产品。

3. 干性皮肤

干性皮肤油脂分泌较少，皮肤外观洁白干燥、缺乏光泽，毛孔细腻不明显，毛细血管容易破裂，面颊肌肤经常出现“红血丝”，皮肤容易产生斑点和皱纹，但是不容易出现粉刺等肌肤问题。对于干性皮肤的保养，最重要的一点是保证皮肤得到充足的水分。在选用洁面产品时，一定要选择少含或者不含碱性物质的洗面奶，忌用香皂等产品洁面。在洁面后，要使用保湿水，上妆前要使用化妆水，之后涂抹有保湿功效的乳液或者面霜，保持肌肤的润泽。晚上睡前，可以选择抗皱的营养霜，延缓皮肤衰老。

4. 混合性皮肤

混合性的肤质拥有油性皮肤和干性皮肤的两种特点，在额头、鼻翼和下颌组成的“T”型区域呈油性，面部的其他部位呈干性。这是国人最常有的一种肤质，而且一些干性、油性、中性皮肤的人，随着年龄、气候、水土、压力大小等因素的改变，也会逐渐变成混合性肌肤。这类皮肤，夏季偏油性，冬季偏干性，在清洁时要做到 2～3 天进行一次角质层的清洁，根据具体的时间选用不同的洁肤产品，尤其注意“T”型区域的清洁工作。选择护肤品时也要根据不同情况下的肤质变化来选用，要注意皮肤的分区护理和保养。

5. 敏感性皮肤

敏感性皮肤肤质较薄，容易看到明显扩张的毛细血管(也称为“红血丝”)，皮肤对外界环境的变化反应敏感，脸颊易泛红。这类皮肤对于气温、气候的变化格外敏感，容易发热、变红，也容易受到外界物质的刺激。敏感性肌肤的清洁和护理都要非常谨慎，一定要选择自己适合的护肤产品，要注意保湿工作，增强皮肤的抵抗力，选用优质的营养霜，给皮肤提供足够的营养物质，不要过于频繁地清洁面部角质，这样会破坏皮肤的自然屏障功能。拥有这种性质皮肤的人，在平时还要对食物特别留心，而且不要轻易借用别人的清洁产品和护肤产品。

（三）洁面的步骤

第一步：用温水润湿面部。水温不宜过高，过高会破坏皮肤；也不应过低，过低的水温不能使毛孔张开，起不到深层清洁的作用。

第二步：用洁面产品。洁面产品的种类很多，一般洗面奶有泡沫状、乳液状、泥状，除此之外还有洁面皂。洁面产品优质的标准是泡沫细腻丰富。在洗脸时，要先用双手揉搓产品，在生成足量的泡沫时再进行洁面。

第三步：轻柔按摩。洁面产品要在脸上停留足够长的时间才能充分洁面，因此不要急于清洗，要先轻柔地按摩面部肌肤。在按摩时，不要用力过大，这样会产生细纹。

第四步：清洗。清洗要干净彻底，注意发际线和耳朵附近的泡沫也要洗净。

第五步：冷水再洗一次。在清洗过后，再用冷水清洗面部，这样做是为了收缩毛孔，同时有助于促进面部血液循环。

（四）衡量皮肤是否健康的标准

1. 皮肤是否水润

皮肤的含水量高是皮肤健康的首要标准。健康肌肤中水分的含量应当在70%左右，保证皮肤水分充足是使皮肤光滑细腻的前提。而且，要美白先保湿，就是说皮肤只有在湿润的情况下才有变白的可能性。

2. 皮肤是否有弹性

富有弹性的皮肤光洁平整，失去弹性的皮肤松弛、有皱纹。

3. 皮肤是否细腻

无论肤色怎样，肤质细腻的皮肤都是健康的。所谓细腻，就是面部毛孔不会显得粗大，角质层不会过厚。

4. 皮肤是否红润

面色红润是一个人身体健康最为直观的表现。健康的肤色自然，面颊泛微红，气色良好。

实训 2—3 判断自己皮肤的性质，选择适合自己的洗护产品。

三、化妆礼仪

案例 2—8 **化妆适宜才能锦上添花**

某单位准备迎接来自一个法国的考察团。单位领导对此次活动很重视，在接待程序和细节等方面都做了充分的准备，还选出了体形较好、表达能力强、有经验的几位员工承担接待工作。

当她们热情地带领客人进入大门时，一位法国男士问道："你们每天都这样么？"

女员工被问得不知如何回答，她们困惑地反问道："先生，您的意思是……"

男子笑着应答到："在法国，我几乎看不到不化妆的女士。你们每天都不化妆吗？"

面对这样的询问，女员工无言以对。

资料来源：吕艳芝主编：《公务礼仪培训标准》，中国纺织出版社2012年版。

化妆，是利用明暗交界或者强烈色彩对比的手法，达到修饰脸型、调整面部结构、增强自身表现力的目的。我国自古便有"士为知己者死，女为悦己者容"的说法，说明在古代女性就开始运用化妆的方法来增强自己的魅力，博得心上人的喜爱。在当代，化妆已成为商务活动中必须遵守的规则，无论是平时上班还是参加活动，女士都是要带妆出席的，不化妆被视为一种缺乏修养的行为。

得体的妆容可以掩盖自身面部的各种瑕疵，给自己和他人带来赏心悦目的视觉感受，也可以增强自信，为营造良好的沟通氛围提供条件。

(一)面部结构特征

1. 三庭五眼

"三庭五眼"是表达中国女性脸部美的标准之一。"三庭"分为上庭、中庭和下庭。发际线到眉线的部分是上庭；眉线到鼻的下端为中庭；鼻的下端到下颌是下庭。这三个部分的完美比例是1∶1∶1。"五眼"是指面部的宽度应该横向五等分为五只眼睛的宽度，两眼间距为一只眼睛的宽度，左眼的左侧和右眼的右侧分别有一只眼睛。按照这种标准，在化妆的时候可以对面部缺陷进行弥补，尽量向标准比例靠近，如图2—1和2—2所示。

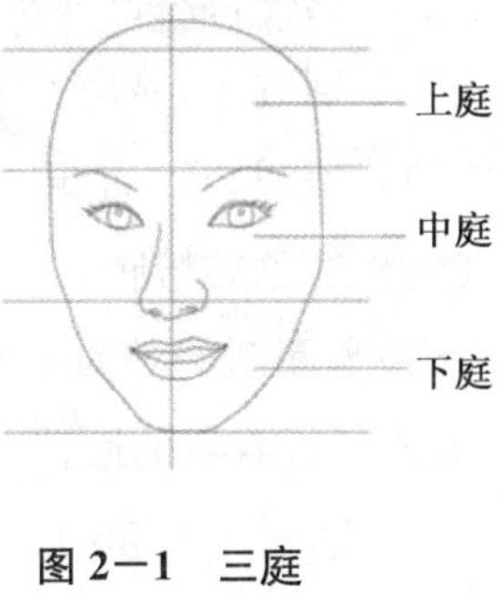

图2—1　三庭

图2—2　五眼

2. 三低四高

以额头、鼻尖、人中和下巴为四个点连成的一条直线应该是面部的对称分割线。"三低"是指在鼻子和额头的交界处、人中处和下唇的下方三个部位应该是凹陷的。"四高"是指额头、鼻尖、唇珠和下巴是凸现的。当面部结构满足这个标准时，脸看起来会显得棱角分明，具有起伏感。在化妆时，运用阴影手法修饰应该凹陷的部分，或者运用高光手法修饰本应凸起的部分，就是为了让五官更具立体感。

（二）化妆的基本原则

1. 简洁适度

商务场合中的妆容要化繁就简，刻意修饰的同时不能显得脏乱，要根据自己的工作性质和出席的不同场合来决定化什么样的妆。

2. 淡雅自然

化妆讲求协调自然、不露痕迹，工作场合的淡妆更是要清新、赏心悦目。淡雅是指轻描淡画，如脂粉不宜过厚，眼线不宜过重等，否则让人感觉很不真实。

3. 扬长避短

化妆不仅要突出面部最有自信的部位，使其更加美丽动人，更重要的是要矫正缺陷或者不足的部分。

4. 协调配合

面部修饰要注意与着装、发型相互配合，这样才能使整体看起来协调美观。

（三）化妆的基本步骤

1. 底妆

第一步：洁面和使用护肤品。在上底妆之前要对面部进行彻底的清洁并涂抹化妆水、乳液等护肤品，使肌肤变得滋润，更易上妆。

第二步：涂抹隔离霜。长期带妆工作或者在室外工作，皮肤会受到很大的损伤。妆前涂抹隔离霜，可以降低灰尘、辐射、紫外线等对皮肤的伤害。

第三步：打粉底。打粉底的工具可以选择化妆海绵、粉底刷或者手指；粉底可以选择液体粉底、霜状粉底、固态粉饼等。不同粉底的区别主要在于遮瑕力不同。在选择粉底产品的时候应根据肤色来选用。如果肤色偏黄或者偏黑，应选择自然色的粉底，不宜选用象牙白的粉底，因为过白的粉底会让面部肤色和身体肤色差别过大，显得不够自然。有些特殊颜色的BB霜或者粉底霜有不同的功效，例如紫色的粉底可以改善偏黄、暗沉的肤色；绿色的粉底适合偏红、偏黑的肤色。脸色苍白可以选用粉红色的粉底。

第四步：遮瑕。打完粉底后，要对面部有瑕疵的部位着重进行修饰，可以用遮瑕膏涂抹有暗疮、痘印的皮肤，也可以在黑眼圈或者眼袋的地方进行着重的遮盖。

第五步：定妆。定妆的主要作用是吸收汗液、避免脱妆，也可以起到一定的遮瑕作用。定妆工具可以选择粉扑和定妆刷，蘸取定妆粉或者散粉，轻轻地由下至上扑在脸上，然后再将浮粉扫掉即可。定妆时要避免粉妆过于厚重，如图2—3和图2—4所示。

2. 眼妆

第一步：涂眼影。眼影有粉末状、膏状、乳液状，颜色有亮色、装饰色、阴影色等。眼影的作用是赋予眼部立体感，使眼睛更加动人。使用眼影时，用工具蘸取眼影在眼睑处晕

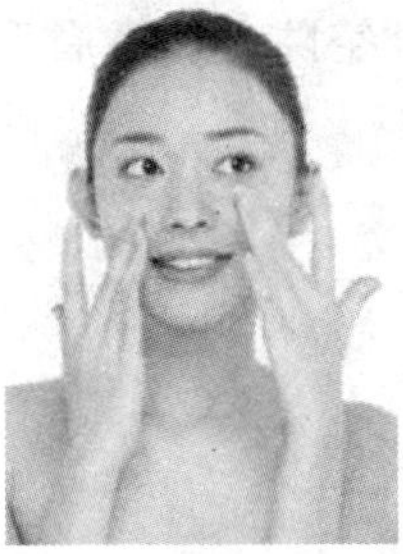

图 2—3

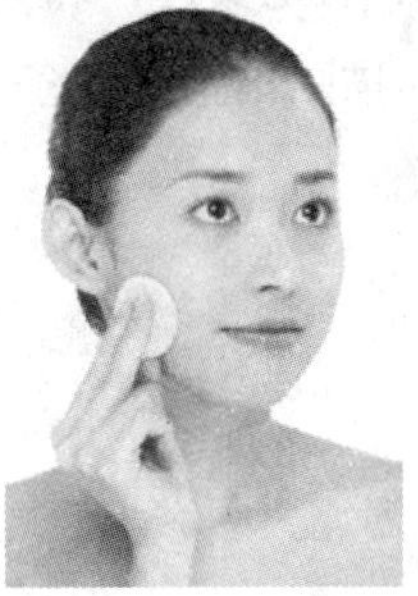

图 2—4

开，靠近睫毛的部分应该选择深色眼影，之后越靠上就可以选择稍浅一些的眼影，要做到眼窝从明到暗、过渡自然。

第二步：画眼线。画眼线的产品有眼线液、眼线膏、眼线笔。内眼线可以让眼睛更有神，使睫毛看起来更浓密，外眼线可以调整眼睛轮廓，使眼睛有放大、拉长、上扬的效果。画眼线的方法是：由靠近鼻子的一侧开始画起，贴近睫毛根部先画上眼睑，在画下眼睑的时候不要画满，画到离内眼角 1/3 处即可。

第三步：刷睫毛膏或者贴假睫毛。如果本身的睫毛比较浓密，则不需要贴假睫毛，只要用睫毛夹把睫毛夹出一定的弯曲度，然后涂上有浓密、加长效果的睫毛膏即可。睫毛膏可以反复涂两次。如果睫毛不够长或者浓密，则要贴假睫毛来改变睫毛的轮廓。假睫毛有四种：放射型的假睫毛适合唯美妆面，适合睫毛稀少的人使用；双重交叉型假睫毛效果夸张，适合眼部效果突出的浓妆，例如大眼娃娃装；单层仿真型假睫毛造型自然，适用于日常生活；长的假睫毛适合重心后移的眼妆，可以增强眼睛的妩媚程度。假睫毛贴用前要修剪到适合眼型的形状，如图 2—5、图 2—6 和图 2—7 所示。

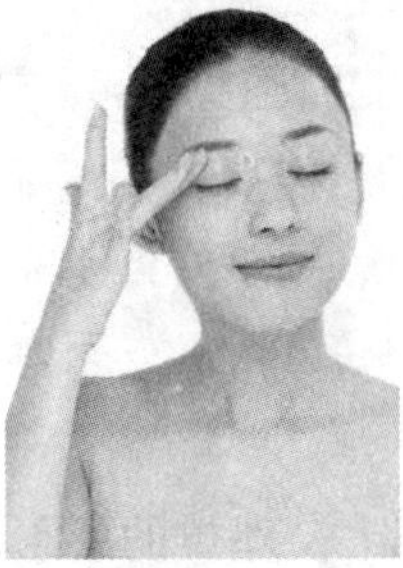

图 2—5

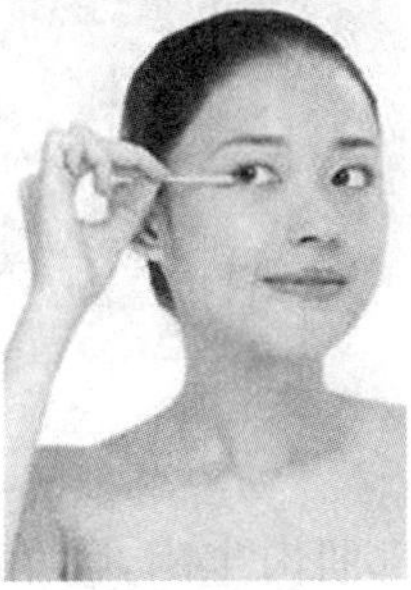

图 2—6

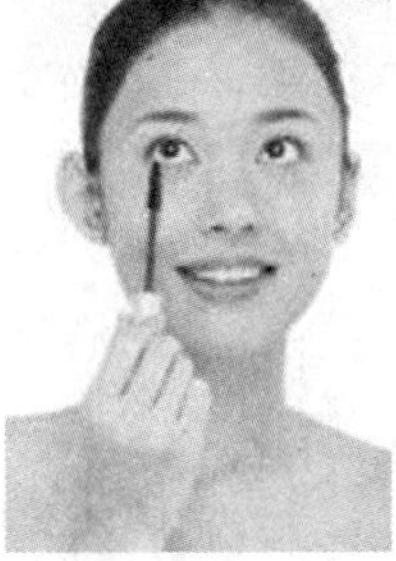

图 2—7

3. 眉妆

第一步：修眉。用眉钳把散眉拔下，用眉毛剪将过长、下垂的眉毛修剪到适合长度。

第二步：设计眉形。眉头要与内眼角垂直，眉峰要在眉头至眉梢的 2/3 处，眉尾要在鼻翼与外眼角的延长线上。

第三步:画眉。眉笔要选择和头发相近的颜色,如棕色、黑灰色、咖啡色等。用眉笔顺着眉毛生长的方向描画出基本线条,然后用眉粉填补空隙。注意眉毛不要比眼睛的颜色重,如图2—8所示。

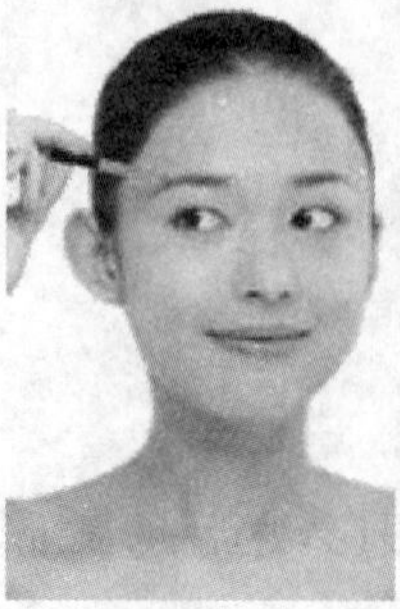

图 2—8

4. 腮红

腮红俗称胭脂,涂抹腮红的目的是让面色呈现健康红润的状态,还可以起到修饰脸型的作用。腮红分为冷色和暖色,根据不同的皮肤、粉底颜色和想要呈现的妆容效果来选用。如果想要打造甜美可爱的妆容,要选择粉红色的腮红。如果是职场女性的上班妆容,要选择偏橙色的腮红。

腮红的涂抹方法是:脸颊微笑,然后用腮红刷蘸取少量腮红涂在脸颊上,然后晕染开即可。腮红一定要自然,切忌颜色过深,这样会使妆面显得很夸张,如图2—9所示。

图 2—9

5. 唇妆

第一步:画唇线。唇线分明,唇部肌肉丰满,嘴角略微上翘是比较理想的唇形。一般来讲,唇线笔的颜色决定唇妆的特点,深色的唇线笔会使唇形线条丰满,浅色的唇线笔会凸显唇妆的质感。

第二步:涂唇膏。唇膏色彩因妆容和年龄等因素而定。用唇刷蘸取唇膏从两端向唇中心涂抹。

(四)不同脸型的化妆方法

1. 椭圆脸型的化妆方法

椭圆脸是公认的理想脸型，化妆时宜注意保持其自然形状，突出其可爱之处，不必通过化妆去改变脸型。胭脂，应涂在颊部颧骨的最高处，再向上向外揉化开去。唇膏，除嘴唇唇形有缺陷外，尽量按自然唇形涂抹。眉毛，可顺着眼睛的轮廓修成弧形，眉头应与内眼角齐，眉尾可稍长于外眼角。正因为椭圆形脸不需要太多掩饰，所以化妆时一定要找出脸部最动人、最满意的部位，而后突出之，以免给人平平淡淡、毫无特点的印象。

2. 圆脸型的化妆方法

圆脸型在修饰时应尽量向椭圆脸型的方向靠拢，在化妆时加强面部的立体塑造。胭脂，从颧骨起涂至下颚部，而不能简单地在颧骨突出部位涂成圆形。唇线，在画唇线的时候不能把唇形塑造成圆润的唇形，以免有“圆上加圆”之感。眉毛，可修成自然的弧形，不宜太平直或有棱角，也不可过于弯曲。圆脸型在化妆时要学会使用高光和阴影粉，在额头、下巴、鼻梁处施用高光粉，增强面部轮廓，鼻翼两侧涂抹阴影粉，以抬高鼻根，使鼻翼看起来更挺拔。

3. 长脸型的化妆方法

长脸型的人，在化妆时力求达到的效果是：增加面部的宽度。胭脂，应注意离鼻子稍远些，从颧骨的中心向耳朵方向推抹成扇形，在视觉上拉宽面部。粉底，若双颊下陷或者额部窄小，应在脸颊部位涂以浅色调如淡红色的粉底，造成光影，使之变得丰满一些。眉毛，修眉时应令其成弧形，不宜有棱有角。眉毛的位置不要太高，眉毛尾部不可以过分上扬。

4. 方脸型的化妆方法

方脸型棱角分明，化妆底色不宜太浅。眉形可以略粗，呈现出一定的弧度，又细又弯的眉形会与方形脸轮廓形成明显的对比。唇膏和眼影的颜色可以鲜亮一些，起到强调五官削弱脸部线条的作用。

（五）化妆的禁忌

1. 忌当众补妆或者化妆

在公众场合中补妆或者化妆是很不庄重的行为，容易给他人造成一种“只顾及自己的形象，对工作不专心”的感觉。如果需要补妆，应该到专门的休息室或者洗手间进行。

2. 忌讨论他人的妆容

在商务场合中随便对他人的妆容进行讨论、提出异议，不仅会让对方尴尬和难堪，而且会让他人觉得你很失礼。在工作的时候也不要跟他人讨论化妆的问题，这样会显得工作态度不端正。

3. 忌借用化妆品

每个人的肤质和化妆习惯不尽相同，所以应该选用适合自己的化妆品。借用他人的化妆品，不仅是很不卫生的行为，也可能破坏他人的物品或者口红、粉饼等的形状，给他人造成不便。因此，不能为了应急而随意借用他人的化妆品，也不要轻易把自己的化妆品借给别人使用。

4. 忌妆容过分夸张

造型夸张、浓妆艳抹不仅不会使形象更美观，还会让人觉得脂粉气息十足。在商务场合中女性应当避免对面部过分的修饰，也不要选择浓香型的化妆品。

实训 2—4 选择一套适合自己的化妆产品，然后给自己画一个适合日常工作学习的妆容，尝试给好朋友化妆。

第三节 身体的保养与修饰

一、颈部护理

颈部在人体的解剖学上是一个“多事区”，组织结构较为薄弱，脖颈的肌肤与面部肌肤相比，皮脂腺和汗腺的数量只占面部的 1/3，油脂分泌少，难以保持水分，很容易变得干燥，产生皱纹。因此，脖颈处是一个很容易暴露年龄的部位。

脖颈处的皱纹通常有两种：一种是初期老化的皱纹，一般情况下十几岁便会出现，这种皱纹细小，通常不易发现。另一种是受到紫外线的影响，并且伴随年龄的增加，皱纹就会变得更深，如果不及时保养和护理，25 岁之后颈部皱纹就会变得很明显。

颈部的保养十分重要，比如：每天洁面的同时不忘清洁颈部；涂抹颈霜或滋润型的面霜、晚霜；注意防晒，防止紫外线破坏皮肤结构。所以，正确的防晒工作应从面部延伸至胸、肩部位。

二、手部护理

案例 2—9 **精心美甲，反失机会**

前阵子，陈丽为了应聘一家企业而将自己从头到脚地武装了一番：美发、耳环、新眼镜和一身套装。此外，她还到专业的美甲店给自己的指甲精心修饰了一番，涂上了性感魅惑的黑色，看起来漂亮极了。

然而，适得其反，当她从文件袋中拿出简历时，黑色的指甲便马上被面试官注意到了。面试官的脸色顿时黯淡下来。面试草草结束，陈丽不出意外地丢掉了这份工作。

资料来源：许湘岳主编：《礼仪训练教程》，人民出版社 2012 年版。

在商务交往中，人们经常会与人握手，递送物品，或者用手势配合表达效果。因此，一双干净细腻的手是个人仪容形象中的重要组成部分，也是展现一个人是否爱干净、讲卫生的细节所在。

理想手部的标准是干净、光洁、细腻，手指修长，指甲形状美观，长度不应超过手指的指尖部位。商务人士尤其应该注意，在工作中不能涂抹颜色过艳的指甲油，也不宜给指甲做过于新潮、夸张的造型，如图 2—10 所示。

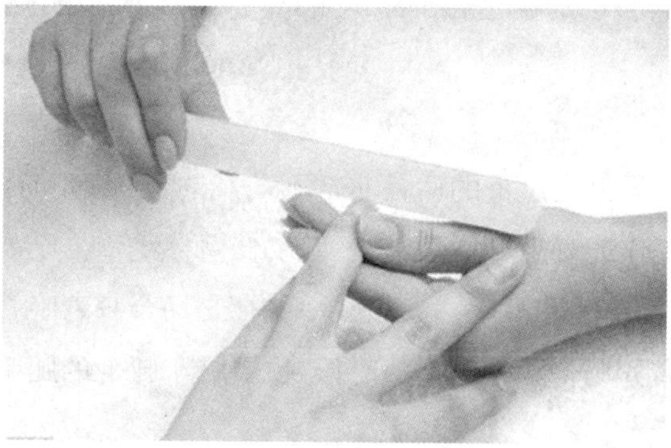

图 2—10

手部保养有以下几种方法：

1. 勤洗手，勤抹护手霜

手部保养是为了使手部皮肤光滑细腻，防止手部产生异常，增加手部的美感，而这一切的前提是保持手部清洁。手接触的东西多，无论从卫生的角度讲还是从手自身的保健看都应及时清除手部的污物、灰尘等。不要让手长时间浸在水中，水温不能过冷或过热。过热的水使手部皮肤干燥变粗，过凉的水无法完全洗净污垢。洗手时用洗手液，忌用洗衣粉、肥皂等碱性大的洗护品。

每次洗手后，要把双手彻底擦干净，再涂抹护手霜。在办公室、家中厨房、卫生间等地方都放上护手霜，洗手之后马上涂用。

2. 做好手部防晒工作

手部的防晒很容易被忽略，而且有人经常下意识地举起手来阻挡阳光。比起脸部，双手接受紫外线的机会和时间会更多，所以更容易有晒斑、黑斑、皱纹等问题出现。每天早晨出门前，在面部和颈部做好防晒工作的同时，不要遗漏了手部防晒，冬天也要坚持防晒，而且每 3～4 个小时要补涂防晒产品。如果是开车或者骑车，最好戴上手套来保护双手。

3. 做完家务勤护理

在日常生活中，女性免不了要做一些洗衣、做饭之类的家务活动，这些活动所接触的化学洗涤剂（如洗洁精、洗衣粉等）都对手部皮肤造成很大的损伤。因此，要选用少伤手的洗涤剂，尽量不要使双手直接接触酒精、消毒液，在洗涤时要带上橡胶手套。做完家务后，应该及时进行手部护理来弥补对双手造成的伤害，可以使用护手霜，也可以用蜂蜜、蛋清等物质自制一些营养手膜来涂抹。

4. 敲击促进血液循环

弹琴、打字或者用手指在桌面上轻轻敲打有助于促进双手的血液循环。平时可以模仿弹钢琴的动作，把双手放在桌面上，柔和地向下压，然后每次举起一个手指，尽量举高，这样的练习也可以使双手轻快敏捷。

实训 2－5 观察自己的手是否干净美观，给自己修剪指甲，然后做一次手部护理。

三、修剪体毛

身体裸露部位如果毛发过重的话是非常不美观的，在商务场合中尤其要注意这样的细节修饰。在出门工作或者出席活动前，一定要修剪体毛。男士要注意剃须，保持面部的清爽，还要修剪不雅的鼻毛和耳毛。女士在一些社交场合身着晚礼服时，一定要将腋下的毛发清除干净。在商务场合穿着套裙的时候，也要将小腿上的腿毛去除，避免出现尴尬的“毛裤腿”现象。

脱毛产品有脱毛蜡、脱毛膏、脱毛器，还可以选择眉夹等工具。在使用脱毛膏时，要选择对皮肤伤害小的产品。脱毛之后，要马上涂抹营养霜或者收敛毛孔的乳液，来保护脱完毛的肌肤。

四、香水的选用

每一个人都有自己的体味，体味会因为新陈代谢功能的强弱、饮食习惯等的不同而不同。不良体味很大程度上会影响人与人之间的交往，尤其是狐臭等味道更会让人敬而远之。用香水来改变体味，使之变得芳香怡人，已经是一种非常普遍的现象。选用恰当的香水是一个人良好修养的表现。

(一)香水的类型

按照味道可以将香水分为花香型、百花型、水果型和青春型四种。花香型以单一的花香为主体香味，常用花名作为香水名，如玫瑰香水、茉莉香水，多供女士使用。百花型是由几种花香组合成的复合香型，让人难以辨别具体的花香，香气优雅。水果型香水加入了果香，适合老人和小孩使用。青春型香水具有绿色植物的清香，男女皆宜。

香水在不同的时段有不同的味道。在使用后的前 30 分钟，称作香水的头香或者前味段，这段时间香味浓烈，有较强的刺激性。过了 30 分钟，香味会慢慢变得柔和，这个时候的味道称作香体或者中味段，也是香水的本位。香水的后味部分也称作尾香或者底香，香水的本味开始消失。越是优质的香水，尾香所持续的时间越长。

(二)香水的使用方法

1. 喷洒法

将喷雾器拿在距离身体 10～20 厘米的位置，喷出雾状香水，喷洒的范围越广越好。还可以将香水大范围地喷洒到空中，然后站在香雾下或者慢慢地走，也能使身体沾染淡淡的香味。

2. 涂抹法

在使用涂抹法时，经常将香水涂抹在脖颈、耳后或者手腕内侧，这样能够通过脉搏的跳动使香水持续地挥发出去；也可以将香水涂抹在脚踝，这样会使香味更加自然。

(三)使用香水的禁忌

第一，不要将香水涂抹在棉质、丝质的衣服上，这样很容易留下印迹。也不要将香水用在皮毛制品上，香水中的酒精会对皮毛制品造成直接的损伤。不能把香水涂在金银饰品上，也是同样的道理。

第二，不要将香水涂抹在白色的衣服上，因为绝大多数香水含有色素，直接喷在白色衣物上会影响衣服的美观。

第三，不要直接把香水喷洒在皮肤上，尤其是会直接暴晒的部位(如面部)，因为香料碰到紫外线后会发生化学反应，导致雀斑、皮肤炎症的产生。

第四，香水不宜涂在额上、腋下、鞋内等易出汗的部位。

第五，不同香味的香水不宜混用。

(四)商务场合使用香水的注意事项

第一，在商务场合使用香水，一般提前 30 分钟涂抹，以免头香过于刺激而影响到他人的感受。

第二，避免使用价格低廉的劣质香水。

第三，在商务场合中应当使用香味淡雅的香水，距离 1 米之外应该闻不到香味，这样的香水浓度才不会失礼。

第四，不能当众涂抹或者喷洒香水。

实训 2－6 你了解不同的香水类型吗？选择一种自己喜欢的香水，判断不同的香味适合什么样的场合。

小知识 **男士香水的类型**

(1)须后水。含酒精量最多，芳香物质最少。香气挥发很快，在剃胡须后使用，能起到舒缓皮肤刺痛和紧绷感的作用，同时可以散发香气。

(2)古龙水也称为科隆香水，是一种含有 2%～3%精油含量的清淡香水。此香水最先在 1709 年由意大利人吉欧凡尼·玛丽亚·法丽娜发明，在德国的科隆推出，是一种办公室常用香水。

本章小结

人们对于视觉、听觉、触觉、嗅觉、味觉都很敏感，不管你是有意识的还是无意识的行为，都会传递愉快或不愉快的感觉，影响别人对你产生的印象。因此，仪容礼仪对于人们的工作和生活都是至关重要的。在本章的学习中，我们介绍在商务社交中如何保养和修饰自己的头发、五官和身体，请同学们在课下好好练习并掌握这些技巧，在实践中应用。

复习题

1. 请举例说明仪容修饰是尊重他人和自己的表现。
2. 女士补妆需要在什么场合进行？为什么？
3. 男士应该有化妆的意识吗？男士应该怎么化妆？
4. 为什么要使用香水？
5. 化妆的顺序是怎样的？

案例分析

形象永远走在能力前面

1995 年的冬天，如果我再找不到工作，灰溜溜地回国几乎成为我唯一的选择。因为我再一次被拒绝了。想起那个面试官的表情，我非常想抓狂。她竟然说我的形象和我的简历不相符而拒绝继续向我提问。我低头看自己的打扮，很明显，因为穿着问题，我被她鄙视了。我发誓可以用我的能力让她收回她对我的鄙视，但我没有得到表现我的能力的机会。

我的房东莎琳娜太太是一个苛刻的中年女人。她规定我必须晚上 12:00 之前熄灯睡觉，规定我必须在 10 分钟之内从浴室出来，规定我如果不穿戴整齐就不准进入她的客厅，不准我用她的漂亮厨房做中餐，她甚至规定我在她有客人来访的时候必须涂口红！

我非常讨厌莎琳娜这种所谓的英伦女人的尊严。但所有人都说，莎琳娜是最好的寄宿房东。

我看不出她好在什么地方。当我很多次面试失败回来后，厨房里一点吃的都不会有。如果我上楼发出声音，她会站在卧室门口很大声地指责我。

我刚刚洗完头发，坐在床上一边翻看报纸的招聘信息一边吃我带回来的面包卷。这违反了莎琳娜的原则。她冲上前来，一把夺过我的面包和报纸，用英文大吼：你这个毫无素质的中国女孩！你滚出我的家！

我于是披散着头发，在睡衣外裹上大衣冲出了门。

25 年来，我以非常漂亮的成绩和能力一路所向披靡，从来没有人说我没有素质。

我们家并不贫穷，25 年来我的妈妈一直告诉我，能力才是最重要的。我不能明白以貌取人在这里居然成为一个正义的词语。这简直是对我 25 年人生观的侮辱！

我愤怒地冲进一家咖啡馆。天气实在太冷。我也很饿。

咖啡馆里的人居然很多。侍者以一种奇怪的眼神把我引到一个空座位边。那是咖啡馆里唯一的空位。我的对面是一个英国老太太。她看起来比莎琳娜更加讲究，就像伊丽莎白女王一样尊贵与精致。我不由下意识地收起自己宽松睡裤下的运动鞋。然后我看到她裙子下着了丝袜和漂亮高跟鞋的腿，以她这样的年纪，却仍然把这样的鞋子穿得非常迷人。

在欧洲的很多高级餐厅里，衣衫不整是被拒绝进入的。我想我能进来的原因大概是因为我穿了价值不菲的大衣。我不由得暂时收起自己的愤怒，说：给我一杯热咖啡，谢谢！

侍者走开后，对面的老太太并不看我，而是从旁边拿了一张便笺写了一行字递给我，是非常漂亮的手写英文：洗手间在你的左后方拐弯。我抬头看她，她正以非常优雅的姿势喝咖啡，没有看我半眼。我的尴尬难以言明。第一次觉得不被尊重是应该的。

我的头发被风吹得非常凌乱，我的鼻子旁边甚至还沾了一点面包屑！虽然我的大衣质地非常好，但我的睡裤被它衬得很老旧。我第一次有点看不起自己。这样的打扮，我有多不尊重自己，以致使别人觉得我也不尊重她们。我想起下午去面试时自己的日常便装，那应该也是对一个高级经理职位的不尊重吧？

当我再回到座位的时候，那个老太太已经离开了。那张留在铺了细柔格子布的餐桌上的便笺多了另一句漂亮的手写英文：作为女人，你必须精致。这是女人的尊严。

我逃似地走出了那家咖啡厅。莎琳娜竟然坐在客厅里等我，一见我就对我说我12:10才回来，所以明天必须去帮她清洗草坪。我答应了她，并向她道歉。

我发现莎琳娜教了我许多同样有用的东西：12:00之前睡觉能让我第二天精神充足，穿戴整洁美观能让别人首先尊重我，穿高跟鞋和使用口红使我得到了更多绅士的帮助，我开始感觉自己的自信非常充足而有底气，我不再希望别人看我的简历来判断我是不是有能力。

我最后一次面试，是一家大化妆品公司的市场推广。我得体的着装打扮为我的表现加了分。那个精致、干练的女上司对我说：你非常优秀，欢迎你的加入！

我没有想到，我的上司居然就是我在咖啡馆里遇到的那位英国老太太。她非常有名！是这个化妆品牌的销售女皇！

我对她说："非常感谢你！"真的，非常感谢她。非常感谢她那句：作为女人，你必须精致。虽然她没有认出我。是的，没有人有义务必须透过连你自己都毫不在意的邋遢外表去发现你优秀的内在。

你必须精致，这是女人的尊严。

资料来源：杨澜：《形象永远走在能力前面》，《思维与智慧》2014年第8期。

思考：结合案例，谈谈商务人士遵守仪容礼仪的重要性。

第三章

商务仪表礼仪

学习目的和要求

通过本章的学习，应了解商务着装的原则和方法，熟悉西装、套裙和礼服的穿着规范以及配饰的选择与搭配，掌握着装要领，充分认识商务着装礼仪对个人日常生活和工作的重要意义。

案例 3－1　　着装不对吓到顾客

小王刚刚以优异的成绩从学校毕业。她从众多竞聘者中脱颖而出，成为一家银行的工作人员。为了熟悉银行的服务工作，领导让她先在营业厅入口处帮助客户取号。小王知道在营业厅工作是要穿制服的，可她的制服还没有发下来，该穿什么好呢？小王心想，反正没有制服，先随便穿好了。于是小王便穿了一条她在学校时常穿的 T 恤和迷你裙，还特意戴上了为庆祝应聘成功男朋友送的项链和耳环，便高高兴兴地来上班了。

九点整，银行准时开门了，客户陆陆续续地走了进来，小王很有礼貌地和客户打招呼，但是客户们都对她不理不睬的。小王看到一位 50 岁左右的阿姨犹豫地站在取号机前，似乎不知道该取储蓄号还是理财号。小王热情地迎上去说："阿姨您好，请问你想要办理什么业务？"阿姨抬头看了小王一眼，竟然转身朝大堂经理走了过去。大堂经理很快带着阿姨走到取号机面前，帮她取了号，并说："对不起，阿姨，这位小王是我们新来的同事，我马上让她去换上工作服装，让您受惊了，真是对不起！"小王很惊讶——客户竟然把自己当成了坏人。

后来，经理对小王说，尽管没有制服，但也不可以穿T恤衫和迷你裙来银行上班。这样的打扮是在向客户表明，她根本不了解"银行服务业形象"的标准，或者是不愿意按照这个标准来要求自己。T恤和短裙这类休闲的服装风格与银行服务人员所需要具备的规范、严谨的风格相去甚远，难怪客户会把她当成坏人。

第二天，小王吸取了昨天的教训，穿了一件简单朴素的白衬衫和一条深蓝色的西服裙，并将行徽别在了左胸前。这身"行头"穿上身，小王立刻从随意休闲的形象转变成了端庄稳重的形象，再也没有客户拿她当"外人"了。

资料来源：纪亚飞：《服务礼仪标准培训》，中国纺织出版社2012年版。

仪表，指人的外表，主要是指一个人的穿衣打扮。无论是在日常生活中还是在各种商务场合，个人仪表都非常重要，可以决定别人对你印象的好坏。古语有"人靠衣装马靠鞍"的说法，就是指服装具有重要的美学功能，既能遮蔽身体、保暖御寒，也能弥补缺陷、扬长避短。不仅如此，服饰还有表达功能和符号功能，可以是某个团体的特殊标志，表明一种社会职业。服装不在于奢华，而在于干净整洁。好的服装搭配加上得体的仪表礼仪，能够使人的形象显得落落大方。

第一节 商务着装的原则

案例3—2 **注意形象的外交官太太**

一位记者去采访一位外交官的太太。当这位美丽的夫人为记者开门时，她身着一套红色的运动装。她把客人让进客厅后，道了一声"抱歉"，就消失在一个白门之后。几分钟后，夫人换了衣服化了妆，并坦诚地说，刚才穿着那套与孩子玩耍的衣服与客人在客厅中交谈有些不妥。此刻，她的装束细腻而不奢华，俨然是一位准备迎接客人的主人形象，也更正了记者第一眼见到她时留下的随意印象。

资料来源：黄剑鸣：《现代商务礼仪》，中国物资出版社2012年版。

小故事

佛要金装，人要衣装。菲尔莱·狄更斯大学的沃尔特斯研究了给人印象深刻的职业形象和起薪之间的关系。她给1 000多家公司发出一组相同的简历，其中的一些简历提供的是申请人在进行形象设计之前的照片，其他的简历提供的是申请人进行了形象设计之后的照片。当把一个普普通通形象的申请人打扮成衣着光鲜的职业形象之后，起薪提高了8%～20%。

一、整洁原则

整洁原则是商务人士着装选择的首要原则，无论是商务服饰还是休闲服饰，均要保持整洁。一个仪表装扮整洁的人给他人的感觉是积极向上的，能给人留下良好的第一印象；反之，衣着凌乱的人让人感觉颓废、邋遢。大多数场合之中，整洁的衣着可以缩短与他人的距离，为自己赢得尊重。初次与人交往的过程中，干净整洁的着装是让别人尽快接受自己的有利条件。

二、文明原则

正式场合的着装要文明大方，应符合社会的道德观念的一般准则，忌穿过分暴露、过分紧身、过分透视、过分短小的服装。身体部位不宜裸露过多，否则不仅有失身份，也会失敬于人，令他人感到尴尬和不便。

三、适度原则

适度原则是指着装在展现自己个性、品味的同时，在修饰程度、修饰数量和修饰技巧上都应该拿捏分寸，自然适度，达到刻意修饰却不露痕迹的效果。应避免过分追逐潮流，尽量树立起稳重的商务形象。

四、TPO原则

TPO即时间(Time)、地点(Place)、场合(Occasion)。该原则的基本含义是仪表修饰要与时间、地点、场合进行同步的变化，使仪表能与特定场合的环境氛围协调一致。

(一)把握时间原则

把握时间原则主要是指把握早晚、四季变化和时代性，服装的颜色、款式和质地都要与时间相符合。

(二)把握地点原则

把握地点原则则要求仪表着装跟随地点的变化而变化。例如，在运动场上西装革履或者在严肃的办公场所穿着拖鞋和休闲服都是不合时宜的。

(三)把握场合原则

案例3—3　　接待人员的黑皮裙

曾有一外商考察团来某企业考察投资事宜，企业领导高度重视，亲自挑选了几位漂亮的女员工来做接待工作，并指示她们穿紧身上衣和黑色短皮裙，但是考察团刚到达尚未开始座谈，外商就匆匆离开了，工作人员一头雾水。后来翻译说，外商通过工作人员的服装，判断出这是个管理制度极不严谨的企业，所以对投资前景失去了信心。原来该企业的工作人员在着装上犯了大忌。根据着装礼仪，在工作场合穿着紧身、薄透的衣服是极不严谨的表现，而外国的很多地区视黑色短皮裙为妓女特有的着装，外商觉得受到了侮辱，最终放弃了投资。

资料来源：黄剑鸣：《现代商务礼仪》，中国物资出版社2012年版。

场合一般分为公务场合、社交场合和休闲场合，要根据不同场合的环境氛围选择恰到好处的服饰，这就是把握场合原则。在公务场合中，如上班、谈判、庆典等，要穿着比较正式的服装；在舞会、音乐会、宴会等社交场合，要选择礼服；在休闲场合则可以随意穿着休闲服饰，如在家穿居家服、在健身时穿运动服。下面是几种特殊场合的仪表礼仪要求：

1. 喜庆场合仪表礼仪

喜庆的场合一般指开业典礼、节日庆典或其他联欢会等。这些场合的氛围大多热烈、愉快，相应地要求人们的着装也要活泼明快。男士可穿中山装或西装，一般性的场合也可以穿夹克衫、牛仔服等便装，女士则可以选择套裙、旗袍或者具有民族特色的衣服。在婚礼场合，着装修饰的程度不应超过新郎和新娘，也不可过于异样。

2. 庄重场合仪表礼仪

庄重场合有商务谈判、庆典仪式、正式宴会、会见外宾等，这种场合的服饰要以端正、庄严为主要的基调，视请柬上的要求来穿着打扮，切忌别出心裁。这种场合中不可以穿着便装，男士不宜穿牛仔裤和夹克衫等，女士不宜穿超短裙，室内不宜佩戴墨镜，室外的迎送场合也不应戴墨镜。

3. 哀伤场合仪表礼仪

哀伤场合主要是指吊唁、殡葬、扫墓等气氛肃穆、悲伤的场合。人们的服饰要以深色或素色系为主，如黑色、藏青色或者白色，切忌出现红、绿等鲜亮的颜色。服装款式应简单庄重，避免刺绣、蕾丝或者飘带等饰物，不要给人以轻佻之感。丧服的原则是不露肌肤，女性不能穿着大领口或者无袖的服饰，更不能有过分装扮、抹口红、戴饰品等行为。

五、协调原则

(一)与年龄相协调

服装穿着要适合自己的年龄，不同年龄段的人在选择服装时有不同的要求。在商务场合中，如果20多岁的女士穿得老气横秋或者50多岁的女士穿得鲜艳俏丽，都会让人觉得怪异，甚至影响到他人对自己能力的评价。

青年女士的服装款式可以新颖、符合潮流，注意细节变化和点缀，彰显年轻人的蓬勃向上和积极乐观。中老年女士的服装应简洁大方，色调应以褐色、黑色等深色系为主，以体现出沉着、理性的成熟之美。

（二）与体型相协调

在设计和选择服装时必须从自己的身形出发，量体裁衣，让衣服合体，才能塑造出良好的商业形象。高挑挺拔、身材修长是首选的理想体型，而实际情况是绝大多数人不可能达到身材的完美比例，所以，要巧妙地利用服装来弥补自身体型的缺点，扬长避短。例如，采用垂直方向上的上升和下降造成高度上的错觉，或者采用横向的扩展和收缩来改变视觉上的宽窄。例如，下身肥胖的女士可以选择裙摆较大的衣裙，以遮盖身材上的弱点；上身较长的女士则可以选择高腰的连衣裙，可以起到拉长腿部线条的作用，切忌穿着亮色的裤子，这样会使人更加容易注意到自身的缺点；颈短的人可以选择低领、敞领或翻领的上衣，女士避免戴项链和围巾，否则会显得脖子更短；身材纤瘦、肩窄的男士可以用加垫肩的外套增加身材的宽度，忌穿紧身裤和无袖上衣。

服装色彩的选择同样要与体型相协调。身材较胖的人适合选择深色类的服装，如黑色、藏青色等，这样的色彩对身材起到收敛的作用，使人看起来瘦一些，切忌穿着横向条纹的上衣；相反，偏瘦的人要经常穿着暖色和浅色的衣服，这类色彩属于扩张色系，使人显得丰腴一些。个子高挑的人上装和下装可以采用对比色调；身材比较矮的人上下装的颜色应当尽量相似，且以浅色为佳。

着装除了可以掩饰缺点外，还有放大优点的功能，“避短”的同时千万不要忘记“扬长”。用服装的色彩或者细节修饰来突出自己身材上的优势，使优点成为整套着装最引人注目的亮点，以起到忽视缺点、协调整体的作用。

（三）与职业相协调

不同职业的人在穿着打扮上相差很大，有些职业甚至从着装上就能分辨出来，如在工作场合中护士要穿护士装、服务员要穿制服、学生要穿校服。模特、演员或者时尚编辑等职业的人，由于职业的特殊需要，工作时可以穿着时尚新颖。但是，同样的衣服是绝对不适用教师、厨师、法官或者政府公务员的，后者平时着装应当正式、严肃。国家领导人在出席外交场合时着装应当谨慎，基调应当以传统、庄重为主。

实训3—1 请根据你日常的生活经验和家乡的习俗，说一说不同场合着装都有什么样的禁忌？

案例3—4 **着装是工作环境的一部分**

大多数企业努力的大方向都一样——赚钱，任何提升效率的方式都能帮助赚更多钱。我的研究就是为此目的进行的。几年前，一家大公司雇用我在其两大分支开展研究，在一个正在规范着装标准的办公室和另一个自由着装的办公室之间开展。

我首先测试了这两个办公室的相对效率。一项定时研究得出了如下结果：与着装标准正在加强的办公室员工比较，没有着装标准办公室的秘书和普通员工在办公桌旁少呆4%的时间，在打字或者相应工作上少花5%的时间，缺勤比例要高3%～5%。然后，我为没有着装标准的办公室建立了着装标准，推行了一年。这个标准没有写在纸面上，从来没有正式宣布，只是由上往下传递，大部分人花了6个月才知道有这样的规定。一旦知道了，大多数人严格遵守。

在这一年快结束时，我重新开展了定时研究。在第一个办公室，员工的表现水平和年初大体相当。在第二个实行了新着装标准的办公室，员工表现显著改善。他们在办公桌前多待了1%的时间，工作时间延长2%，迟到和缺勤比例与第一次测试时相比下降15%。此外，高层管理人员各自报告说中层管理人员和过去相比工作业绩大有提升。中层管理人员除一人外，均表示他们的直接下属和过去相比工作水平提高了。

这项研究的重要性不在于着装能改变人，而在于所处的环境能改变人，身边人的着装是环境的组成部分。

资料来源：莫雷·约翰：《为成功而打扮（男士版）》，北京师范大学出版社2007年版。

第二节 男士仪表礼仪

案例3—5　　不注重仪表礼仪影响职业晋升

王凯，男，36岁，身高180厘米，倒三角形的身材，在一家网络信息公司技术部门担任部门副主管多年，工作刻苦努力，但一直没有得到晋升的机会。通过与上司的沟通得知，大家对王凯的工作表现是比较满意的，只是如果将其晋升为部门经理，其散漫而邋遢的个人形象恐怕会对公司形象产生负面影响。王凯这才回忆起自己多次参加年会、技术论坛都是穿着一整套运动装或者牛仔裤、T恤，而这样的细节居然导致自己常年得不到晋升。

资料来源：韩爱群：《商务礼仪实务》，北京理工大学出版社2012年版。

现代人把服饰视为人的“第二肌肤”，是人的形体的外延，对人体有着“抑丑”和“扬美”的双重补偿功能。因此，服装搭配从某种意义上来说是一门艺术，它甚至能够传达难以用语言表述的情感和意义。在不同的场合，着装得体不仅展现商务男士的仪表美，也可以增加交际魅力，为事业成功奠定基石。

一、商务场合仪表礼仪

（一）西装的基本知识

1. 西装的款式

根据西装板型的不同，可以分为美式、欧式、英式、日式四种款式。

美式西装多是休闲风格，追求自然美的状态，基本轮廓是 O 型，即宽衣大裤，适合休闲场合穿着。西装的面料较薄且有一定的弹性，整体造型上没有过高的垫肩，略收腰身，以单件者居多。

欧式西装追求剪裁得体、造型优雅。基本板型是倒梯形，垫肩较宽，收腰和双排扣的造型显得胸部挺括，适合高大魁梧的男士穿着。面料以精纺毛织物为主，颜色多为黑色和蓝色，颇为考究。

英式西装造型上流畅平坦，是欧式西装的变种。基本轮廓是倒梯形，一般是单排的三个扣子，衣领较狭长，用料追求高档次，多选择纯毛面料。色彩体现威严、庄重，以黑色和深蓝色为主。

日式西装的基本板型是 H 型，没有宽肩和细腰，单排扣，衣后不开衩，适合亚洲男人的身形。

根据西装件数的不同，可以分为单件、两件套和三件套西装。单件西装即一件没有配套裤子的西装上衣，仅适用非正式场合穿着。两件套西装包括西装上衣和西装裤，是商务场合的首选。三件套西装除了上衣和裤子外，还包括一件马甲，较之两件套西装更显正规，一般可以在高层次的对外活动时穿着。

2. 西装的面料

由于西装要求平整、挺拔，所以用料要有一定的抗皱性和牢固性。春秋季节的西装可以是法兰绒、粗花呢等面料，冬季西装可以选择全毛织品的面料，加入一些其他成分的混纺面料也是不错的选择。在休闲场合，棉、麻面料的西装比较适宜。

3. 西装的颜色

西装颜色首推藏青色，其次是深灰色和蓝色，白色的套装西服一般用于社交场合，如酒会和舞会。黑色西装是场合西装，一般只在婚礼、葬礼、演讲等正式场合使用。西装套服上下颜色应一致，搭配时西装、衬衣、领带三者中最好有两样是素色。

(二)穿着西装的礼仪

1. 西装兜的使用

西装上衣上，除了身前左胸处的兜仅可以用来放手帕外，其他的外兜都只有装饰作用。西装裤子的后兜也是装饰兜，侧兜可以放一些轻薄的物品。马甲下方的兜在过去是用来装怀表的，随着怀表退出历史舞台，这个口袋现在也只剩下装饰的功能。钢笔、钱夹、名片等物品可以放在内兜里，但是不宜过厚，以免影响整体的美观。总的来说，在穿着西装时要尽量少放物品。

2. 西装扣子的系法

西装扣子有单排和双排之分，其系法也不一样，双排扣的西装在穿着时应系上所有的扣子。单排扣子的西装又分为两粒扣款和三粒扣款。在商务场合中，要将两粒扣的上边一粒、三粒扣的上边两粒和中间一粒系上。在落座时，上衣纽扣大多要解开，以防止西装“走样”。起立时，要一边起身一边自然地将扣子扣好。

3. 领带的使用

领带是西装的“画龙点睛之笔”，商务场合选用的领带质地应该是真丝或者羊毛的，外形要平整美观，有衬里，厚重有垂感。商务活动中领带可采用蓝色、灰色、紫红色、棕色等，避免佩戴颜色过浅的领带。一般来说，斜纹、纯色、几何图案的领带可以搭配任何款式的西服和衬衫，不要选择大型象征图案、故事图案及黑色的领带。即使不换衬衫，领带最好也要常换，避免给人留下“夜不归宿”、不负责任的印象。领带要打得挺括、端正，最适合的长度应该是打好后下端能碰到皮带扣。领带的不同打结方式如图 3—1 所示。

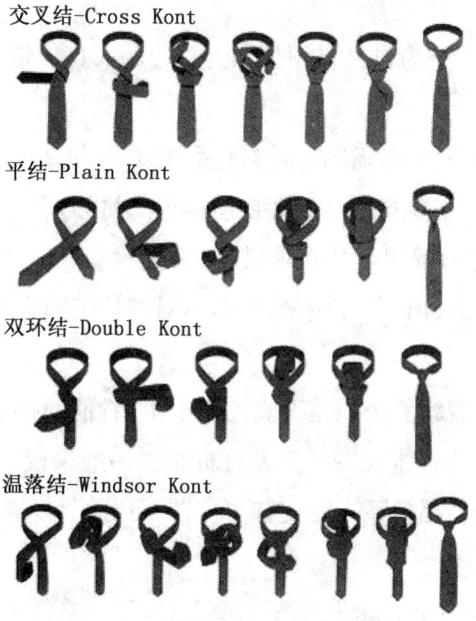

图 3—1

小知识　　**领带的由来**

一次，法国的路易十四国王召见自己的大臣上朝。当大臣都到齐时，大家看到路易十四站了起来，走到大臣中间，并在一位大臣面前站住。

他看着这位大臣问道：“你今天怎么与别的大臣不一样啊？”

这位大臣听到国王这样询问，吓得战战兢兢，不知如何回答。停顿片刻后，这位大臣突然想起来自己脖颈上系着丝带。他抬起手想要解下这条丝带，却被国王拦了下来。

国王继续问道：“我是在问你为什么与别的大臣不一样？”

大臣回答道：“一早出门时，看外面很冷，就系上了这条丝带。原来想进门前解下来的……”

听到这里，国王伸出了手，示意大臣不要说下去了。国王转身回到自己的座位前，然后转过身说:“今后,只要上朝,大家都要像这位大臣那样做。”

就在那一刻,路易十四国王宣布了领带的诞生。

小技巧 **西装与领带的色彩搭配**

(1)黑色西装,搭配银灰色、蓝色、红白相间条纹的领带。

(2)暗蓝色西装,搭配蓝色、深枚红色、橙黄色、褐色的领带。

(3)乳白色西装,搭配红色或者褐色的领带。

(4)中灰色西装,搭配砖红色、绿色、黄色的领带。

(5)米色西装,搭配海蓝色、褐色的领带。

实训 3-2 请练习一下为自己打领带和为身边的人打领带。

4. 衬衣的穿着

有领衬衫是西装着装时的必需品。衬衫色彩要单一,正装衬衫不要有图案,白色衬衫是首选,其次是蓝色衬衫,不要穿着红色等艳丽颜色的衬衫,有失庄重。打领带时,要将衬衫的所有扣子都扣好,衬衫下摆要扎在裤腰内,要使衬衫领子高于西服领口 1～2 厘米。衬衫的袖扣要比西服袖扣长出 1～2 厘米,不露出衬衫袖子的穿着是错误的。

5. 鞋袜的穿着

有一种说法是:想要观察一个人是否真的讲卫生,看他的鞋子就知道了。如果没有一双干净适宜的皮鞋,西装的整体效果就会大打折扣。一般来说,应该选择素面、薄底的皮鞋,在商务场合中应该选择黑色系带的皮鞋。皮鞋不穿的时候要经常擦拭养护,保持鞋面的干净光亮。

搭配西装和皮鞋的袜子色彩要与裤子的颜色相近,或略深于裤子。例如,穿黑色西装的时候一定要用黑色、深蓝色的袜子,穿白色礼服西装的时候一定要穿白色的袜子。在选择时,一定要袜腰较高的中筒袜,即袜腰高至小腿肚下方的袜子,这样即使是裤腿上移也不会露出腿部的皮肤。

6. 马甲的穿着

马甲既可以起到装饰的作用,秋冬之时又有御寒的功效。穿马甲时,双数扣子的马甲最下面一粒扣子不用系,单数扣子的马甲要把所有的扣子都系上。商务场合中不能单独穿马甲。

7. 大衣的穿着

大衣一般是秋冬时节用来御寒的,长度要长于西服上衣,款式和面料都要与西服相协调,色彩以深色系比较理想,面料要结实有质感。

8. 其他礼仪

西装上衣左边袖子的袖扣处通常有西装品牌的商标,在穿着之前一定要将商标拆除,否则将会见笑于人。

西装平时不穿的时候，一定要熨烫整齐，悬挂晾晒，还要注意防潮防虫，这样才能保证每次穿着的时候都会笔挺有型。

小技巧　　怎样快速熨平衬衫

在工作太忙或者差旅途中，人们很可能没有时间熨烫衬衫，此时可以将衣服悬挂在浴室里，利用沐浴过后的水蒸气将衣服上的褶皱变得平整，然后进行风干。

(三)西装配饰的选择

1. 领带夹

领带夹的作用是固定领带。对于六粒扣的衬衫，领带夹要夹于由上向下数第四粒扣子处；如果是七粒扣的衬衫，则要夹在第五粒扣子处。在系上西装的扣子后，领带夹不能露出来。

2. 手表

男士在商务场合中佩戴手表，不仅能显露自己的品位和身份，还可以给人以“时间观念强，作风严谨”的感觉。与西装相配的手表款式一定要简约，颜色以银色和黑色为主，表面简洁大方，除了表针、时刻数字以及商标外，最好不要有其他图案。

3. 钱夹

与西装相匹配的钱夹应该是长方形钱夹。钱夹不宜放太多卡，因为过厚的钱夹会影响西服的美观。

4. 公文包

公文包的面料最好是真皮的，颜色以深色、纯色为主，不要使用软布包、帆布包。尽量避免包面上出现醒目的LOGO或者巨大图腾的产品。

5. 首饰

男士在佩戴首饰时尽量要少，1～2款就好，首饰的质地要上乘，款式要简洁大方。

小提示　　男士西装穿着应注意“四个三”

“四个三”即三色原则、三一定律、三大禁忌、三点一线。

(1)三色原则是指在正式场合穿西服套装时，全身颜色应限制在三种之内，鞋子、腰带、公文包应控制在一种颜色，且以黑色为首选。

(2)三一定律是指穿西服套装时，三种色彩必须协调统一。

(3)三大禁忌是指袖口上的商标未拆；穿西装不穿皮鞋；在正式场合穿西装不配衬衫、不系领带，或里面只穿T恤衫、汗衫、棉毛衫等。

(4)三点一线是指一个衣冠楚楚的男人，他的衬衣领开口、带扣和裤子前开口外侧应该在一条线上。

二、非商务场合仪表礼仪

在一些隆重的晚宴或者商业社交聚会、酒会、音乐会上，仅仅穿着普通的西装是不能满足需要的。这个时候，就需要了解一些礼服穿着的知识。

(一)西式男礼服

1. 常礼服

常礼服又称晨礼服，这种礼服是在白天特别是在户外迎送贵宾或者参加露天典礼时使用的。一般情况下，在特别隆重的场合中上装是黑色的燕尾服、马甲，佩戴黑色的丝质高顶帽，而在婚礼等一般场合中燕尾服和高顶帽可以选择灰色的。燕尾服里面要搭配普通礼服衬衫或者白色双翼式衬衫和灰色的领带，下身穿着黑色的竖条纹图案的长裤和黑色皮鞋。

2. 黑礼服

黑色礼服尤其是在国家元首会面或者接见贵宾时使用。上身是黑色的单排纽扣上装、黑色马甲、白色双翼式衬衫，下身是黑色条纹裤，搭配黑色的领结和黑色皮鞋。

3. 燕尾服

燕尾服又称晚礼服，在晚上八点之后的重大宴会和招待会时穿戴。燕尾服形式相对固定，上装前摆及腰，后摆长于前摆，成燕尾状。燕尾服虽然有双排的六粒扣子，但是不需要系起来。燕尾服在穿着时要搭配：白色领结，白色双翼领衬衫，胸前有 U 型胸衬，礼服前胸口袋装白色的丝帕，条纹皮带和丝帽。燕尾服的里面是三粒或者四粒扣的方领白色礼服背心，下身长裤两侧饰有缎面带状装饰。脚上是黑色袜子和漆皮皮鞋。

4. 小礼服

小礼服也称晚餐礼服，用于晚上六点以后举行的鸡尾酒会、颁奖仪式或者其他演出活动。上装是黑色翻领的上衣，领子上有黑色缎面，搭配黑色领结以及白色双翼领、胸前有褶皱的衬衫，脚上要穿黑色袜子和皮鞋。

(二)中式男礼服

“中山装”是典型的中式男礼服，是 20 世纪 20 年代末国民政府颁布条例正式确定的“礼服”、“国服”。中山装是孙中山先生在辛亥革命后设计的，每一个细节都有深刻的含义。背部无接缝表示天下合一；兜盖像笔架表示对文化的尊重；三粒袖扣表示民族、民权、民生的“三民主义”；四个口袋代表着礼、义、廉、耻；五颗扣子代表汉、满、蒙、回、藏五族共和。

穿着中山装时，应该将前门襟、兜袋盖、风纪扣全都扣好；口袋内不能放置杂物；搭配黑色皮鞋。中山装是具有中国民族特色的服装，适用于各种外交场合。

小知识　　穿着礼服的注意事项

(1)正式礼服,必须用专门的束腰用的腰封,腰封一般为黑色,不能由皮带代替。

(2)搭配礼服的多是可配袖扣的法式双碟袖扣衬衫,或胸前有褶皱的衬衫,在领部为小尖领,可搭配领结。胸前没有口袋。

(3)穿礼服时,即使佩戴领带,也不能使用领带夹。

(4)室外御寒时,只能在礼服外套风衣、大衣或者围围巾,而进入室内后则要脱掉外套和围巾。

第三节　女士仪表礼仪

一、商务场合仪表礼仪

案例3—6　　服饰不适宜的结果

王小姐到一家大公司应聘秘书。面试之前,她对自己进行了精心修饰:身着时下最流行的牛仔套裙,脚蹬一双白色羊皮短靴,还有橘色的挎包。为与这身打扮配套,王小姐化了彩妆,对自己的打扮相当满意。

来到公司,王小姐发现自己在众多应聘者中显得与众不同,她甚至感到有点得意。正在这个时候,王小姐碰见了恰好来此处办事的好朋友李小姐。

"你来找人吗?"李小姐问到。

"我是来应聘的。"

"应聘? 你的这身打扮更像约人去喝下午茶。"快人快语的李小姐说道。

"是吗?"王小姐疑惑起来,她瞄了一下四周,果然其他人都穿素色的职业套装。王小姐一下子焦虑起来,已经建立的自信也被动摇了。在后来的面试中,王小姐完全因为这次着装乱了阵脚,结果也就不言而喻了。

王小姐的这身着装是典型的休闲装,因而是不适合应聘这种正式场合的。应聘时,需要向别人展示的是自己的自信、成熟和干练,因而应该穿着一套正装,相信下一次她能够做得很好。

资料来源:《人际沟通与交往艺术案例十则》。

(一)女士套装的基本知识

1. 套装的面料

女士套装的质地要求匀称、柔软、有垂坠感,上下装面料要统一。冬季经常使用的面料有人字呢、薄花呢、法兰绒等。夏季经常使用丝绸、亚麻等面料。

2. 套装的颜色和图案

商务场合的正装要采用素雅沉稳的颜色，如紫红色、藏青色等，不能用过于鲜艳亮丽的颜色。套装的色彩要统一。

女士套装在图案的选择上要求简单大方，所以应该刻意避开人物、花卉、文字等图案，选择圆点、条纹或是方格等图形都是适宜的。

3. 套装的款式

女士套裙基本上分为“A”型、“H”型、“Y”型、“X”型四种。

“A”型套裙上衣紧身下裙宽松，造型松弛有度、富有变化，凸显上半身的身材优势，又可以遮盖下半身的劣势。

“H”型套裙上衣宽松，裙子多为筒式，给人一种浑然一体的感觉。这种裙装适合身材丰满的女性，可以让着装者尽显优雅含蓄之美。

“Y”型裙装上衣宽松下裙谨慎，适合上身比较丰满的人，能够帮助其遮盖上半身的不足，凸显下半身的曲线美，使女士看起来端庄大方、亭亭玉立。

“X”型裙装上衣紧身下裙为喇叭型，多为收腰的套装。这种裙装能够较好地塑造腰部曲线，适合身材匀称、凹凸有致的女性。

(二)穿着套装的注意事项

在穿着套裙出席商务场合之前，一定要从上到下检查一遍自己的仪表，领子要翻好，扣子要扣整齐，整体看起来要端正；内衣的选择要大小适当，最好是肉色或者是白色的内衣，要避免内衣的轮廓显露出来。商务套装既可以成套穿着，也可以随意搭配，要根据具体情况设计具体的形象。

(三)套装配饰的选择

1. 衬衣

女士衬衣的领口多种多样，如V领、开领、圆领等。选择不同领口的衬衣要根据外衣的大小来决定，衬衣的领口要小于外衣。职场中，女性的领口不能过大过低。衬衣的下摆要塞进裙子或者裤子里。商务场合中的衬衣颜色和图案不能太夸张，也不要有繁杂的修饰和花边。

2. 袜子

穿着商务套装时选对袜子很关键，以连裤的肉色袜子为首选。如果是搭配深色的套装，则要选择深色的连裤袜。冬季可以用棉毛质的打底裤袜来代替，也可以用黑色的加绒加厚的紧身裤袜，但是不要影响到美观。需要注意的是，镂空的、网状的、有图案的、滑丝的裤袜是不可以出现在公共场合的。为了以防万一，可以在办公室或者手提包里留有一双备用的袜子。

3. 高跟鞋

在商务场合中，女性无论是身着裙装还是裤装，都要搭配高跟鞋，鞋跟的高度在3～5

厘米为好，过低的鞋子会影响美观和整体的气场，过高的鞋子长时间穿着会产生不适。鞋子的质地最好是真皮的，颜色根据衣服的色彩搭配。鞋型以船鞋或者鞋面较高的鞋子为好，切忌冬天穿靴子。

小提示　　职业女性着装常出现的问题

(1)过分时髦型。现代女性热衷流行时装是很正常的现象，即使不去刻意追求，流行也会左右着你。流行的东西是因为它美而被人们接受，但这种美并不等于所有场合下都能收到如意的效果。在公司里，人们的美主要体现在工作能力上，而非赶时髦的能力上。一个成功的职业女性对于流行的选择必须有正确的判断力，不能盲目地追求时髦。

(2)过分暴露型。着装不要过于暴露和透明，尺寸也不要过于短小和紧身，否则会给人以不稳重的感觉。内衣不能外露，更不能外穿。夏天的时候，许多职业女性不注重自己的身份，穿着颇为性感的服饰，这样女性的智慧和才能可能被埋没，甚至还会被看成轻浮。因此，再热的天气也应注重自己仪表的整洁大方。

(3)过分潇洒型。最典型的样子就是一件随随便便的T恤或罩衫，配上一条泛白的“破”牛仔裤，丝毫不顾及办公室的原则和体制。这样的穿着可以说非常不合适。

(4)过分可爱型。在服装市场上有许多可爱的款式，也不适合工作中穿着，否则会给人不稳重的感觉。

实训3—3　请女生根据自己的外貌和体型，试穿一套适合自己的职业套装，并自己选择适当的配饰进行搭配。

二、非商务场合仪表礼仪

案例3—7　　不懂宴会着装遭遇尴尬

出国的人，因为文化、语言等，多多少少在异国他乡闹过笑话。一女士提到她经历的最尴尬场景是在公司的宴会上。

她在国内从小接受的教育是好学生应当艰苦朴素，努力学习，“坏学生”才讲究穿衣打扮，追求资产阶级生活方式。可是当你生活在资产阶级的人群中，还保持你无产阶级的光荣本色时，问题就来了。

她在美国拿到学位后在一家大保险公司的分公司找到了工作。圣诞节前夕，该地区的几个分公司联合在一个五星级宾馆里开圣诞晚会，把总裁也请来了。

那天下午，公司里的女同事纷纷早退，她也没多想。瞄一眼请帖，看到衣着要求一栏写着“正式”(Formal)，她按照国内的思维习惯想，正式的衣服不就是西装吗？西装家里有两三套备着呢。

到了晚上，她穿着灰色的西服裤装，平底鞋，背着平时上班用的大皮包，顶着清水挂面头，连口红都没涂；她老公也好不到哪儿去，穿着运动式西装单件外套，西服里面套着毛衣，两人就这样来了。

一进门，她就懵了：富丽堂皇的大厅里，满眼见到的就像电影里演的那样，男士黑西装、黑领结、白衬衫，女士个个是低胸露背晚礼服，浓妆艳抹，珠光宝气，端着酒杯，三五成群地聊天寒暄。

人们看到他俩时，什么样的表情都有。她说这时真是恨不得赶紧找个地缝钻进去，用"丑小鸭"或"丑老鸭"不足以形容她的惨状。在那个场合，她简直就像是个怪物！目光所及，看到同事，对方只是轻轻地点个头就避开眼睛，生怕被别人看出来认识她似的。

她拉着老公拿了食物躲到角落里，低着头吃，那天的食物十分美味，就是不知堵在哪儿下不去。当第一只舞曲响起时，她和老公偷偷溜了回来。

此后，她恶补美国穿衣打扮规则，学习化妆技巧，如今已是行家里手。

资料来源：http://blog.sina.com.cn/s/blog_48615d0d0100as6e.html。

(一)西式女礼服

1.常礼服

常礼服也称晨礼服，主要是白天穿着。通常是由颜色、质地相同的上衣和裙子组成，也可以是单件的连衣裙。这种礼服一般用于游园会、引荐、午宴或者拜谒等场合。晨礼服一般是长袖，肩膀不会裸露过多，领口也不会过大，可以搭配手套和帽子使用。

2. 小礼服

小礼服又称小晚礼服，通常是长度到脚面、露背、单色的连衣裙，衣袖可长可短，着装者可以佩戴手套，但是一般不搭配帽子和面纱。小晚礼服在参加晚上六点以后举行的音乐会、宴会或者歌舞剧时穿着。

3. 大礼服

大礼服又称大晚礼服，款式是：拖地或者不拖地、单色、无袖、露背、低胸的连衣裙，可以佩戴不同样式的长纱手套和帽子，也可以配搭华丽的饰物。大礼服是最为正式的一种礼服，主要适用晚间举行的各种正式、大型的活动，如官方举办的各种酒会、交际舞会等。近年来，大礼服的款式已经向着越来越自由化的方向发展。

(二)中式女礼服

典型的中式女礼服是旗袍，这也是最能凸显东方女性曲线美的服饰。旗袍上下结构严谨，没有任何多余的装饰和重叠的衣料，干净利落。旗袍的剪裁贴合身形，配合两边的开衩，在行走时可以体现出女性身材的婀娜多姿。

选择旗袍时，颜色最好是单一色，面料要选用上乘的绸缎，长度最好是长至脚面。在礼仪场合穿着的旗袍开叉不宜过高，一般在膝盖上方1～2寸处。旗袍可以搭配高跟鞋，也可以搭配考究精致的绣花鞋。选择旗袍时最重要的原则是剪裁得体。

三、配饰的选择

(一)帽子

服装搭配讲求整体协调,因此帽子的选择不应该被商务女士忽视掉。当身着得体优美的服装时,如果能再戴一顶色彩和谐、造型别致的帽子,则起到锦上添花的作用,展示出商务女性的情趣和审美能力。身材娇小的人不能佩戴高筒帽,会给人不和谐的感受,头部较身体比例过大的人,不宜选择大帽檐的帽子。帽子端正地戴会使脸庞看起来丰满,歪戴帽子可以使脸显得细长。帽子要选择合适的尺寸,过大过小都会产生滑稽的效果。

(二)手提包

商务女性的手提包要根据场合的不同来选择,工作场合要选择容量大、质地结实的手提包,造型要简单大方,便于装各种文件和物品。参加宴会和酒会时,手提包的款式要小巧考究,尽量是可以拿在手上的手包,里面不宜装过多的物品。女士手提包应套在手上,不要甩来甩去。

(三)耳饰

耳饰多是佩戴在耳垂上的饰物,一般是女性佩戴,以一只耳朵佩戴一只为原则。男士使用时通常只戴左耳一只耳饰。男性服务人员在服务岗位上不应该佩戴任何耳饰。

耳饰款式多样,造型变化繁多,应当根据自己的脸型、发型来选择搭配的耳饰,以使饰品看起来和整体协调。通常,圆脸型不宜佩戴小的耳钉和圆形耳环,可以选择长款式的耳坠,可以从视觉上拉长脸型;长脸型的人如果佩戴长款耳坠则会显得脸型更长,而应该考虑大耳环或者小型圆耳环;方脸型可以选择小型耳钉和流苏型的耳坠,应当放弃圆形或方形的耳环。

在商务场合中,女性戴耳饰要以简单大方的款式为主,尽量使用不超过耳垂长度的耳钉,忌造型夸张、鲜艳华丽的饰品,更不可以戴一对以上的耳饰。

(四)颈饰

1. 项链

项链是颈饰中最常见的类型,也是深受女性青睐的主要饰品之一。按照材质,可以将项链分为以珍珠、水晶、玛瑙等制成的珠宝项链和以贵金属制成的金属项链两种类型。项链选戴要考虑到多方面的因素。例如,应当与服装的色彩相协调,穿暖色系衣服的女士宜佩戴金色项链,而穿浅蓝色等冷色调衣服的女士则要佩戴银色的项链。再如,项链要与体型相协调,高个子的女性可以选择佩戴较长的项链,脖颈细长的女士则要佩戴短的项链,否则会显得脖子更长。最后,项链的材质还要与衣服质地和出席场合相匹配——当身着柔软飘逸的丝质连衣裙或者出席高档酒会时,可以选择晶莹剔透的宝石项链和圆润光泽的珍珠项链;当在商务场合穿着制服或者职业套裙时,可佩带纤巧精致的金属项链。

2. 丝巾

丝巾是女士的常用饰品,有方巾、长巾、三角巾等品种。从材质上来讲,春夏丝巾多为丝绸质地,秋冬丝巾多是棉麻或者羊毛质地。圆脸型的人要将丝巾下垂部分尽量拉长,长脸型的人适合左右展开的横向系法。方脸型的人尽量使脖颈部位干净利索,利用丝巾在胸前打出富有层次感的花结。

案例 3—8　　丝巾的魅力

供职于意大利某工业公司的王小姐在着装上有一个明显的特征:她的套装全部是深色系的,但她永远披着一条绚丽的丝巾,春夏秋冬,无一例外。在灰色、咖啡色、黑色充斥的办公室里,王小姐的丝巾总能给人眼前一亮的感觉。几年下来,王小姐在公司树立起自己的着装风格,并得到上司及同事的肯定。

资料来源:http://www.people.com.cn/GB/channel6/491/20000522/72375.html。

实训 3—4　请女生练习不同丝巾的系法。

(五)胸饰

常见的胸饰是胸针,又称胸花。胸花要别在左侧胸襟处,距离上衣肩线 15 厘米左右。胸花的款式要简洁,质地要讲究,色彩要与衣服相协调。胸花通常用在穿套裙的时候,因为职业套装上下衣色彩一致,略显单调呆板,佩戴胸花可以制造服饰中的亮点,打破单调的色彩格局。

小知识　　胸针为什么戴在左胸?

据说在战争时期,当士兵在战场上立功时,得到的勋章是要戴在右胸的。一次,一名士兵在立功后发现,右侧胸襟已经没有佩戴勋章的位置了,他就随手将其戴在了左侧胸襟。幸运的是在一次战斗中,左侧胸襟的勋章挡住了敌人的子弹,保住了这名士兵的性命。以后,人们逐渐形成了"勋章戴在左胸吉祥"的概念。

(六)手饰

1. 戒指

戒指是首饰家族中最古老而又最经久不衰的成员。戒指一般象征着忠贞和同心,是爱情的信物。戒指的佩戴是一种无声的语言,戴在左手手指上时一般有特殊的含义,暗示着佩戴者的婚姻状况:将戒指戴在食指上表示无偶或者正在求婚,对已婚者而言是守寡之意;戴在中指上表示已经有意中人并且正处于热恋的状态;戴在无名指上表示已婚;戴在小指上则表明佩戴者还是单身,既没有结婚也没有意中人。

2. 手镯

手镯又称手环,在古代佩戴手镯是为了表示主人的身份,现代女性佩戴手镯主要是作为装饰品。除非是佩戴成双成对的手镯,否则手镯一般只佩戴在右手手腕上。短胖的手型不宜佩戴手镯，戴手表的人也不宜同时戴手镯。手臂细长的人可以戴宽型的或者多条细线型的手镯。

3. 手表

在商务场合中，女士可以佩戴一只样式简单、做工精细的手表，不宜佩戴造型前卫的时尚手表、名贵手表、运动手表以及卡通图案的手表。

小提示

女士在忙乱的早晨，肚子不可以空着，妆也不可以不化；皮革永远是亮的；口红要根据服饰而定；香水的味道根据场合而定；将无袖上衣、凉鞋打入“冷宫”，因为办公室一年四季是恒温的，在办公室里要永远穿得像春天一样令人舒适；还要注意永远有一双长筒丝袜作为备用。

本章小结

《论语》说：“君子正其衣冠，尊其瞻视，俨然人望而畏之，其不亦威而不猛乎？”意思是说，君子衣冠整肃，神色俨然，令人望而有敬畏之心，就能做到威而不猛了。现代人把服饰视为人的第二肌肤，是人的形体外延。好的服饰不仅可以帮助人建立自信，也有助于人们获得良好的公众形象。在本章的学习中，我们知道了着装的技巧和原则，以及男性和女性应当怎么着装，希望同学们在课下能够有意识地改进自己的不足，提高自己的仪表品位。

复习题

1. 着装的重要性体现了什么？请举例说明。
2. 西装和女士职业套裙在搭配上有哪些技巧？
3. 检查自己在着装中的不足，并提出具体的改进方法和措施。
4. 职场服饰礼仪搭配的禁忌有哪些？请举例说明。

案例分析

中国移动员工的着装规范

中国移动作为一家大型服务企业，其对员工的着装有着明确的规定。

(一)非一线服务人员着装规范

1. 着装日类别：正装日和星期五便装日。正装日特指正常工作的每周一至周四。

2. 正装日着装原则：穿着整齐、庄重大方、规范严谨，体现职业风范。

3. 正装日着装七忌：一忌过于杂乱，二忌过于鲜艳，三忌过于暴露，四忌过于透视，五忌过于短小，六忌过于紧身，七忌懒散。

4. 正装日着装要求：员工上班服装要整洁。男士应穿着衬衣、长西裤、皮鞋。没有特殊要求一般可不用穿西装、系领带。女士应穿职业服装、皮鞋/凉鞋。

5. 正装日着装注意事项：员工"正装日"上班时间，除特殊活动外，不可穿休闲衬衣(服)、牛仔服、运动服、T恤、汗衫、无袖上装、吊带衫(裙)、背心、露脐(背)装或者其他过于露透的非职业上装；不可穿休闲裤、牛仔裤、短裤等非职业裤装和短裙(裤)；不可穿拖鞋或拖鞋式凉鞋、运动鞋。

6. 公司重要商务活动着装要求：公司举办或参与重要商务活动时(如重要的内外接待、洽谈，新闻发布会，重要会议或重要招投标活动等)，男士必须穿西装/衬衣、系领带、穿皮鞋；女士必须穿职业套装或其他适合场合需要的正装、皮鞋。公司其他需要统一着装的活动和会议，由组织部门负责通知参加人员当次的着装要求。

7. 便装日着装原则：体现工作效率，凸显个性。

8. 便装日着装要求：可穿休闲装，包括休闲服、T恤、普通牛仔裤、七/九分裤、运动服、运动裤等。

9. 便装日着装注意事项：便装日不可穿汗衫、无袖上装、吊带衫(裙)、背心、露脐(背)装或者其他款式过于散漫的服装或过于超前的服装。不可穿着装饰夸张的牛仔裤、短裤等非职业裤装和超短裙(裤)；不可穿拖鞋或拖鞋式凉鞋。

(二)一线服务人员着装规范

1. 着装日类别：制服日和周末便装日。

2. 直接面对客户的"沟通100服务厅"服务营销人员、一线客户经理周一至周五均要执行"制服日"要求，在上班时间穿公司统一制服。

3. 各分公司后台职能工作人员着装要求参照非一线服务人员要求执行。必须准备制服在公司备用，特殊要求或需要接待客户时必须穿着统一制服。

资料来源：http://wenku.baidu.com/view/。

思考：从中国移动的着装要求谈谈商务人员规范着装的必要性。

第四章

商务仪态礼仪

学习目的和要求

通过本章的学习，应了解商务活动中人的肢体动作对形象的影响，掌握商务活动中社交人员站、坐、走及各种肢体动作的基本要求。通过案例分析，了解商务活动中高雅的肢体动作会提升个人魅力。

案例 4—1　　布什的仪态优势帮他赢得大选

曾任美国总统的老布什，能够坐上总统的宝座，成为美国"第一公民"，与他的仪态表现分不开。在 1988 年的总统选举中，布什在选民中的形象不佳，民意测验一度落后于竞争对手 10 个百分点。不料两个月后，布什以光彩照人的形象扭转了劣势，反而领先十多个百分点。原来，布什的演讲不太好，手势与手臂动作总是显得死板，身体动作也不美观。后来，布什接受了专家的指导，经过刻苦的训练，纠正了不良习惯，从而改变了人们对他的评价。

资料来源：靳斓：《最受欢迎的商务礼仪（男士读本）》，中国经济出版社 2012 年版。

仪态，是人们在外观上可以明显察觉到的活动、动作，以及在活动、动作中身体各部分所呈现的姿态。仪态属于人的行为美学范畴，它既依赖于人的内在气质的支撑，又取决于个人是否接受过正规的仪态训练。在商务场合中，一个人的举止是否优雅、得体，能够直接反映出其有什么样的素质和修为。好的仪态之美能帮助人增加好印象，赢得合作和被认可的机会，进而创造财富。

仪态礼仪通常包括以下三个方面：表情仪态、基本仪态和其他仪态。

第一节　表情仪态礼仪

表情是指人的面部神态，是人的思想情感和内在情绪的外露。在人际交往中，五官是最能传情达意的部位，可以表现出喜怒哀乐等不同的情绪，备受人们关注。那些整日愁眉苦脸的人，直接传递给人们一种抑郁、消极、焦躁的情绪，让人感觉到困扰和压力。如果能以真诚善意的面孔来示人，则可以让人感觉如沐春风，从而更容易接纳对方，是人际交往的重要手段之一。在千变万化的表情中，眼神和微笑最具礼仪功能和表现力。

一、眼神

案例 4－2　　面试时眼神很重要

在××大学举行的一次模拟面试中，13 位选手并坐一排，面对 4 位资深面试官，而台下则有近百名现场观众。

不久，面试官之一的通用电气 FMP 项目主管王女士指出：一些选手在回答问题时眼睛总是环顾四周。她提醒同学们，在正式面试时，一定要注意眼神的交流，这不仅表示对对方的尊重，更是坦然无惧的体现。

资料来源：许湘岳、蒋璟萍：《礼仪训练教程》，人民出版社 2012 年版。

眼睛是心灵的窗户，反映人们最细微的内心世界。在商务场合中，目光注视的时间长短、眼睛的开闭、眼珠的转动以及其他细节，都向对方发出不同的信息。

一个良好的商务形象，目光要亲切、和善、坦然、乐观。漠然、傲慢、呆滞、贪婪、轻蔑的目光都不应该出现，否则只能使人产生抵触的情绪。左顾右盼、挤眉弄眼、对人上下打量或者翻白眼等是不礼貌的。

（一）注视的区域

注视他人身体的不同部位，会给人带来不同的情绪体验，造成的气氛也是有差别的。在不同的场合和对象面前，目光所及的区域是不一样的。

1. 公务凝视区域

公务凝视区域是指以双眼为底线、额头为顶点的三角形区域。长久注视这个区域，给人以严肃认真的感觉，向对方传达出要谈正事的信号，也能产生把握谈判主动权和控制权的效果。这种凝视用于洽谈业务、谈判磋商等场合中。

2. 社交凝视区域

社交凝视区域是指以两眼为上线、唇心为顶点所形成的倒三角形区域，适用于各种社交场合。在社交场合与人交谈时凝视这个区域会营造出一种轻松舒适的氛围，令人感到舒服、有礼貌。

3. 亲密凝视区域

亲密凝视区域是指由双眼下至胸部的区域，适用于和亲人或者恋人的交流之中。如果交谈的双方关系不够亲密，这种凝视的部位是非常不礼貌的，会让人产生不怀好意的感觉。

(二)注视的时间

与他人交谈时，目光投注的时间应占整个谈话时间的 2/3 左右，时间过长或者过短都会让对方产生反感。凝视时间过短表示轻视，时间太长会让人觉得有压迫感，所以可适当移开目光到眉心或者鼻梁的位置，以缓和一下气氛，但时间不宜过长，2～3 秒钟为宜，否则对方会产生心不在焉的感觉。此外，眨眼频率要适度，频繁眨眼让人觉得心虚、轻浮，目不转睛地盯着对方又会产生挑衅之意。

(三)注视的角度

1. 平视

平视是指交往双方站在相似高度，视线呈水平状态。这种凝视角度的含义是双方地位平等，相互尊重，多用于办公场所。

2. 仰视

仰视是当站在低处的人看高处的人时，视线会处于偏低的状态，多用于对德高望重的长辈、领导表示崇拜和敬重之意。仰视时头部跟随目光一起上扬，如果头部不动会给人自卑的感觉。

3. 俯视

俯视是视线居于高处状态的人看低处，多是地位较高的年长者看晚辈或下级时使用，让对方产生一种权威感。使用不好会让人产生傲慢、轻视的感觉，给交流造成障碍，所以尽量不使用这种方式与人交流。

4. 侧视

侧视是将视线集中在一侧。在运用此种注视角度时，应将面部或者上半身连同眼神一同转过来正对谈话对象，以示尊重，不可只用双眼视线集中注视对方而头部斜对对方。

(四)不得体的眼神

1. 左顾右盼的目光

例如，交谈时经常看手表，就会让对方觉得自己三心二意，从而伤害对方的情绪。目光游移不定也会给人不坦诚、心虚的印象。

2. 不怀好意的目光

在没有任何理由的情况下，尤其是异性之间，注视对方的大腿、腹部、胸部是极为失礼的，会让女性觉得被侵犯、被骚扰。

3. 反复打量的目光

对交谈对象上上下下反复打量，是一种怀疑、挑衅的目光，会令对方感觉不舒服。

4. 偷偷摸摸的目光

斜视或者偷偷摸摸地注视对方，极容易使交往对象有被监视的感觉，自己的形象也会显得猥琐狡诈。

5. 当人遭遇尴尬的事情时，会探寻、好奇地凝视

此时，应该自然将目光移开，不然对方会以为在看笑话。迅速地移开目光也是不对的，会让对方感到被讽刺和嘲笑。

实训 4—1 请同学们对着镜子练习不同角度的眼神。

二、微笑

案例 4—3 **微笑换得生命**

在西班牙内战中，一位国际纵队的普通军官不幸被俘，并被投进了森冷的单人监牢。

在即将被处死的前夜，他搜遍全身发现半截皱皱巴巴的香烟，很想吸上几口，在他的再三请求下，铁窗外那个木偶式的士兵总算毫无表情地掏出火柴，划着火。当四目相对时，军官不由得向士兵送上了一丝微笑。令人惊奇的是，那士兵在几秒的发愣后，嘴角也不太自然地上翘了，最后竟然也露出了微笑。后来两人开始交谈，谈到了各自的故乡，谈到了各自的妻子和孩子，甚至还互相传看了珍藏的与家人的合影。

当曙色渐明时，军官老泪纵横，那士兵竟然动了恻隐之心，悄悄地放走了他。微笑，沟通了两个心灵，挽救了一条生命。

资料来源：许湘岳、蒋璟萍：《礼仪训练教程》，人民出版社 2012 年版。

微笑是一种无声的语言，是最能赋予人好感、表达愉悦心情、增加友善和沟通的表情，也是人际交往中最重要、最基本的礼仪。真诚甜美的微笑，体现心境良好、充满自信、乐业敬业的感觉，从而得到他人的信任和尊重。微笑也是全人类共同的语言，可以超越国界，没有种族之分，在任何情况下都是无往不利的"武器"，瞬间拉近人与人的距离。一种有分寸的微笑，再搭配优雅的举止，可以让人在他人面前显示出足够的自信和专业。

(一)微笑的作用

1. 微笑有助于自身健康

笑口常开的人往往会给自己一种积极的心理暗示，产生有益的情绪，使自己变成一个

充满正能量的人。这样的人更容易让人亲近，能创造良好的人际关系，也会促进个人身心健康。

2. 微笑化解交往矛盾

中国自古便有“伸手不打笑脸人”的处世哲学。一般情况下，当与人发生矛盾时，如若一方能报以微笑，另一方也就不会进一步激化矛盾。在相处中发生纠葛时，不妨以微笑代替犀利的语言，这样既能保持自己温文尔雅的形象，又能产生比语言更加有力的效果。

3. 微笑表现乐业精神

敬业乐业是传统美德。乐业是指从事一个正当的行业，并且发自内心地热爱自己的本职工作，兢兢业业，以恭敬之心履行自己的职责。乐业是积极向上的人生态度的体现。多数行业要求从业者微笑服务，因此，微笑是企业精神的一种表达方式。

(二)微笑的标准

1. 微笑的基本要求和标准

微笑的基本要求是：发自内心，自然亲切，要由眼睛、眉毛、嘴巴等方面来协调配合。

微笑的基本要领是：面部肌肉放松，眉毛略微上扬，目光柔和，嘴角微微上翘，嘴唇呈现月牙形，紧闭双唇或者露出6～8颗牙齿皆可，不可以发出声音。缺乏诚意和谄媚讨好的微笑都是不得体的，应该避免。

2. 微笑的四个结合

微笑只有发自心底才会动人，因此必须注意四个结合。

(1)微笑与眼睛的结合。眼睛传情达意，眼神传神才能使微笑情真意切、扣人心弦。眼睛不“笑”就会让人觉得微笑很虚伪，有“皮笑肉不笑”之嫌。

(2)微笑要与语言结合。微笑要配合友善的言辞才能相得益彰。

(3)微笑要与情感结合。对人微笑时必须是亲切真诚的，没有感情的微笑是可以一眼看穿的。

(4)微笑要与身体结合。微笑要配合正确的身体语言，才会有完整和谐之美，给交往对象以最佳的印象。

(三)微笑的训练方法

1. 对着镜子练习。

全身放松，头部摆正，回想高兴的事情并且调动起情绪，找到自己最满意的微笑后不断坚持练习，从不习惯到习惯。

2. 口型训练法。

借助一些字的发音来进行微笑口型练习。例如“茄子”、“姐姐”、“钱”、“一”等，发出这些词语时的口型是微笑的最佳口型。

3. 利用工具练习。

例如，轻轻咬住筷子，嘴角翘起，观察连接嘴角两端的线是否跟筷子在同一水平线上，保持状态10秒,然后拿下筷子练习。

微笑的训练方法如图4－1所示。

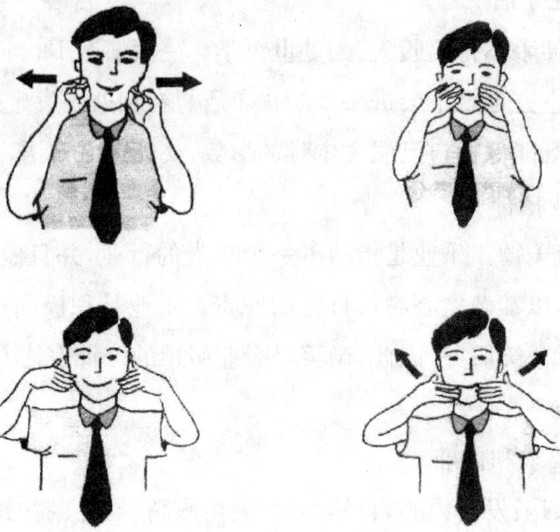

图4－1

小知识 **微　笑**

美国有一个城市被称为"微笑之城",它就是爱达荷州的波卡特洛市。该市通过一项法令,规定全体市民不得愁眉苦脸或拉长面孔,违者将被送到"欢容遣送站"去学习微笑,直到学会微笑为止。波卡特洛市每年都举办一次"微笑节"。

实训4－2 同桌同学为一组,两人相对,训练微笑。一般比较甜美的微笑是嘴唇微闭,嘴角略略往上拉,带动面部肌肉往上提。同时,两眼吸光,眼光要虚,眼睛自然睁大,而且亮丽有神。这个过程中,眉头自然展开,眉毛上扬。

第二节　基本仪态礼仪

案例4－4 **肢体动作的魅力**

报纸上曾刊载过这样一篇文章,叫《以"礼"服人》,是说一位中考失利的同学上了高职,心情一度很苦闷。在一次礼仪课上,老师给大家提出了礼仪要求:"入座轻稳莫含胸,腿脚姿势须庄重。双手摆放要自然,安详庄重坐如钟。"

她勉强照着做了,但奇迹也随之产生了。"当我挺起长久以来含着的胸膛,世界仿佛变大了;当我庄重地举手投足,自己仿佛变得重要了;当我端庄安详地挺身而坐,即使在父母面前,也仿佛每句话都掷地有声。一种从没有过的独立感、尊严感油然而生。我在坐、立、走之间清晰地感悟到了自己的存在。此后的日子，我知道自己该做什么。尊严，要靠实力。”“新学年开学，师生们写在脸上的庄严与亲切感染了我。要允许别人以貌取人，因为在初次见面开口之前，你只能靠仪表展示自己。这也许正是礼仪教育的真谛。”

仪态属于人的行为美学范畴。它既依赖于人的内在气质的支撑，同时又取决于个人是否接受过规范和严格的体态训练。

资料来源：李莉：《实用礼仪教程》，中国人民大学出版社2004年版。

举止落落大方，动作合乎规范，是礼仪仪态最基本的要求。训练有素的仪态具有无比的魅力，是树立良好个人形象的基本要求。基本仪态礼仪包括站姿、坐姿、行姿、蹲姿四个方面。

一、站姿

案例4—5　　尊重自己的形象才能赢得合作伙伴的尊重

有一天，Kitty代表公司与B公司的人签合同。到了B公司后，不料那位签合同的负责人正在给下属开会，Kitty只好站在走廊里等待对方散会。

半个钟头后，Kitty发现会议还没有结束，有些不耐烦了，她发现走廊里竟然连一把椅子都没有。于是她完全不顾及自己的形象，上半身倚靠在墙上，双手交叉抱于胸前，远远看去，简直可以用“站没站相”来形容，这一切都被B公司负责人的秘书看在眼里。她告诉了负责人，负责人最终拒绝了与Kitty签合同，理由是拒绝与不尊重自己形象的人合作。

案例来源：杨扬：《形象的力量——价值百万的商务礼仪与沟通》，人民邮电出版社2012年版。

优美的站姿能衬托出一个人的风度和气质，“站如松”就是对站姿最好的概括，其意思就是站立时要像松树一样挺拔。男女站姿的美感各不相同：男性站姿应该刚劲挺拔、器宇轩昂，女性站姿应该文静优雅、亭亭玉立。

（一）标准站姿

面部朝向正前方，两眼平视，下颌内收，颈部挺直，表情自然，面带微笑。

两肩稍向下沉，向后展开，保持放松，不要耸肩。

两臂自然下垂，双手中指放于裤缝或裙缝处，手指自然弯曲。

挺胸收腹，立腰提臀，腹部肌肉紧张起来，臀部向内向上收紧。

双腿直立，膝盖及脚后跟并拢，脚尖打开成“V”字形，开口约60°，身体重心落于两脚之间。

标准站姿如图4—2所示。

图 4—2

(二)其他站姿

1. 垂臂式站姿

在标准站姿的基础上,双臂自然垂放于身体两侧,手掌自然弯曲贴裤缝或裙缝。

2. 前腹式站姿

女士在标准站姿的前提下,双脚呈“丁”字形,一脚在前,另一脚在后,前脚跟靠于后脚内侧中部,脚尖略向外开,双手交握置于小腹前,拇指放于手掌内,其余四指并拢伸直。

男士双腿分开与肩同宽,手臂稍弯曲,肘部微微向外张开,一手自然握拳,另一手握住它的手腕处,并垂放于小腹下方。

3. 后背式站姿

在标准站姿的前提下,将前腹式站姿的手势背放于髋骨上。

4. 单臂前曲式站姿

在标准站姿的前提下,左(右)臂在前,手指并拢,手掌自然弯曲,轻靠在腰部处,右(左)臂自然垂放。

5. 单臂后备式站姿

将单臂前曲式站姿在前的手臂向后背于髋骨处,另一手臂自然弯曲。

(三)不得体的站姿

(1)双手抱臂的站姿。表现防御意识,不易与他人沟通。

(2)动作过多的站姿。比如摆动衣服、扣咬指甲、手势频繁、抖腿屈腿等,这种站姿会造成一种局促、紧张的氛围,显示出交谈者内心的不成熟。

(3)倚靠他物的站姿。倚门靠墙或者手臂搭在其他物体上,这种站姿给人一种自由散漫、过于随意的感觉。

(4)弯腰驼背的站姿。破坏整体形象,长时间这么站立不利于身体健康。

(5)双腿分开过大的站姿。双腿分开过大的站姿,使男士的形象过于张扬狂妄;对于女士而言,容易给人留下缺乏自尊的感觉。

(6)手势不当的站姿。双手插在口袋里、放于脑后或者托着下巴都会影响站姿的整体效果。

(四)站姿的基本范式

不同的工作岗位对站姿的规定不尽相同，由站姿的基本要求构成的站姿，似有呆板之嫌，其实不然，按这些要求经过反复训练后，能形成一种优雅挺拔、神采奕奕的体态。站姿的基本范式是其他各种工作姿势的基础，也是发展不同质感美的起点，是优雅端庄的举止的基础。练站，掌握的要领是平、直、高。

(1)平。头平正、双肩一样高低、两眼平视，最好经常通过大衣镜来观察、纠正和掌握。

(2)直。腰直、腿直，后脑勺、背、臀、脚后跟成一条直线。可以靠墙壁站立，后脑勺靠墙，下巴会自然微收。腿膝尽可能绷直，往墙壁贴靠。脚后跟顶住墙，把手塞到腰、墙之间，刚好能塞进去就可以了；如果空间太大，可把手一直放在背后，弯下腿，慢慢蹲下去，蹲到一半时，多余的空间就会消失，然后再站直，体会正确直立的感觉。

(3)高。重心上拔，尽可能使人显高。练习方法是挺胸收腹，脖子上举。在墙上吊一个物体，每当你挺直上拔时，头顶刚好能触到它。

站姿专业性比较强，按照上述要领反复练习，日常生活中再加以注意，长期坚持，形成习惯，就一定会有一个良好的站立姿态。

二、坐姿

坐姿要文雅、端庄，做到“坐如钟”、“坐有坐相”，从而展现自己的气质与风范。

正式入座时，要轻而稳，女士要将裙子轻轻地拢一拢，男士入座时则要提一提裤子。要走到座位前再转身，转身后后退半步，然后轻轻坐下。对他人表达恭敬的做法是坐满椅子的 2/3，与他人交谈时身体略向前倾，表达出愿意倾听和交流的意愿。

落座后，头部要摆正，上体自然坐直，双肩放平，挺直腰部，表情放松。双手交叠放于大腿上，如果身前有桌子的话，也可以将双手叠放于桌子上。要注意的是，小臂不要放于桌面过多，避免出现趴姿。双腿自然弯曲，双膝稍稍分开或者并拢皆可，但女士双膝必须靠拢。

起身时，动作要轻缓，做到无声响。

1. 女士坐姿

(1)垂直式坐姿

落座后，双腿和双脚并拢，大腿和小腿呈直角，小腿与地面呈直角。

(2)侧放式坐姿

落座后，在标准坐姿的基础上，双腿双脚完全并拢，放置于身体右侧或者左侧，脚尖不要内倾。

(3)交叉式坐姿

在标准坐姿的基础上，双腿交叉，交叉点在两脚脚踝处，双膝要并拢。这种坐姿将腿放在前后左右四个方向皆可。

(4)交叠式坐姿

即俗称的“二郎腿”，在标准坐姿的基础上，双腿交叠，斜放在右侧或者左侧。双腿要紧密贴合，尽量保持平行，接触地面的脚尖不能内倾，叠放在上面的脚尖要内敛，不能翘起。在使用这种坐姿时要注意两个问题：一是这种坐姿虽然优美，但是比较随意，在正式场合不要轻易使用；二是当交谈对象没有选择此种坐姿时，自己也不要选择这种姿势。

女士坐姿如图 4—3 所示。

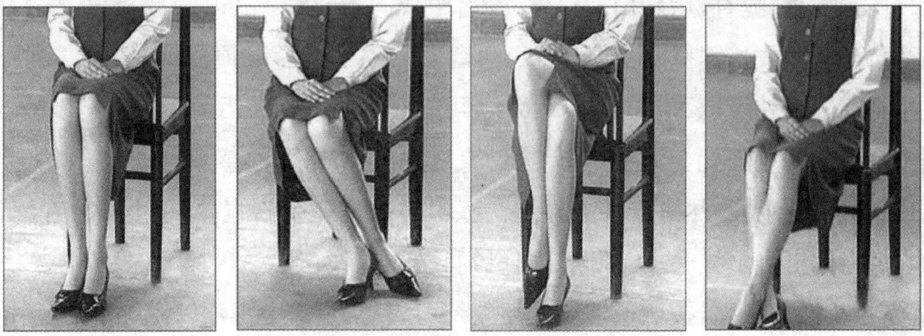

图 4—3

2. 男士坐姿

(1)垂直式坐姿

入座后，双腿和双脚略微分开，宽度稍窄于肩，大腿与小腿、小腿与地面分别呈直角。

(2)交叉式坐姿

入座后，在标准坐姿的基础上，双脚交叉于脚踝处。可以将双脚稍微内收，膝盖可以打开。

(3)交叠式坐姿

即俗称的“二郎腿”，在标准坐姿的基础上，双腿交叠，放于身体的正前方，叠放在上面的脚尖不能翘起，做到不让对方看见鞋底。

男式坐姿如图 4—4 所示。

3. 不得体的坐姿

让人觉得懒散的坐姿。例如，身体歪歪扭扭、斜靠在椅背上；双脚过于敞开或者长长地伸出去；双腿呈“大”字形伸直。

让人觉得轻浮的坐姿。例如，双腿交叠时不停抖动；不停地挪动椅子、变换坐姿；大腿并拢，小腿分开呈“八”字形；女士入座后露出衬裙。

让人觉得粗俗的坐姿。例如，将双腿搭放在前排的桌椅上；当众脱鞋袜；男士在礼仪场合使用“4”字形的叠腿方式或者用手环住膝盖。

不得体的坐姿如图 4—5 所示。

实训 4—3 练习不同的坐姿，并设想一下不同的场合应该用什么样的坐姿。

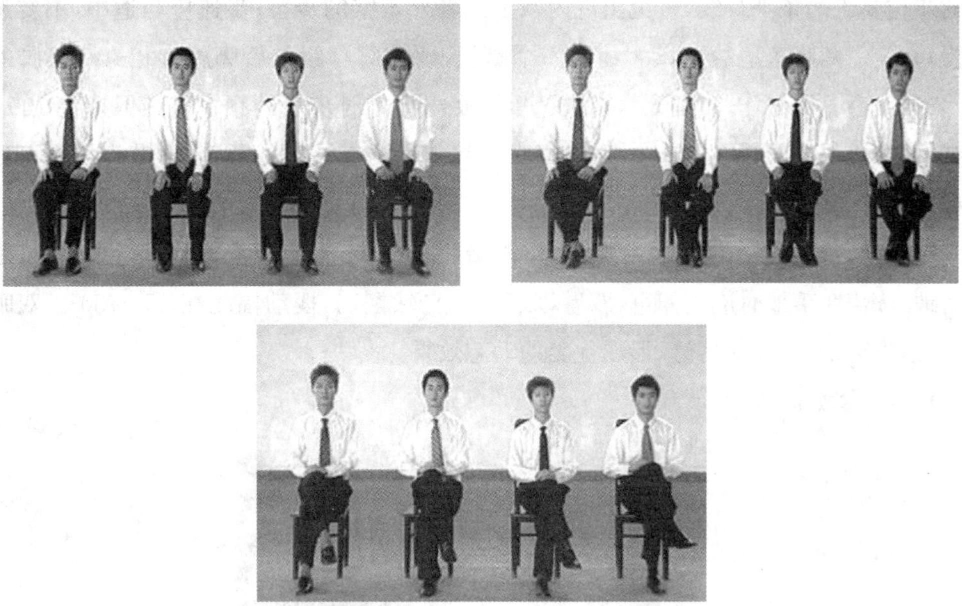

图 4—4

图 4—5

三、行姿

行姿展现人体的动态美，古语中“行如风”便是指人在行走时姿态轻松自如的样子。良好的行走姿态给人端庄、稳重、大气的印象，体现男士的阳刚之美和女性的款款轻盈之美。对行姿的要求是稳健、自然、协调。

(一)标准行姿

行姿的具体要求是：头部摆正，双目平视，两肩平稳，挺胸收腹，重心稍向前倾，双臂前后自然摆动。行走时，女士的步位要成一条直线，即双脚的脚跟或内侧在一条直线上，男士的步位要成两条平行线，避免出现内八字或者外八字的步态；步速应当适中，不要忽快忽慢；行走中两脚落地的距离大约为一个脚长，即前脚脚跟与后脚脚尖相聚一只脚的距离，步幅太小显得做作，步幅太大有失稳重。女士行走时步子的频率应该保持在 100 步/分钟左右，男士应保持在 110 步/分钟左右。行走时要有一定的节奏感，节奏快慢可以视情况而定。

起步时，身体前倾，重心落在前脚掌，随着脚步变换，重心自然转移。行走时，脚跟首先落地，膝盖在落地时应当伸直，双臂以肩为轴自然摆动，摆动幅度在 15°～30°。双眼平视前方，挺胸抬头，步伐矫健，形成优美的动态效果。

标准行姿如图 4－6 所示。

图 4－6

（二）不同场合的行姿

1. 商务场合

在这种场合中多穿正装，如西装、礼服等，行走时要体现自己的涵养和气度。女性走姿步幅不宜过大，如果穿着长款的晚礼服，则要注意裙摆，不要被绊倒，以免贻笑大方。

2. 服务场合

服务人员在工作时走路要遵循“三轻”原则，即说话轻、走路轻、操作轻。此外，如果在行走时手持物品则要留心周围的情况，不要与宾客相撞或者抢道。

3. 庆典、颁奖场合

这样的场合中，不同身份的人应该有不同的行走姿态。例如，颁奖的礼仪人员行走要有节奏感，保持与其他礼仪人员整齐划一的状态；颁奖人走路要喜悦、意气风发；参加庆典或者颁奖礼的嘉宾则要优雅大气，体现自己的身份。

4. 陪同场合

陪同人员通常站在客人的左侧，陪同的全过程避免把背部对着来宾，在遇到地面不平整或者拐角处要及时提醒来宾注意脚下。

（三）不得体的行姿

（1）“内八字”或者“外八字”都是不雅观的走路姿态，应该避免。

（2）忌驼背塌腰，肩膀一高一低或者耸肩。

(3)手臂摆动幅度过大,扭腰摆臀,左顾右盼。

(4)走路拖沓,脚蹭地面,双手插在裤兜里,显得懒散随意,萎靡不振。

(5)行走时在人群中穿行,或者不按秩序超越走在前面的人都是不礼貌的行为。

(6)走路慌慌张张甚至跑来跑去都应该避免,不然会给周围人造成紧张的情绪。在遇到着急的事情时,可以加大步伐、加快脚步。

(7)走路时噪声过大。

实训 4—4　请同学们练习正确的走路姿势,避免弯腰、斜肩、低头等不良姿态,保持优雅的行姿。

四、蹲姿

在一些公共场合,难免会遇到东西掉落需要蹲下捡起或者鞋带松开需要重新系好的情况,在俯首拾物时就需要运用得体雅观的下蹲姿态。

(一)标准蹲姿

蹲姿的基本要求是自然大方,不遮遮掩掩。首先以正确的站姿站好,下蹲时右脚的脚掌全部着地,上身整体下沉,膝盖并拢弯曲,臀部向下。在蹲下的过程中,男士可以将双腿适当分开,女士则要将大腿靠紧。女士的蹲姿要优雅美观,一脚在前一脚在后,前腿弯曲后腿跪地,捡起身边的物品。

(二)不同形式的蹲姿

1. 高低式蹲姿

左脚在后,右脚在前且完全着地,小腿基本上与地面呈垂直角度,形成"高"的一端;左脚脚掌着地,脚跟提起,左膝弯曲,使其内侧可以倚靠在左腿小腿的内侧,形成"低"的一端。在这个姿态下,臀部向下,上身微微前倾,支撑身体的重心放在右腿上。

2. 交叉式蹲姿

下蹲后,左脚在前,右脚在后,左腿小腿与地面垂直,全脚掌着地。左腿在上,右腿在下,两腿交叉重叠;右膝由左腿后下方伸向左腿前侧,右脚跟抬起,前脚掌着地。两腿合力支撑身体,上身微微前倾,臀部向下。

3. 跪地式蹲姿

这种蹲姿适合下蹲时间比较长的女士。动作要领是:双腿一蹲一跪,一条腿单膝着地,臀部顺势坐在后脚跟上,使脚尖着地,另一条腿的小腿与地面垂直,保持全脚着地,双腿要尽量地靠拢。

不同形式的蹲姿如图 4—7 所示。

(三)不同场合的蹲姿

1. 办公场合

在人群密集的办公场所,下蹲整个动作的完成速度要尽量快,以免给别人造成麻烦,

图 4—7

女性则要注意不要把内衣和皮肤暴露出来。

2. 服务场合

服务人员应该根据不同场合和不同服务对象,灵活使用各种下蹲姿势。例如在为宾客敬茶或者递送毛巾时,应当采用高低式或者跪地式蹲姿。

3. 社交场合

在这种场合,女性通常身着优雅的晚礼服,如要下蹲,姿势要尽可能地美观大方、从容淡定。要用手遮挡住身体容易走光的部分,避免尴尬,可以采用难度较大的交叉式蹲姿。

4. 合影场合

女士应采用交叉式蹲姿,男士建议采用高低式蹲姿。

(四)不得体的蹲姿

(1)下蹲时毫无征兆,速度过快。尤其是在行走过程中突然下蹲,会让周围的人不知所措,造成混乱。

(2)下蹲时距离他人过近,与别人发生碰撞。下蹲时要刻意与别人保持一定的距离。

(3)下蹲时方位不当。女士在下蹲时,用正面或者背面朝向别人都是不礼貌的,会引发尴尬和误解,在距离人很近时应当侧身下蹲。

(4)下蹲时毫不遮掩。女士在下蹲时切忌大腿叉开,尤其是在身着裙装时,要格外小心,要避免在下身遮掩很少的情况下贸然下蹲。

(5)蹲在椅子上或者双手环抱双膝,这种蹲姿只有在私人场合中才能使用。

实训 4—5 请女生练习优雅的蹲姿,注意保持体态优雅,避免走光。

第三节 其他仪态礼仪

案例 4—6 **一则报道**

中国长江医疗器械厂经过艰难的谈判,即将与美国客商约瑟先生签订"输液管"生产线的合同。然而在参观车间时,厂长陋习难改,在地上吐了一口痰。约瑟看后一言不发,掉头就走，第二天只留给厂长一封信："我十分钦佩您的才智和精明，但您吐痰的一幕使我彻夜难眠。一个厂长的卫生习惯可以反映一个工厂的管理素质。况且我们合作的产品是用来治病的，人命关天。请原谅我的不辞而别！"

资料来源：http://www.doc88.com/p-505837843581.html。

一、手势礼仪

案例 4—7　　同样的手势在不同国家有不同含义

一位美国工程师被公司派遣到在德国收购的一家公司。一天，一位德国工程师向这位美国工程师提出改善新机器的建议时，这个美国工程师使用美国手势"OK"给予回答。没想到德国工程师放下工具就走了，并拒绝和这个美国人做进一步的交流。后来一位德国的主管告诉美国工程师，他的那个"OK"的手势对德国人意味着"你是个屁眼儿"。

资料来源：吕艳芝、纪亚飞：《公务礼仪标准培训》，中国纺织出版社 2012 年版。

在日常交流中，手势礼是人们常用的肢体语言，具有十分重要的意义。运用得体的手势礼仪可以帮助更准确地理解和交流，更有助于增强表达的感染力。

（一）标准手势

标准手势应该做到手掌伸直，五指自然并拢，掌心斜向上，手腕伸直使小臂与手掌呈一条直线，肘关节自然弯曲成 140°角左右，上身稍微倾向手指示的方向，目光朝向对方。

（二）常用手势

1. 横摆式手势

在想要表达"请进""请这边走"等意思的时候常会使用单臂式。要求是：五指并拢、手掌伸直、手心向上，小臂与手掌呈一条直线。在做手势时，以肘部为轴心，将手臂从腹部之前抬起至与身体成直角的状态。另一手臂下垂或者背在身后，面带微笑，表示出对对方的欢迎和尊敬，如图 4—8 所示。

图 4—8

2. 直臂式手势

此种手势多用于“请跟我来”“请看前方”的意思。采用直臂式的手势，手指并拢、手掌伸直，屈肘从身前抬起，轻抬至与肩膀同高、略高或者略低的位置，肘关节基本呈直线。切忌伸出一根手指指示方向，因为这是非常不礼貌的行为，如图 4—9 所示。

图 4—9

3. 斜摆式手势

斜摆式手势多用于表达“请坐”的意思。具体要求是：在基本掌势的基础上，手臂摆向座位的地方，与身体成一定的角度，如图 4—10 所示。

图 4—10

4. 前摆式手势

前摆式手势，手臂由一侧抬起，到腰的高度再向前摆去，摆到距离身体 15 厘米的地方停下来。目视来宾，表情亲切，也可以使用双手向前的方式，如图 4—11 所示。

小故事

布什总统一家人在就职典礼上当看到德克萨斯大学的游行队伍从主席台前经过时将右手的食指和小指立起，做牛角状。而如此的手势遭到挪威人的强烈反感，在挪威这样的手势被认为是向魔鬼致敬，挪威的媒体发表评论说：“难道总统一家是魔鬼的信徒？”对此，白宫发言人赶紧解释说：布什总统一家人的手势在德克萨斯大学内非常盛行，是“牛，真牛”的意思。

图 4—11

(三)不得体的手势

(1)避免用手指去指点人或物,为他人指示方向时手势模糊、不明确。

(2)滥用手势是不合理的,比如在与人交谈时,说到激动之处手舞足蹈、捶胸顿足等。

(3)在公共场合提、端、送递物品时,不能高于腰部,过高会显得不雅;也不宜过低,过低会让人觉得吃力。为了表达尊敬,一般应双手递送物品。

(4)不可以为了表示亲切而随意拍交谈者的肩膀。

(5)不应该出现粗俗或者不雅观的手势,如挠头发、挖鼻孔、剔牙齿、扯衣服等。

小知识　　不同手势的含义

(1)"O"形手势,即圆圈手势。19 世纪流行于美国。"OK"的含义在所有讲英语的国家是众所周知的,但在法国"O"形手势代表"零"或"没有",在日本代表"钱",在一些地中海国家用来暗示一个男人是同性恋者,在中国这个手势用来表示"零"。

(2)翘大拇指手势。在英国、澳大利亚、新西兰等国,翘大拇指代表搭车,但如果大拇指急剧上翘,则是侮辱人的信号。在表示数字时,他们用大拇指表示 5。在中国,翘大拇指是积极的信号,通常是指高度的赞扬。

(3)"V"形手势。第二次世界大战期间,英国首相温斯顿·丘吉尔推广了这个手势,表示胜利,非洲大多数国家也如此。但如果手心向内,在澳大利亚、新西兰、英国则是一种侮辱人的信号。另外,"V"形手势在欧洲各地可以表示数字"2"。

(4)塔尖式手势。这一手势具有独特的表现风格,自信者、高傲者往往使用它,主要用来传达"万事皆知"的心理状态,是一种消极的人体信号。

(5)背手。英国皇家几位主要人物以走路时昂首挺胸、手背身后的习惯而著称于世。显然这是一种拥有至高无上的权威、自信或狂妄态度的人体信号。将手背在身后还可起到一定的"镇定"作用,使人感到坦然自若,还会赋予使用者一种胆量和权威。

实训 4—6　请同学们查找不同的国家有什么样特殊的手势礼仪,在课堂上相互交流,然后分别练习不同的手势礼仪。

二、拥抱礼仪

拥抱礼仪原是西方国家的一种问候仪式，但是随着全球化的到来，这种方式也在逐渐被国人所接受。与外国友人交往中，对方若主动表示拥抱的意向，我们应当随俗。

(一)拥抱的要求

拥抱时，两人相对而立，右臂在上，左臂在下，右手环拥对方左肩部位，左手环拥对方右腰部位，彼此头部及上身向一侧相互拥抱，先向对方左侧拥抱一次，再向对方右侧拥抱一次，最后再次向左拥抱。

(二)拥抱的特殊情况

在拉美大部分国家，可能会遇到热烈的拥抱——紧紧拥抱，并在对方肩背上热情地拍打(如墨西哥)；一些国家(如哥伦比亚和阿根廷)拥抱同握手一样普遍，见面和分手时都要拥抱；在俄罗斯，男性好友见面先紧紧握手，然后紧紧拥抱；然而，大多数北美人(如美国人)特别是男性对拥抱持否定态度，他们觉得拥抱太过亲密、出乎意料，如图 4—12 所示。

图 4—12

实训 4—7 请同学们与同性同学和异性同学分别练习拥抱礼仪，找到礼貌得体的姿势。

三、鞠躬礼仪

鞠躬是以身体前倾的方式表达谦恭和敬意。鞠躬是我国的传统礼节之一，是比较郑重的仪式。它既适用于普通的商务和社交场合，也适用于庄严肃穆或者喜庆的仪式。鞠躬礼在日本、韩国等国家十分盛行。

(一)标准的鞠躬

鞠躬的基本要求是：头、颈、背、臀呈一条直线，双手自然放在裤缝两边，服务人员双手应交叉放在体前。

根据鞠躬角度的不同，分为 15°、30°、45°和 90°鞠躬。随着度数的加深，鞠躬礼所表现的谦恭之意也就越深。15°鞠躬时，目光应投注在对方的脸上；30°鞠躬时，视线注视对方脚前方 1 米处；45°鞠躬时，视线注视对方脚前方 1.5 米处；90°鞠躬用以表达悔过、道歉之意，是最恳切的一种鞠躬礼，行礼时目光与地面垂直。

鞠躬行礼的距离以离对方 2～3 米为宜，在与对方目光交流的时候行礼，要面带微笑，如图 4－13 所示。

图 4－13

（二）不得体的鞠躬

（1）不看对方的鞠躬；

（2）只低头不弯腰的鞠躬；

（3）双脚没有并拢的鞠躬；

（4）头部左右摇晃的鞠躬；

（5）驼背、撅臀的鞠躬；

（6）戴帽子时的鞠躬。

实训 4－8　请同学们对着镜子练习 15°、30°、45°和 90°的鞠躬礼仪。

四、挽臂礼仪

在如舞会、酒会等社交场合，挽臂礼是一种异性之间的礼节，挽臂姿势的正确与否直接体现出一个人举止是否优雅得体。但是，挽臂礼也有一些禁忌，礼仪使用不正确会造成误解，对方的手臂绝对不是随时随地可以被挽起的。

（一）标准的挽臂

正确的挽臂姿势应该是：男士站在女士的右侧，首先把右手半握拳放在胃处，留出空隙，并点头示意女士，此时女士应轻轻地伸出手，挽住男士的手臂，将手搭放在男士手肘下方的部位。

（二）挽臂礼要注意的情况

在使用挽臂礼时，通常情况下是女士比男士身材矮小一些，或者身着比较庄重的礼服时，不能紧跟男士的脚步。此时，商务男士应展现自己的绅士风度，切不可在女伴挽住自己的手臂后，还不顾及女方的步伐，而自顾自地向前走，应该多多照顾身边的女性。

无论在什么场合之下使用挽臂礼，都要保持从一而终的挽臂姿势，不要左右摇晃，随意地变换手臂是不礼貌的行为。

实训 4－9 请同学们按照要求与其他同学练习挽臂礼仪。

五、接递物品礼仪

在没有发明餐具之前，祖先们为了卫生用餐，便固定用右手取用食物，左手用来处理不清洁的东西。尽管目前已经有了餐具，但是左手不清洁的观念依然还在一些民族中保留着，所以，在接递物品时不要使用左手，以免给对方带来不愉快的感受。

(一)接递名片

1. 接收名片

接收名片时要做到双手接收，接收后要认真阅读并且致谢对方，在有其他情况的时候可以先将名片暂时放在桌上，但是告别离开时一定要将名片收好。

2. 递送名片

递送名片时要注意：名片要干净完好，不能有污渍、涂改和褶皱；要以名片的正面朝向对方，双手递送出去；递送名片要选择合适的时机，与对方初次见面或者告别时比较适宜；要注意递送的顺序，一般是主人先对客人递送、下级先对上级递送，在面对人比较多的场合，可以选择由近到远的方式从身边的人递送起。

(二)接递其他物品

在商务场合中，除了要接递名片外，还要递送文件、水杯、笔等其他物品。在递送剪刀、笔等尖利的物品时，不要将尖锐部分对着对方；在递送水杯时，要将水杯置于对方的右前方。递物品时要主动走向对方，不要站在原地不动，争取把物品递送到对方的手中。

实训 4－10 请同学们按照要求互相练习接递物品的礼仪。

本章小结

仪态属于人的行为美学范畴，它既依赖于人的内在气质的支撑，同时又取决于个人是否接受过规范、严格的体态训练。在与人交往的过程中，应当以怎样的仪态，展示自身的风采和魅力，展示中华礼仪之邦应有的礼仪规范，是一个值得思考和努力践行的课题。在本章的学习中，我们了解了如何运用正确的表情、动作和手势，以及在商务场合中一些特殊的仪态规范，这些知识对我们以后的生活会有很大的帮助。请同学们在课下严格地练习，以达到熟能生巧的地步。

复习题

1. 仪态礼仪包括哪些内容？请举例说明。

2. 如何进行站姿、坐姿、行姿、蹲姿的礼仪训练?

3. 请观察其他人站姿有哪些错误的地方,并思考这些错误会给你带来怎么的印象。

4. 请举例说明肢体动作所表达的内在思想。

案例分析

空姐的12次微笑

飞机在起飞前,一位乘客请求空姐给他倒一杯水吃药。空姐很有礼貌地说:“先生,为了您的安全,请稍等片刻,等飞机进入平稳运行后,我会立刻把水给您送过来,好吗?”

15分钟后,飞机进入平稳飞行状态。突然,乘客服务铃急促地响了起来,空姐猛然意识到:糟糕,由于太忙,她忘记给那位乘客倒水了!空姐来到客舱,看见按响服务铃的果然是刚才那位乘客。她小心翼翼地把水送到那位乘客的面前,面带微笑地说:“先生,实在对不起,由于我的疏忽,延误了您吃药的时间,我感到非常抱歉。”这位乘客抬起左手,指着手表说:“怎么回事,有你这样服务的吗?你看看,都过了多久了?”

接下来的飞行中,为了弥补自己的过失,每次去客舱服务时,空姐都会特意地走到那位乘客面前,面带微笑地询问是否需要水或者其他帮助。然而,那位乘客余怒未消,摆出一副很不合作的样子,并不理会空姐。临到目的地时,那位乘客要求空姐把留言本给他送过去,很明显,他要投诉这名空姐。空姐内心很是委屈,但是仍然不失职业道德,显得很有礼貌,而且面带微笑地说:“先生,请允许我再次向您表示真诚的歉意,无论您提出怎样的意见,我都会欣然接受。”乘客面色一顿,准备说些什么,可最终没有开口。他接过留言本,开始在上面写些什么。

等到飞机安全降落后,所有的乘客陆续离开,空姐本来以为这下子完了。没想到,等她打开了留言本,却惊奇地发现那位乘客写下的并不是投诉信,相反,是一封热情洋溢的表扬信。

在信中,空姐读到这样一段话:“在整个过程中,你表现出的真诚歉意,特别是你的12次微笑,深深地打动了我,使我最终决定将投诉信写成表扬信。你的服务质量很高,下次如果有机会,我还要乘坐这趟航班。”

思考:谈谈微笑在生活中的积极作用。

敲击桌面　显露心思

刘经理有一个绰号叫“鼓手”,因为他在与商业伙伴谈判时,总是用手指敲打桌面,所以他的心情可以很容易地从敲打桌面的节奏缓急中看出来。当谈判进展到令他厌恶时,他会四个指头连续敲打,敲得非常快,声音也很响。当他严肃地思考一个问题时,他一般只用中指敲打桌面,声音很轻。而当谈判进入尾声、衡量对方的提议时,他则会一边敲打桌面,一边用一只手拿起茶杯或者别的什么东西来审视,好像在说:“我再看看这个东西。”

刘经理的这个习惯很快被对手们了解并充分加以利用。有时候,谈判对手还会顺着刘经理的心思避免一些争执的局面。但是,他的这个习惯动作在很多客户看来很不礼貌。更重要的是,谈判对手往往能从中探知他的谈判底线。

几年过去后,当刘经理卸任时,才从以前的对手那里得知,他常常在谈判桌上毫无意识地透露了自己的秘密。

思考:谈谈生活中不雅观的仪态,以及对自身社交形象的影响。

第五章

商务拜访和接待礼仪

学习目的和要求

通过本章的学习，使学生了解商务拜访和商务接待中的礼仪；熟知商务拜访中应该注意的问题，掌握商务拜访礼仪的类型、作用；了解商务接待的过程和方法。通过案例分析，使学生了解商务拜访和接待礼仪对个人及现代企业生存和发展所起的重要作用。

第一节　商务拜访的程序

案例5—1　　接近谈话者的技巧

业务员小蔡依约来拜访某公司赵总。可能是双方身份的悬殊，或者赵总觉得小蔡有求于他，赵总显得非常冷淡。

小蔡说："听口音赵总是不是苏北人？""噢，山东枣庄人！""枣庄？枣庄是个好地方！我小时候看《铁道游击队》的小人书就知道了。""是吗？铁道游击队就是我们枣庄的。"赵总无不骄傲地说："是啊，我前年去了一趟枣庄，还玩了一趟呢，枣庄真漂亮。"

听了这话，赵总马上来了兴趣，两个人从枣庄和铁道游击队开谈。那亲热劲，不知底细的人还以为他们是老乡呢。

资料来源：http://5xts.com/read/5cfafe7182a968bb0946a9c1.html。

在商务交往过程中，相互拜访是经常的事。如果懂得商务拜访礼仪，无疑会为拜访活动增添色彩。商务拜访是当今最流行的一种办公形式，也是对礼仪要求最多的活动之一。掌握上述礼仪要领，将有助于你的商务工作顺利进行。

一、拜访前的准备

（一）明确目的

拜访必须明确目的，没有目的的突然拜访有时会令对方尴尬，所以出发前对此次拜访要解决的问题应做到心中有数。商务拜访是商务交往的一种重要形式，商务拜访的目的是加强商务联系、购销商品等。例如，你需要什么、你需要对方为你解决什么、你对对方提出什么要求、最终你要得到什么样的结果等，这些问题的相关资料都要准备好，以防万一。

（二）提前预约

拜访之前必须提前预约，这是最基本的礼仪。一般情况下，应提前三天给拜访者打电话，简单说明拜访的原因和目的，确定拜访时间，经过对方同意才能前往。也可以提前发出拜访函，邀约拜访的时间及地点。

（三）约定时间和地点

约定时间和地点尤为重要，一个好的环境会让谈话双方感觉很舒服，从而促进拜访谈话的顺利进行。不论因公还是因私而访，都要事前与被访者进行电话联系，说明拜访的目的，提出访问的内容，使对方有所准备，询问是否有时间或何时有时间。在对方同意的情况下确定具体的时间、地点。不要在客户刚上班、快下班、异常繁忙、正在开重要会议时去拜访，不要在客户休息和用餐时间去拜访。

（四）注意形象

一个人的形象在拜访中显得尤为重要，那是身份与性格的象征。你可以不漂亮，但是一定要整洁。肮脏、邋遢、不得体的仪表，是对被拜访者的轻视。被拜访者会认为你不把他放在眼里，对拜访效果有直接影响。一般情况下，登门拜访时女士应着深色套裙、中跟浅口深色皮鞋配肉色丝袜；男士最好选择深色西装配素雅的领带，外加黑色皮鞋、深色袜子。无论是初次拜访还是再次拜访，礼物都不能少。礼物可以起到联络双方感情、缓和紧张气氛的作用，所以在礼物的选择上要下一番功夫。既然要送礼就要送到对方的心坎里，了解对方的兴趣、爱好及品位，有针对性地选择礼物，尽量让对方感到满意。

（五）物品齐备

1. 熟悉拜访对象的性格以及所在公司的基本资料

熟悉对方的性格在谈话中是尤为重要的，能使谈话朝着有利于己方的方向发展。在赴约前，如果是进行商务谈判，你需要对对方的公司有一定了解，熟悉其基本情况，做到心中有数。

2. 准备拜访时可能用到的资料

在商务拜访中不但要熟悉对方的情况，还要准备符合自己拜访目的的资料。例如，如果商务拜访的目的是在对方的公司进行商品采购，就需要准备相关的合同等。

3. 检查各项携带物是否齐备

在出发前一定要检查所带的东西是否齐备，包括名片、笔、记录本、电话本、磁卡或现金、计算器、公司和产品介绍、合同等。

4. 明确谈话主题、思路

在出发前，脑海中一定要仔细想一想谈话的思路，预测一下谈话的过程，必要时可预先做好谈话题纲。

5. 算好路线和时间

要提前算好时间和路线，确认谈话的地点，有几条路线可以到达，每条路线到达的时间是多少，有没有最短路线，要确保提前 5～10 分钟到达。

二、拜访中的礼节

1. 守时践约

这不仅是为了讲究个人信用，提高办事效率，而且也是对交往对象尊重、友好的表现。在出发前最好与客户通电话确认一下，以防临时发生变化；如果对方临时有事，切忌与对方争执，这样对双方都没有好处。如果拜访可以如约进行，就要在算好的时间出发，按照提前规划的时间到达。拜访他人可以早到却不能迟到，这是一般的常识，也是拜访活动中最基本的礼仪之一。早些到可以借宽裕的时间整理拜访时需要用到的资料，并正点出现在约定好的地点。而迟到则是失礼的表现，不但是对被拜访者的不敬，也是对工作不负责任的表现，被拜访者会对你产生看法。

如因故不能赴约，更要及时通知对方，以便对方及时调整工作安排，同时向对方说明原因并道歉，请求谅解，必要的话还可以将拜访另行改期。不要若无其事，让对方空等。下次与对方见面时，最好再次表示歉意。登门拜访时，最好准时到达，既不要早到，让对方措手不及，也不要迟到，令对方望眼欲穿。在对外交往中，更应严格遵守时间，有的国外企业安排拜访时间是以分为计算单位，如拜访迟到 10 分钟，对方就会谢绝拜会。准时赴约是国际交往的基本要求。

2. 进行通报

抵达约定地点后，未与拜访对象直接见面，或是对方没有派员在此迎候，则在进入对方的办公室或私人居所的正门之前，有必要先向对方通报一下，得到主人允许后再推门进入。若企业有接待处，要向接待人员或秘书通报，告诉接待员你的名字和约见的时间，并递上名片，由其代表安排见面，然后从容地等待接待员将自己引到会客室或受访者的办公室。如果是雨天，不要将雨具带入办公室。在会客室等候时，不要看无关的资料。接待员奉茶时，要表示谢意。等候超过一刻钟，可向接待员询问有关情况。如受访者实在脱不开身，则留下自己的名片和相关资料，请接待人员转交。

3. 恰当敲门

进入办公室或寓所前，应轻轻叩门或按门铃，待有回音或有人开门相让，方可进入。敲门的高度应当在距离地面 1.6 米左右，要用食指敲门，力度适中，间隔有序，敲三下，等待回音。如无应声，可稍加力度，再敲三下。如有应声，再侧身隐立于右门框一侧，待门开时再向前迈半步，与主人相对。如果门口装有门铃，应当按门铃而不要敲门。开关门时注意不要用力过猛，以免引起他人不悦。

4. 举止得体

当主人开门迎客时，务必主动、热情地向对方问好，行见面礼。如果是初次见面，还应清楚、简洁地做自我介绍。如恰巧有其他客人在场，还应在主人的介绍下，行点头礼或握手礼，顺序上要合乎礼仪惯例，并简单地和对方寒暄几句。行见面礼后，在主人的引导下进入指定房间，切勿擅自闯入。就座时，要与主人同时入座。如果是年长者或上级，主人不坐，自己不能先坐。主人递上烟茶要双手接过并表示谢意。如果主人没有吸烟的习惯，要克制自己的烟瘾，尽量不吸，以示对主人习惯的尊重。即使在最熟悉的朋友家里，也不要过于随便。

5. 言谈有礼

与人交谈，要在谦恭有礼的前提下注意谈话技巧。若讲话让对方听得很舒服，那么他谈话的欲望就会比较高；如果对对方言谈无礼或是说话空洞无味，对方就会产生厌烦心理，提早结束谈话。拜访时，双方会适当寒暄几句。通常由主人主动寒暄，时间大约三五分钟就可以了，不可过长。交谈时要注意倾听对方谈话的内容，注意对方情绪和周围环境的变化，并注意回应。对方发表自己的观点时，应认真倾听，并适当插话或附和，不要用争辩和补充说明打断对方谈话；不要自己谈得太多，应注意留有对方插话或发表意见和建议的时间与机会。作为拜访者，过多闲谈是不礼貌的，相关的谈话内容说清楚就可以了，不要过多重复。

6. 避免干扰

在拜访的时候，应尽量不要接听或拨打电话，最好将手机等通信设备设置成振动或关闭，以免影响交谈的效果。如果确有要事需要使用通信工具，应先征求主人的同意后再接听；如果主人接听电话，应请示主人自己是否需要回避。

三、结束拜访

在商务拜访过程中，时间为第一要素，拜访时间不宜拖得太长，否则会影响对方其他工作的安排。如果双方在拜访前已经设定了拜访时间，则必须把握好已规定的时间。如果没有对时间做具体要求，一般情况下如果是初次拜访，应控制在一刻钟至半小时之内。最长的拜访也不宜超过两个小时。有些重要的拜访，往往需要宾主双方提前议定拜访的时间和长度，绝不可单方面延长拜访时间。

结束谈话时要根据对方的反应和态度来确定告辞的时机。在交谈过程中，如果发现主人心不在焉，有厌倦情绪，经常看时间、蹙眉或有急事想办又不好意思说出时，拜访者应该及时收住话题，适时起身告辞。一旦提出告辞，便要“言必信、行必果”，不要“走了”说几遍，却口动身不移。辞行时既要道别又要感谢主人的热情款待。出门以后，应与主人握手作别，并请主人就此留步。如有意邀请主人回访，可在同主人握别时提出邀请。待主人留步后，走几步再回首并挥手致意。从对方的寓所或公司出来后，切勿在回程的电梯及走廊中窃窃私语，以免被人误解。

第二节 商务拜访的礼仪要求

一、介绍的礼节

见面后，打招呼是必不可少的。如果双方是初次见面，拜访者必须主动向对方致意，简单地做自我介绍，然后热情大方地与被拜访者行握手之礼。如果双方不是初次见面，主动问好、致意也是必需的，这样可显示出你的诚意。说到握手不得不强调一点：如果对方是长者、高职或女性，自己绝对不能先将手伸出去，这样有抬高自己之嫌，同样可视为对他人的不敬。见面礼行过以后，在主人的引导下，进入指定房间，待主人落座以后，自己再坐在指定的座位上。

介绍的顺序是：将男士介绍给女士；将年轻的介绍给年长的；将自己公司的同事介绍给别家公司的同事；将职位稍低者介绍给职位高者；将公司同事介绍给客户；将非官方人事介绍给官方人士；将本国同事介绍给外国同事；如果身边各有一人，先介绍右边的，再介绍左边的。

二、握手的礼节

无论是在拜访中还是平时的交流中，握手都是一项非常重要的礼仪。

(一)握手的方法

握手时，距对方约一步远，上身稍向前倾，两足立正，伸出右手，四指并拢，虎口相交，拇指张开下滑，向受礼者握手。掌心向下握住对方的手，显示一个人强烈的支配欲，无声地告诉别人，他此时处于高人一等的地位。应尽量避免这种傲慢无礼的握手方式。相反，掌心向里握手显示出一个人的毕恭毕敬。平等而自然的握手姿态是两手的手掌都处于垂直状态。这是一种最普通也最稳妥的握手方式。

戴着手套握手是失礼行为。男士在握手前先脱下手套，摘下帽子。女士可以例外。当然在严寒的室外也可以不脱。比如双方都戴着手套、帽子，一般应先说声“对不起”。握手时双方互相注视，微笑，问候，致意，不要看第三者或显得心不在焉。

除了关系亲近的人可以长久地把手握在一起外，一般握两三下就行。不要太用力，但漫不经心地用手指尖“蜻蜓点水”式点一下也是无礼的。一般将时间控制在三五秒钟以内。如果要表示自己的真诚和热烈，也可较长时间握手，并上下摇晃几下。

握手时两手一碰就分开，时间过短，好像在走过场，又像是对对方怀有戒意。而时间过久，特别是拉住异性或初次见面者的手长久不放，显得有些虚情假意，甚至会被怀疑“想占便宜”。

长辈和晚辈之间，长辈伸手后，晚辈才能伸手相握。上下级之间，上级伸手后，下级才能接握。男女之间，女方伸手后，男方才能伸手相握。

如果需要和多人握手，握手时要讲究先后次序，由尊而卑，即先年长者后年幼者，先长辈后晚辈，先老师后学生，先女士后男士，先已婚者后未婚者，先上级后下级。

交际时如果人数较多，可以只跟相近的几个人握手，向其他人点头示意或微微鞠躬就行。为了避免尴尬场面发生，在主动和人握手之前应想一想自己是否受对方欢迎。如果察觉对方没有要握手的意思，点头致意或微鞠躬就行了。

在公务场合，握手时伸手的先后次序主要取决于职位、身份。而在社交、休闲场合，它主要取决于年龄、性别、婚否。

在接待来访者时，这一问题变得特殊一些：当客人抵达时，应由主人先伸出手来与客人相握。而在客人告辞时，应由客人先伸出手来与主人相握。前者表示“欢迎”，后者表示“再见”。这一次序颠倒，很容易让人发生误解。

应当强调的是，上述握手时的先后次序不必处处苛求于人。如果自己是尊者或长者、上级，而位卑者、年轻者或下级抢先伸手时，最得体的就是立即伸出自己的手，进行配合，而不要置之不理，使对方当场出丑。

握手时不妨说一些问候的话，可以握紧对方的手，语气应直接而且肯定，并在加强重要字眼时紧握对方的手，来加强对方对你的印象。

(二)握手的场合

握手的场合也有讲究，在如下几种情况下应该握手：遇到较长时间没见面的熟人；在比较正式的场合和认识的人道别；在以本人作为东道主的商务场合迎接或送别来访者时；拜访他人后，在辞行的时候；介绍给不认识的人时；在社交场合偶然遇上亲朋故旧或上司的时候；别人给予你一定的支持、鼓励或帮助时；表示感谢、恭喜、祝贺时；对别人表示理解、支持、肯定时；得知别人患病、失恋、失业、降职或遭受其他挫折时；向别人赠送礼品或颁发奖品时。通常,上面所列举的都是适合握手的场合。

(三)握手中应当注意的事项

不要用左手相握,尤其是和阿拉伯人、印度人打交道时要牢记,因为在他们看来左手是不洁的。不要在握手时戴手套或墨镜,只有女士在社交场合戴薄纱手套握手才是被允许的。不要在握手时另外一只手插在衣袋里或拿着东西。不要在握手时面无表情、不置一词或长篇大论、点头哈腰,过分客套。不要在握手时仅握住对方的手指尖,好像有意与对方保持距离。正确的做法是握住整个手掌,即使对异性,也要这么做;不要在握手时把对方的手拉过来、推过去,或者上下左右抖个没完。不要拒绝和别人握手,即使有手疾或汗湿、弄脏了,也要和对方说一下"对不起,我的手现在不方便",以免造成不必要的误会。

三、交换名片的礼仪

在递接名片的过程中,如果是坐着,尽可能起身接受对方递来的名片;辈分较低者,率先以右手递出个人的名片;到别处拜访时,经上司介绍后,再递出名片;接受名片时,应以双手去接,并确定其姓名和职务;接受名片后,不宜随手置于桌上;经常检查皮夹,不可递出污旧或皱折的名片;名片夹或皮夹置于西装内袋,避免由裤子后方的口袋掏出;尽量避免在对方的名片上书写不相关的东西;不要无意识地玩弄对方的名片;上司在时不要先递交名片,要等上司递上名片后才能递上自己的名片。

四、谈话礼仪

(一)谈话中的举止

在交流拜访的过程中,交谈双方总是喜欢接受自己爱听的话语,所以沟通便成了一门艺术。为了改进人们的沟通,应提倡"积极地倾听"。所谓积极地倾听,是指积极主动地倾听对方所讲的事情,掌握真正的事实,借以解决问题,并不是仅被动地听对方所说的话。

客户倾诉时懂得中间点点头,恰当地拍拍手,恰似吃东西时略放点酱油,会令食物更为可口。如果你要成为销售行业杰出的人,一定要在倾听方面下功夫。客户不开口,你的生意肯定做不成。

如果没有听懂某人所说的话,可能是因为你心猿意马,错过了某一个要点。如果不专心致志、积极主动地聆听,你还会得到错误的信息。全神贯注于说话者所说的话,并明确地发出信号,表明自己关心说话的内容,确保双向的沟通。

如果你毫无反应,什么应答也没有产生,说话者无法肯定你是否已听懂。表明自己对内容感兴趣是一种反馈,能鼓励说话者继续往下说。可以用下列方式表明你对说话内容感兴趣:

1. 保持视线接触

聆听时,必须看着对方的眼睛。人们判断你是否在聆听和吸收说话的内容,是根据你是否看着对方来作出的。让人把话说完整并且不插话，这表明你很看重沟通的内容。有人把打断别人说话解释为对自己思想的尊重，这却是对对方的不尊重。

2. 点头或者微笑可以表示赞同正在说的内容

表明你与说话人意见相合。人们需要有这种感觉，即你在专心地听着。

3. 全神贯注

把可以用来信手涂鸦或随手把玩等使人分心的东西（如铅笔、钥匙串等）放在一边，你就可以免于分心了。人们总是把乱写乱画、胡乱摆弄纸张或看手表解释为心不在焉。

4. 放松自己

采用放松的身体姿态（如把头稍偏向一边，或把身体重心偏向一边），就会得到这样的印象，他的话得到你完全的关注。

（二）谈话技巧

在已经明确目的的前提下进行谈话，会使双方都有思路可循。这样，在商务拜访中既不会浪费太多时间探索自己以及对方的需求，又能一步达到目的。在这样快节奏的谈话中，也是需要遵循一定的方法和要求的。

客户拜访工作是一门集营销艺术、广告宣传、语言表达为一体的综合活动。大部分客户拜访的目的是为了商业活动，如产品订货量、新品种的推广程度，这些事项不仅取决于产品自身的吸引力、广告的渗透力，而且很大程度上取决于客户经理语言上的表达能力。因此，掌握谈话的技巧，提高讲话的质量，对客户经理来说是非常有必要的。

在现今的工作模式下，要想实现畅通的交流，提升自身的谈话技巧，就必须把握好谈话的方式及特点：

1. 谈话内容要真实具体

这是取信于人、树立自身形象的关键。首先，谈话不要吞吞吐吐，说一些似是而非的话，要一是一、二是二，把要表达的意思说清楚，尽量让客户明白你的意图，客户才有可能按你的意愿做事。其次，不能弄虚作假，要讲求真实。无论做人还是做事，付出真诚才能换取真诚。

2. 谈话方式要简洁干脆

幽默干脆的谈话可以吸引客户，引出更多的话题。诙谐幽默的谈话可以使谈话的气氛更加轻松活跃。即使偶有争执，一句幽默的话也胜过十句苍白的辩解。当然，幽默是出于自然的，多一分便成为油滑，少一分便成为做作。这就要求客户经理平时要注重学习，多方涉猎，提高自身谈话的含金量。

3. 谈话对象要因人而异

对不同身份、不同性格的人采取不同的谈话方式和策略，是实现谈话目的的关键。服务对象可以说是无所不包，这就要求掌握他们的性格特点、了解他们的兴趣爱好，投其所好，“对症下药”，从他们感兴趣的话题入手，以此作为一个重要的切入点来实现谈话目的。

4. 谈话结果要言行一致

不能轻易向客户许诺，但许下的诺言必须付诸行动。"君子讷于言而敏于行"，许下诺言就一定要履行。一次违约毁信，就有可能将你个人乃至企业的信誉给毁掉。

总之，高质量的谈话是实现谈话目的的首要条件。掌握并熟练地运用谈话的技巧，会取得事半功倍的效果。提升自身的谈话技巧，会更有利于自身业务能力的提升，能以更加良好的业务水平去服务客户，更加有效地拉近客户与公司的距离，提升客户对公司的忠诚度。

五、不同场合拜访的礼节

(一)宾馆拜访

拜访前先问好对方所住的宾馆、楼层、房间号以及联系电话等信息。拜访中应注意的问题有：

(1)向总台服务人员说明来意，有人带领进入宾馆时，应表示谢意。

(2)进房前应核对门号再敲门，开门后先自我介绍，证实身份后方可进入。

(3)房内有会客厅的话，不应在主卧里交谈。应询问对方生活上、工作上有何不方便，需要什么帮助。交谈时间一般在 15 分钟左右。

(4)应遵循宾馆的规定，体现文明素质(退房时间、宾馆物品价格等)。

小知识

1. 在客房里，接待的客人数目不宜过多。否则，人声嘈杂会破坏宾馆的肃静，影响他人的休息。

2. 在客房里，待客的时间不宜过久；否则，会让外人产生误会。

3. 不允许来访客人在客房留宿，或使用客房内的各项设备。

4. 不要在客房内接待普通关系的异性客人。如果接待的话，最好不要关闭房门，时间也不要长于半小时，以防被人误会。

5. 不要邀请刚结识的人到自己所住的房间作客，以便造成不必要的麻烦或损失。

6. 在客房内，不要让按摩人员上门服务，也不要请态度暧昧的异性到房间玩。

(二)办公室拜访

(1)办公室拜访一般安排在工作时间，但要避开刚上班后的半小时、午餐、下班前的半小时等几个时间点。如果对方很忙不能及时接待，要在秘书的安排下耐心等待，不可不辞而别或大动肝火，有损自己的形象。

(2)进入办公室前先敲门，获得同意后方可进入。当进入时正好有其他人员在拜访，应在门外等候。见到拜访对象时，如果是第一次见面，应向对方问候，并做自我介绍，递上名片，然后提及来意。对方让座时应谢座。若主人请上座，则应适当推让，并应坐下座，尽量不坐办公桌。拜访中客套话少说，尽早将话题转到来意上来，一般 15～30 分钟说完正事，及时告辞。

(3)结束拜访时，要使用“打扰了”“请留步”“再见”等礼貌用语。

(三)家庭拜访

拜访前要预约好时间，以便让主人做好相应准备。拜访的时间一般安排在周末的下午或晚上，同时避开休息和吃饭的时间。

敲门后要站在“猫眼”的视线范围内，让主人看清楚来者是谁；进门后主动换上主人准备好的拖鞋，方能进入室内；如果携带雨具，要放在门外或交由主人放置，不可随意乱放；要向室内的所有人问候，但不要擅自向主人打听其他人的情况；没有主人的邀请，不能在室内走动，更不能参观主人相对比较私密的空间；如果主人没有吸烟的习惯，尽量不要吸烟，即使同主人一起吸烟也要到阳台上或通风较好的位置去吸，如果家中有老人或孩子建议不要吸烟；主人招待茶水点心时，应双手接过并欠身表示谢意，茶水可以喝完，点心稍稍品尝即可。

第三节　商务接待的程序

案例 5—2　　松下的礼仪之道

日本著名企业家松下幸之助从前不修边幅，企业也不注重形象，因此企业发展缓慢。一天理发时，理发师不客气地批评他不注重仪表：“你是公司的代表，却这样不注重衣冠，别人会怎么想，连人都这样邋遢，他的公司会好吗?”从此松下幸之助一改过去的习惯，开始注意自己在公众面前的仪表、仪态，生意也随之兴旺起来。现在，松下电器享誉天下，与松下幸之助长期率先垂范，要求员工懂礼貌、讲礼节是分不开的。

资料来源：中国服务营销培训网。

商务接待是人们交往的重要组成部分，由此引申出接待礼仪。掌握商务接待礼仪，就相当于拿到了商务接待的通行证，在接待过程中游刃有余。商务交往活动中，接待是给客户留下第一印象的重要工作，为下一步深入交往打下基础。

一、接待的原则和种类

(一)接待的原则

1. 对等对应

在接待客户时，要根据对方的身份，兼顾对方来访的性质及双方的关系，安排接待的规格，以便使来宾得到与其身份相称的礼遇，从而促进双方关系的稳定发展。

要根据来访者的身份安排相应级别的领导和人员接待；按来访者所在单位性质及来

访内容，请相应的主管领导和职能部门接待。对重要客人的接待领导（VIP迎宾）通常按约定时间在大楼入口处迎接，重要客人应提前到机场迎接。

接待方在与来宾进行礼节性会晤或举行正式谈判时，必须使己方到场的人数与来宾的人数基本相等。同时，接待方在为来宾安排宴请活动或为其准备仪式时，应尽量使之在档次、规格等方面与来宾的身份相称，并符合客人的生活习惯，体现东道主对客人的关心与照顾。在接待外商时，更应注意这一点。某些特殊情况，有的企业为了强调自己对宾、主双方特殊关系的重视以及对于来宾的敬重，特意打破常规，提高对来宾的接待规格，也是可行的，但不宜多用。

2. 不卑不亢

商务往来是为了寻求更密切的发展和获得更大的利润。在竞争日益激烈的情况下，寻找合适的合作伙伴尤为重要，但不可为了利益而丧失人格和尊严。无论对方是强是弱，应本着平等的原则进行交往。面对强者，妥协退让是难免的，但自己的根本利益是最后底线；面对弱者，也不要以强凌弱。

3. 一视同仁

无论对方是否与自己有过交往，无论对方的规模与实力是否强大，不管对方来自何地，属于哪一个民族，生活习惯、宗教信仰是否与自己相同，作为合作方的客人，不能以任何理由对他们有所歧视，应平等对待，热情接待，笑脸相迎。

（二）接待的种类

1. 视察、访问接待

这包括各级领导到本地区、本单位视察、检查、访问、指导工作时的接待。领导视察、访问人数有多有少，有时轻车简从，只带一两个工作人员，有时规模较庞大；访问时间也有长有短，短则一天半日，长则十天半月；领导的任务也不一，可以是听取报告、听取意见、检查工作，也可以是了解情况、调查研究。因此，这类接待工作情况复杂，任务重责任大，需要根据不同情况，做出妥善安排。

2. 业务往来接待

与本企业有商务交往的单位之间的业务往来，包括商品流通交往过程中的交流、沟通、洽谈等接待工作的好坏，直接影响彼此交往合作的顺利与否，也直接关系到企业的经济效益。所以，业务往来接待是接待工作的重点，接待中相关工作人员要注重交往中的各项礼节，以赢得日后合作的主动权。

3. 顾客投诉接待

接待顾客的投诉，是商业企业特别是零售企业经常遇到的问题。投诉的主要原因有两方面：一是产品质量，二是服务态度。对于接待人员的要求是：以热情的态度、温和的方式、委婉的语气来安抚客人的情绪，认真倾听投诉者的倾诉，问题核实后应尽快给予满意的解决。

4. 商务宣传活动接待

企业为与大众沟通、树立形象而进行的宣传,包括新闻发布会、贸易展览会、茶话会、开业庆典等商务宣传活动在企业的商业营销和业务交往中发挥着重大的作用,既有较强的说服力和感染力,又可以为主办单位广交朋友,还可以借助各种传媒主办单位的信息大力宣传企业,提升企业知名度和美誉度。因此,主办单位在接待各方来宾时,要时时注意礼仪规范,从而塑造良好的企业形象。

二、接待的程序

(一)接待前的准备

1. 了解客人基本情况

对前来访问、洽谈业务、参加会议的外国、外地客人,应首先了解对方到达的车次、航班,了解来宾特别是主宾的个人简况。在了解对方基本人数时,不仅要务求准确无误,而且应着重了解对方由何人负责、来宾中有几对夫妇等。同时,还要了解来宾有无曾经来访的记录,尽量与之前的来访接待规格保持一致。还要了解客人来访的意图、要求以及在仪式和日程安排上的计划,还要了解客人的来访路线、抵达和离开的具体时间。

2. 制定接待方案

了解客人基本情况后,应及时向主管领导汇报,以确定接待规格,并通知有关部门及相关人员。接待一般客人,可根据惯例直接接待。但接待重要客人和高级团体,就要事先制定接待方案。方案大致包括以下几点内容:

(1)按照访客的基本情况,决定接待人员的分组,详细地列出陪同人员及迎送人员名单。

(2)准备好交通工具。

(3)制定出接待过程中的活动方式及日程安排。

3. 布置接待环境

良好的接待环境能体现对来宾的尊重与礼貌。在客人到来前,按照客人的民族习惯、兴趣爱好安排食宿,以交通便利、吃住方便为原则。值得注意的是,为客人准备的住宿必须整洁、安静。接待室应该明亮、安静、整洁,还应配置沙发、茶几、衣架、电话、电脑等,以备客人进行谈话和通信联系。同时室内应适当点缀一些花卉、字画,还可以放置报刊和有关本单位或公司的宣传材料,供客人翻阅。

(二)正式接待

1. 迎客

对于如约而来的客人,要表示热情、友好。对贵客或远道而来的客人,要指派专人出面,提前到达双方约定的地点(或适当的地点),恭候客人的到来。接待人员要提前到达机场、码头或车站,以示对客人的尊重。客人抵达后,若宾主双方早就认识,双方直接行见面礼。若是初次见面，一般由礼宾人员或我方迎接人员中身份最高的先将己方迎接人员一一介绍给客人，再由客人中身份最高者将客人按照一定顺序介绍给主人。对于来自本地的客人，一般应提前在单位大门口或办公楼下迎候客人。

2. 待客

随着市场经济的蓬勃发展，彼此往来的商务活动日益频繁，接待工作越来越规范。要文明待客、礼貌待客、热情待客。接待工作在礼仪方面应做到严谨、热情、周到、细致。

(1)安顿客人

客人抵达后，不宜立即谈公事，一路奔波自然已疲惫，此时谈公事未免有些不敬。最好先将其安顿在待客厅或会议室休息，并端上茶水或饮料等，然后告诉客人就餐地点、时间，并将自己的联系方式留下，以便及时联络，而后给客人留下充足的休息时间和空间。

(2)协商日程

进一步了解客人的意图和要求，共同商议活动的内容和具体日程。如有变化，及时通知有关部门以便进行准备工作。

(3)组织活动

客人食宿问题解决后，应该按照接待方案组织客人参与一系列活动，如商务洽谈、参观游览等。客人在商务洽谈、游览活动中所提出的意见必须及时向有关领导反馈，尽可能满足客人的需求。活动结束后，安排时间让有关领导和客人见面，以示对客人的尊敬。倘若整个活动客人都没有见过公司领导，必然对公司产生看法，影响公司的形象。

(4)安排返程

如果客人要走，则应按照客人的要求，为其安排返程时间，尽快为其预订机票、车船票，安排专门人员和车辆为客人送行。

小知识　　接待时应该做到“三到”

眼到：眼睛注视对方，且要平视，表示尊重。

口到：讲话内容要切合对方实际情况，明确表达心中所思，准确把握对方的话题倾向，作出合理反应。

意到：讲话时意思明确，态度平和、友善，意会他人言中之意，反应迅速、准确。

3. 送客

送客的基本原则是：送到客人离开视线为止。送客时要提醒客人携带随身物品，说些客气的话，使客人愉快离去。和上司一起送客，要比上司稍后一步。

(1)主客之间的告别语

客人向主人告别时，常伴以“请回”“请留步”等语言，主人则以“慢走”“恕不相送”等语回应。如果客人是远行，可说“祝你一路顺风”“一路平安”“代问××好”等告别语。

(2)熟人之间的告别语

可说“有空再来”“有时间来坐坐”“有空来喝茶”等,也可说“代问家人好”,以示礼貌。

(3)“再见”

这是当今比较时兴的告别语,适用于大部分场合的告别。类似的还有“Byebye”“晚安”等。

第四节 商务接待的礼仪要求

一、接待规格礼仪要求

商务接待规格是以陪同领导的角度而言的。接待规格过高,影响领导的正常工作;接待规格过低,影响上下左右的关系。根据来客的情况和本单位的情况,接待可以采取三种不同的规格:如果是上级领导派一般工作人员前来口授意见或兄弟单位领导派人商谈要事,或下级因重要事宜来访,应尽量采取高规格接待,陪同人员的职务比客人高;遇到上级领导来本地了解情况、老干部或上级领导路过本地或是外地学习参观团前来等,往往只要安排好食宿或调查研究的对象就行,本地领导出面陪坐一次就行了,陪同任务主要由有关工作人员完成;最普遍的还是对等对待,也就是陪同人员和客人职务、级别基本一样。

二、引导的礼仪要求

1. 在走廊的引导方法

接待人员在客人两三步之前,配合步调,让客人走在内侧。

2. 在楼梯的引导方法

引导客人上楼时,应该让客人走在前面,接待人员走在后面;若是下楼,接待人员应该走在前面,客人在后面。上下楼梯时,接待人员应该注意客人的安全。

3.在电梯的引导方法

接待人员先进入电梯,等客人进入后关闭电梯门。到达时,接待人员按“开”的按钮,让客人先走出电梯。

4. 客厅的引导方法

当客人走入客厅,接待人员用手指示,请客人坐下。看到客人坐下后,才能行点头礼后离开。如客人错坐下座,应请客人改坐上座(一般靠近门的一方为下座)。

三、电话礼仪要求

(一)礼貌接听

接听电话时应该热情,面带微笑,语气平和,因为这代表着公司的形象。

（二）左手持听筒、右手拿笔

大多数人习惯用右手拿电话听筒，但在与客户进行电话沟通过程中往往需要做必要的记录，在写字的时候一般将话筒夹在肩膀上面。这样，电话很容易夹不住而掉下来发出刺耳的声音，给客户带来不适。为了消除这种不良现象，应该提倡用左手拿听筒，右手写字或操纵电脑，这样就可以轻松自如地达到与客户沟通的目的。

（三）电话铃响三声之内接起电话

电话铃响两到三声接起比较合适。响一声就接听会让对方感觉突然，超过三声则会让对方等待过久而失去耐心，同时影响企业形象。

（四）注意声音和表情

说话必须清晰，正对着话筒，发音准确。通电话时，不能大吼，也不能喃喃细语，而应该用正常的声音，并尽量用热情和友好的语气。微笑可以通过电话传递。可使用礼貌用语，如“谢谢您！”“请问有什么可以帮到您的吗？”“不用谢。”

（五）保持正确姿势

接听电话过程中应该始终保持正确的姿势。一般情况下，当人的身体稍微下沉时，丹田的声音无法发出；大部分人讲话所使用的是胸腔，这样容易口干舌燥，如果运用丹田的声音，不但可以使声音具有磁性，而且不会伤害喉咙。因此，保持端坐的姿势，尤其不要趴在桌面边缘，可以使声音自然、流畅和动听。此外，保持笑脸也能使来电者感受到你的愉悦。

（六）复诵来电要点

电话接听完毕之前，不要忘记复诵一遍来电的要点，防止记录错误或者偏差而带来的误会，使工作效率更高。例如，应该对会面时间、地点、联系电话等各方面的信息进行核对，尽可能避免错误。

（七）最后道谢

最后的道谢也是基本的礼仪。来者是客，以客为尊，千万不要因为电话客户不直接面对而可以不用搭理他们。实际上，客户是公司的衣食父母，公司的成长和盈利的增加都与客户的来往密切相关。因此，公司员工对客户应该心存感激，向他们道谢和祝福。

（八）让客户先收线

不管是制造行业还是服务行业，在打、接电话过程中应该牢记让客户先收线。因为一旦先挂上电话，对方一定会听到“咯嗒”的声音，这会让客户感到不舒服。因此，在电话即将结束时，应该礼貌地请客户先收线。

（九）客人突然来访

当你正在通电话又碰上客人来访时，原则上应先招待来访客人，此时应尽快向通话对方致歉，得到许可后挂断电话。不过，电话内容很重要而不能马上挂断时，应告知来访的客人稍等，然后继续通话。

四、乘车礼仪要求

(一)上下车的礼仪

乘坐轿车时,应请位尊者最先上车,最后下车。但为了上车的方便,后排中座的人应比后排左座的人先上。

上车时,接待人员应先打开车门,用手遮挡车门的上边框,防止客人出现碰撞的情况。等客人上车坐稳后,再轻轻关上车门,切忌过于用力。下车时,接待人员应首先下车,打开车门,请客人下车。

上车时一般采用"背入式",背对车门,臀部先坐下,上身和头部再进入车内,最后再将双腿并拢收车内(见图 5—1)。下车时采用"正出式",即转向正面朝向车门,双腿先伸出车外,踩稳后弯腰将上身探出车外,再站起,如图 5—2 所示。

图 5—1

图 5—2

(二)乘车座次

专职司机驾车时,后排右座是上座,这便于乘车人上下车方便;左座次之,中间座位再次之,副驾驶座位为末席。

主人亲自驾车时,副驾座是上座,这表示对主人的亲切与尊重;后排右侧次之,左侧再次之,而后排中间座为末席。

当省部级高层领导坐车时,司机后面座位是上座,这是出于安全保卫的考虑。

乘坐四排座或以上的中型或大型轿车时,应遵照"以右为尊"的原则,驾驶员身后的第一排为尊位,其他各排座从前往后依次递减。各排座的座次安排,讲究"右高左低",从右到左依次递减,即由前向后、自右向左。

乘坐公共汽车、火车或地铁时,基本规矩是:临窗的座位为上座,临近通道的座位为下座。与车辆行驶方向相同的座位为上座,与车辆行驶方向相反的座位为下座。

乘车座次如图 5—3 所示。

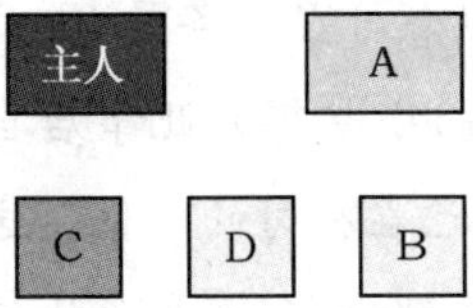

(a)主人开车时的座位次序

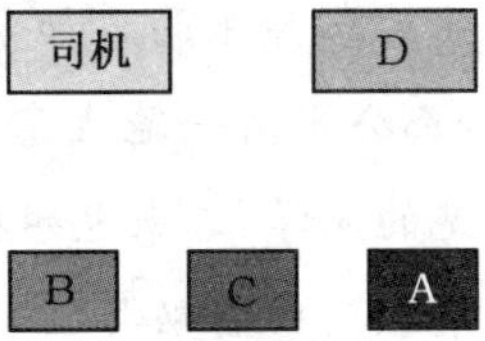

(b)计程车的座位次序

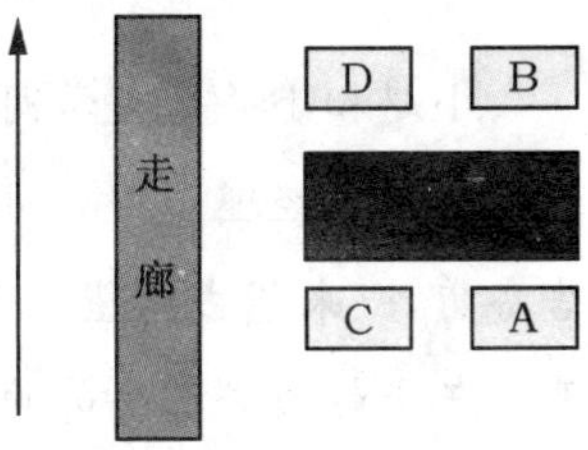

(c)乘火车时的座位次序

图 5—3

复习题

1. 商务拜访前需要准备什么？
2. 拜访预约时间要注意哪些问题？
3. 简述商务拜访礼仪的流程。
4. 接待工作的基本原则是什么？
5. 如何根据来宾和需要有针对性地开展接待工作？
6. 根据开车人的不同，在安排乘车座次时要注意哪些问题？

案例分析

（一）

某公司新建的办公大楼需要添置一系列办公家具，价值数百万元。公司总经理已做了决定，向 A 公司购买这批办公用具。这天，A 公司的销售部负责人打电话来，要上门拜访这位总经理。总经理打算对方来了就在订单上盖章，定下这笔生意。不料对方比预定的时间提前了 2 个小时。原来对方听说这家公司的员工宿舍也要在近期落成，希望员工宿舍的家具也能向 A 公司购买。为了谈这件事，销售负责人还带来一大堆资料，摆满了台面。总经理没料到对方会提前到访，刚好手边又有事，便请秘书让对方等一会。这位销售员等了不到半小时，就开始不耐烦了，一边收拾资料一边说："我还是改天再来拜访吧。"这时，总经理发现对方在收拾资料准备离开时，将自己刚才递上的名片掉在了地上，对方并没发觉，走时还无意从名片上踩了过去。这个不小心的失误，却令总经理改变了初衷。A 公司不仅没有机会与对方商谈员工宿舍的设备购买，连几乎到手的数百万元办公用具的生意也告吹了。

思考：(1)A 公司的生意为何没有谈成？

(2)拜访他人应该注意哪些问题?

(二)

小赵和小关是大学同学,大学毕业后各奔东西。如今,小赵在甲公司当业务员,小关在乙公司当经理。甲公司正好准备和乙公司做一笔生意(第一次),而小赵得知此事后自告奋勇,一来想去探望一下十多年没见的同学,二来也想提升一下自己在公司的地位。这天下午小赵便去乙公司的经理室,结果在门口被秘书拦下。经过一番解释,秘书告诉他经理有事不在,并将公司的电话留给他。隔了几天,小赵打电话给乙公司,预约成功,定于星期三下午3:30见面。由于堵车,小赵晚去了半个小时。到了以后,小关还在,就推门进去。老朋友相见,十分欢喜。小赵冒出一句:"小关,这几年过得不错啊!"关经理感到有些尴尬,接着俩人寒暄了几句。小赵便往沙发上一坐,跷起二郎腿,掏出一支烟递给小关,关经理不抽,自己便大口大口地抽了起来,整个经理室顿时烟雾笼罩。关经理实在觉得不适,就打开窗户,说:"我这几天咽喉发炎,闻不得烟味。请原谅!"小赵也就不抽了,接着两人聊开了大学生活……临走之际,小赵说明来意,并将一块依波表送给关经理。关经理死活不接,并解释公司有规定:对500元以上的礼品概不接受。

思考:请指出小赵的失礼之处。

实训练习

情景模拟:假如你已毕业10年,成为一个跨国公司的部门经理,有几位来自法国的重要客户将在半个月后拜访你的公司,公司委派你做接待工作,你应该做哪些安排?请结合所学知识,拟订一份迎接贵宾的接待方案。

第六章

商务宴请礼仪

学习目的和要求

通过本章的学习，使同学们了解中西方宴请方面的相关礼仪知识，了解招待会、茶会及工作餐的礼仪要求，并熟练运用。

案例 6—1　　一双筷子放弃了周亚夫

如果说“引才”，只需要态度好就够了，“识才”却是很神秘的工作。所谓“识才”，不只是看看谁是人才、谁不是人才这么简单，而要从小的方面推断大的方面，从今天的行为推断以后的行为，得出用人策略。周亚夫是汉景帝的重臣，在平定“七国之乱”时立下赫赫战功，官至丞相，忠心耿耿。一天汉景帝宴请周亚夫，给他准备了一块大肉，但是没有切开，也没有准备筷子。周亚夫很不高兴，就向内侍官员要了双筷子。汉景帝笑着说：“丞相，我赏你这么大块肉吃，你还不满足吗？还向内侍要筷子，很讲究啊！”周亚夫闻言，急忙跪下谢罪。汉景帝说：“既然丞相不习惯不用筷子吃肉，也就算了，宴席到此结束。”于是，周亚夫只能告退，但心里很郁闷。

这一切汉景帝都看在眼里，叹息到：“周亚夫连我对他的不礼貌都不能忍受，如何能忍受少主年轻气盛呢？”汉景帝通过吃肉这件小事，试探出周亚夫不适合做太子的辅政大臣。

汉景帝认为，周亚夫应把赏他的肉，用手拿着吃下去，才是一个臣子安守本分的品德，而要筷子是非分的做法。汉景帝依此推断，周亚夫如果辅佐太子，肯定会生出些非分的要求，趁早放弃了让他做太子辅政大臣的打算。

资料来源：中国礼仪网。

宴请是商务活动中最常见的交际方式。宴请形式种类繁多，目前国际上通用的宴请方式有宴会、招待会、茶会和工作餐等。宴会是指邀请宾客餐饮的聚会，其按照规格不同，有国宴、正式宴会、便宴、家宴之分；按照餐别来分，有中餐宴会、西餐宴会、中西合餐宴会；按照礼仪，分为欢迎宴、答谢宴；按照时间分，有早宴、午宴和晚宴等。

第一节　中式宴请礼仪

一、中式宴请准备礼仪

(一)确定宴请对象和范围

举办宴会时首先要考虑邀请的对象和人数。客人尽量是互相认识的朋友，这样有利于避免冷场和不自在。如果朋友之间不认识，则应该提前告知，以便让宾客有所准备。宴请的规格、场所与主宾人的身份以及兴趣有关，也与主办人宴请的目的有关。

(二)确定宴请的时间、地点

注意不要选择对方禁忌的日子和忙碌的工作时间。地点选择则需要注意外部条件与内部条件。外部条件主要是指地理位置，一般来讲对方希望选择就近的位置，还要考虑有没有停车位、附近环境是否嘈杂、交通是否畅通。内部条件主要是指场所的环境是否优雅、大方，食物或场所的卫生情况以及基础设施是否健全。尽量选择主宾喜欢的场所和方式进行宴请，或者是有特色的场馆。

(三)邀请

宴会邀请的形式比较宽泛，一般的非正式的宴会邀请可书写短笺或电话邀请。重要的正式宴请活动和重大外事活动一般要发请柬。这里主要讲宴请所用的请柬。

请柬又称请帖，是人们在节日和各种喜事中请客用的一种简便邀请信。请柬是为邀请宾客参加某一活动时所使用的一种书面形式的通知。用请柬不但礼貌，又对来宾起备忘作用。宴请重要外宾时，应以主持宴会的领导个人名义署名发请柬，一般不宜用单位名义发请柬。

请柬的内容包括活动时间及地点、形式、主人姓名，行文不用标点符号，其中人名、单位名、节日和活动名称应采用全称。中文请柬行文中不提被邀请人姓名(其姓名写在请柬信封上），主人姓名放在落款处。请柬格式与行文方面，中外文本的差异较大，注意不能生硬照译。请柬可以印刷也可手写，手写字迹要美观、清晰。国际上习惯对夫妇两人发一张请柬，我国如遇需凭请柬入场的场合则每人一张。正式宴会，最好能在发请柬之前排好席次，并在信封下角注上席次号。

请柬发出后，应及时落实出席情况，准确记载，以便调整席位。按国际惯例，重要宴请活动的请柬一般提前一至两周发出。已经口头约妥的活动，仍应补送请柬，在请柬右上方或下方注上“To remind”（备忘）字样。需安排座位的宴请活动，应要求被邀者答复能否出席。请柬上一般注上 R.S.V.P.（请答复）法文缩写字样，并注明联系电话，也可用电话询问能否出席。

案例 6—2　　几种请柬格式

(1)正式宴会请柬

×××女士/先生：

兹定于9月12日晚7:00～9:00在市政协礼堂举行中秋茶话会，届时敬请光临。

此致

敬礼！

(2)普通请柬

谨订于××××年×月×日（星期×）晚×时在××饭店举行宴会，敬请光临。

敬请回复　×××

电话：×××××××（主人姓名）

资料来源：维基百科。

（四）订菜

宴请的主办人必须提前以电话或亲自预订的方式提前订菜，选菜不应以主人的喜好为标准，主要考虑主宾的口味喜好与禁忌。菜的荤素、营养、时令与传统菜及菜点与酒品饮料的搭配要力求适当、合理。不少外宾并不喜欢我国的山珍海味，地方上宜以地方食品招待，用本地名酒。在订菜过程中告知在宴会当天菜品全部上齐之前的时间，由饭店准备一些冷盘，避免宾客着急，也可体现主办人周到之意。另外，有些饭店的折扣问题也得事先商量好，尽量控制在合理的经费预算中。

目前，中国主要的菜系有鲁菜、川菜、粤菜、浙菜、闽菜、苏菜、徽菜和湘菜。中国的“十大名酒”主要有贵州茅台、五粮液、洋河大曲、泸州老窖、汾酒、郎酒、古井贡酒、西凤酒、贵州董酒、剑南春。在选择过程中可以看本餐馆的家常菜，或者选择具有本地特色的菜肴。

饮食的风格是“南甜、北咸、东辣、西酸”，各地区也风格迥异。上海的“小绍兴三黄鸡”、成都的“龙抄手”、湖南的“毛家红烧肉”、云南的“过桥米线”、天津的“狗不理包子”等都是极具特色的，在宴请中也可以点。如果主人厨艺不错的话，宴请时也可以亲自下厨，尽地主之谊。

在订餐中也有些需要注意的事项：如果宾客是回族人，则他们不食猪肉。如果宾客是佛教徒，那么在订餐时要切忌荤腥以及葱蒜等。还有一些人由于各种因素的制约，在饮食上也有一些禁忌。例如，高血压患者不宜多喝酒吃油腻的食品，糖尿病人忌吃甜食，肝病患者不宜吃羊肉和甲鱼等。还要注意宾客的职务要求，不同的职业往往有不同的特殊禁忌。例如，公务员在执行公务时切忌大吃大喝，否则会造成不利的影响。又如，驾驶员不宜喝酒，否则可能发生不必要的安全事故。

(五)座席安排

中国是礼仪之邦，在宴会的布置中，桌次与座次就显得尤为重要。以下介绍桌次及座次的安排：

1. 桌次安排

(1)由两桌组成的小型宴请座次排序

由两桌组成的小型宴请桌次可分为两桌横排和两桌竖排的形式。当两桌横排时，桌次是以右为尊，以左为卑。这里所说的右和左，是指进入房间、面对正门的位置来确定的。当两桌竖排时，桌次讲究以远为上，以近为下。这里所讲的远近，是以距离正门的远近而言，如图6－1和图 6－2 所示。

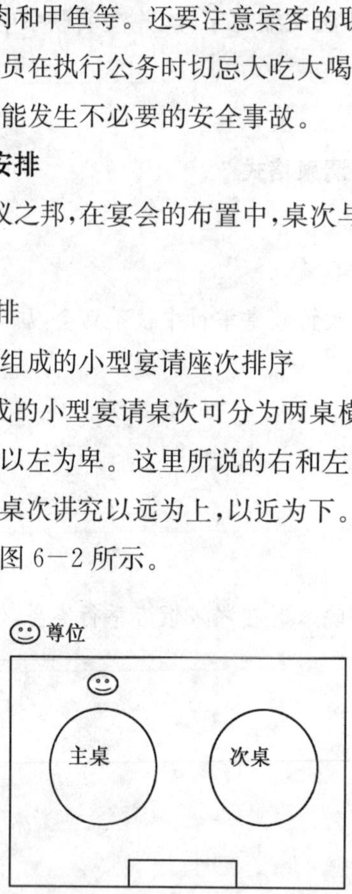

两桌横排

图 6－1

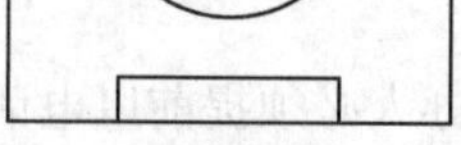

两桌竖排

图 6－2

(2)由多桌组成的宴请桌次排序

在安排多桌宴请的桌次时，除了注意“面门定位”“以右为尊”“以远为上”等规则外，还应兼顾其他各桌距离主桌的远近。通常，距离主桌越近，桌次越高；距离主桌越远，桌次越低。在安排桌次时，所用餐桌的大小、形状要基本一致。除主桌可以略大外，其他餐桌都不要过大或过小，如图 6－3、图 6－4 和图 6－5 所示。

为了确保赴宴者及时、准确地找到自己所在桌次，可以在请柬上注明对方所在的桌次、在宴会厅入口悬挂宴会桌次排列示意图、安排引位员引导来宾按桌就座，就坐统一，或者在每张餐桌上摆放桌次牌(用阿拉伯数字书写)。

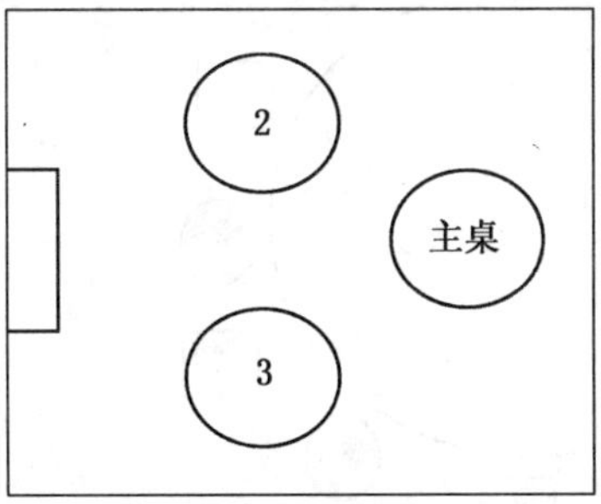

图 6—3

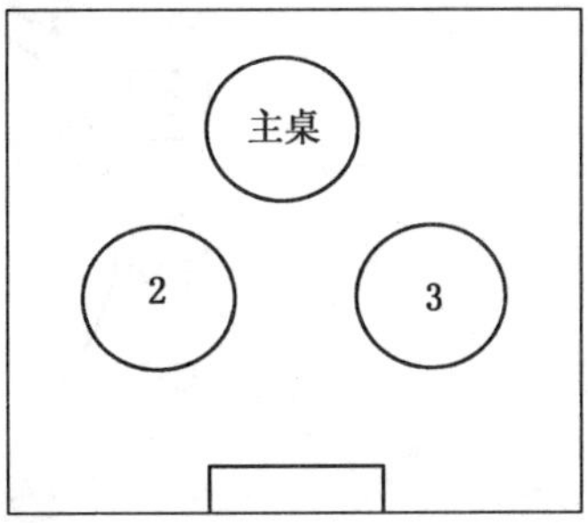

图 6—4

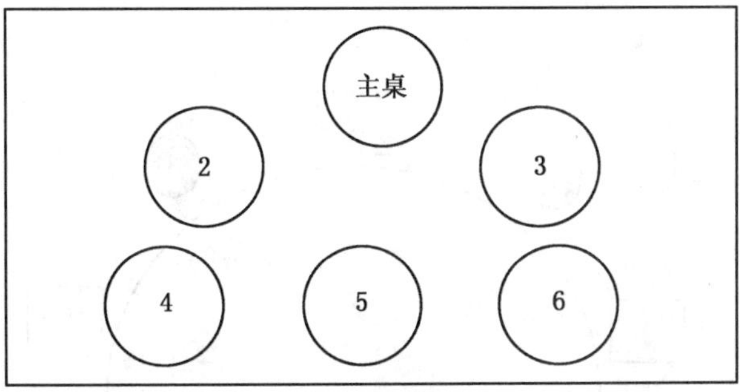

图 6—5 三桌以上

2. 位次排序

(1)单主人宴请时，以主人为主心，其余座位和人员各自按“以右为贵”原则排列，如图6—6 所示。

(2)男女主人共同宴请时的座次排序

男女主人共同宴请时的排序方法是一种主副相对、以右为贵的排列。男主人坐上席，女主人位于男主人的对面。宾客通常随男女主人，按右高左低顺序依次对角飞线排列，同时要做到主客相间。国际惯例是男主宾安排在女主人右侧，女主宾安排在男主人右侧，如图 6—7 所示。

(3)同性别双主人宴请时的座次排序

第一、第二主人均为同性别人士或正式场合下宴请时，按主副相对、“以右为贵”的原则依次顺时针排列，同时做到主客相间，如图 6—8 所示。

(六)现场布置

1. 场景布置

一方面可以根据宾客的要求布置，另一方面可以根据宴请的标准安排。场景的布置包括四周及台前装饰的布置，一般在宴会厅周围摆放盆景花草，或在主台后面用花坛、画

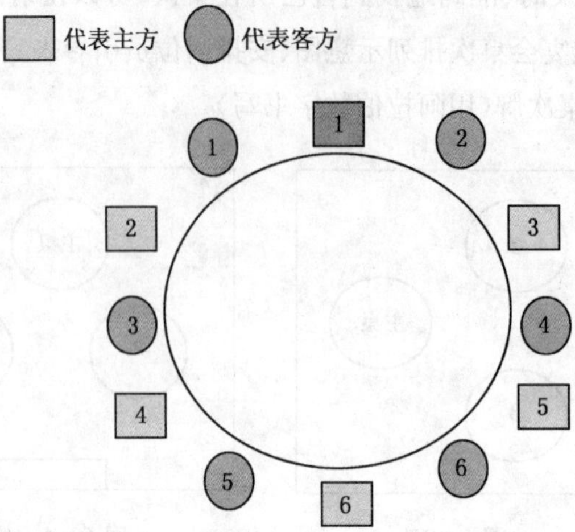

图 6—6

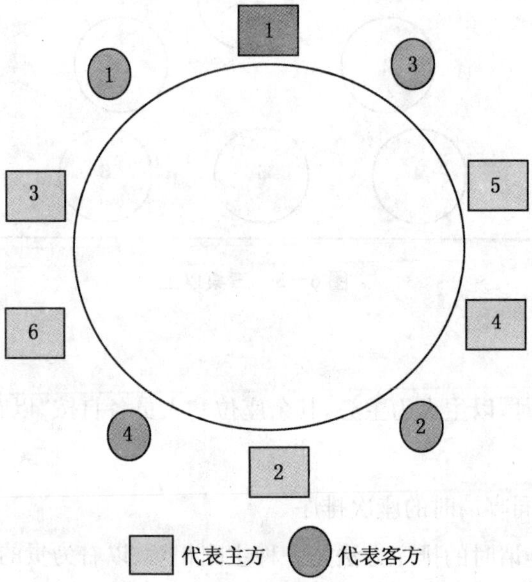

图 6—7

屏、大型青枝翠树盆景装饰。宴会的照明应足够明亮，甚至可以用暴露光源造成轻度的眩光。灯光颜色以白炽灯、金黄色和红黄光的彩灯为主，以提高客人的食欲，同时增强宴会的热情友好气氛。在场地周围还会布置音响，一般播放优雅或愉快的乐曲。这样既可以烘托出宴会的活跃气氛，又可给宾客以亲切之感。正式的宴会（如国宴）一般根据外交部的规定悬挂国旗，国旗的悬挂是以右为上、左为下，而且国宴也不要求张灯结彩。对于台型的布置一般宴会则要突出主桌，设酒吧台、礼品台、贵宾室等方便宾客。

2. 熟悉各项服务

服务员应熟悉宴会菜单和主要菜点的风味特色，以做好上菜、派菜和回答宾客对菜点

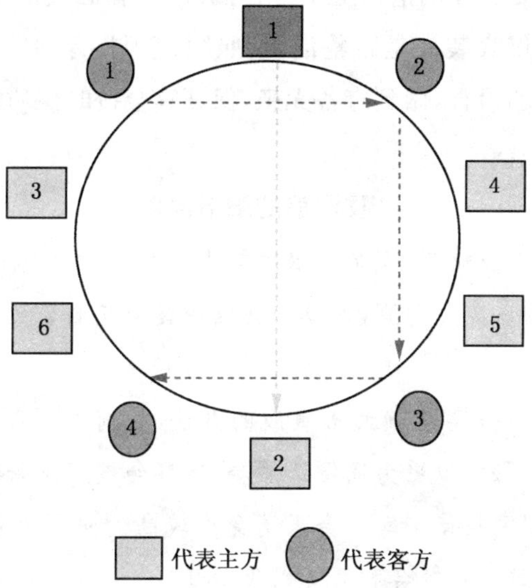

图 6—8

提出询问的思想准备。重要的宴会场地负责人应提前进行演练，熟悉各项服务以及各种应急安排，做到万无一失。

3. 物品的准备

根据菜单的服务要求，准备好各种金器、银器、瓷器、玻璃器皿等餐具酒具、备好菜肴及跟配的佐料、开水、茶叶，备好鲜花、酒水、香烟、水果以及服务中所用物品（毛巾、分餐用具、笔、开瓶器等）。重点宴会要多准备一些菜单，最好每位客人都有一份；如果条件不允许，至少每桌上有一份。菜单应摆在餐桌中央。在菜单的制作上应尽量美观，颜色淡雅为好。

4. 铺设餐台

一般餐具和餐巾的位置，将正、副主人的座位拉开对正，接下来顺次摆好其他座位。

5. 摆设冷盘及座位卡

正式的宴会会设置座位卡，宾客按照座位卡的姓名就座。大型宴会开始前 15 分钟左右摆上冷盘，然后斟预备酒。预备酒一般斟白酒，以示庄重。其他酒水（如葡萄酒、啤酒、饮料等）也不宜预先斟倒。斟倒预备酒的意义就在于宾主落座后，致辞，然后干杯，这杯酒如果不预先斟好，宾客来后在斟，会显得手忙脚乱。

摆设冷盘时，要根据菜点的品种和数量，注意菜点色调的分布、荤素的搭配、菜型的反正、刀口的逆顺、菜盘间的距离等，使摆台不仅为宾客提供一个舒适的就餐地点和一套必需的进餐工具，而且能给宾客以赏心悦目的艺术享受，为宴会增添隆重而欢快的气氛。

准备工作全部就绪后，宴会管理人员要做一次全面的检查，从台面服务、传菜人员分派等是否合理，到餐具、酒水、水果是否备齐；从摆台是否符合规格，到各种用具及调料是否备齐并略有盈余；从宴会厅的清洁卫生是否搞好，到餐酒具的消毒是否符合卫生标准；从服务员的个人卫生、仪表装束是否整洁，到照明、空调、音响等系统功能是否正常工作等，都要一一进行仔细的检查，做到有备无患，保证宴会按时保质举行。

案例 6—3　　宴请前的细节问题

(1)宴请的形式应入乡随俗，就是说很大程度上取决于当地的习惯做法。一般来说，正式、规格高、人数少的以宴会为宜，人数多则以冷餐会或酒会更为合适，妇女界活动多用茶会。

(2)相比起前几年一搞宴请就大张旗鼓的做法，目前各国礼宾工作大多有一定的简化，宴请范围趋向缩小，形式也更为简便。酒会、冷餐会被广泛采用，而且中午举行的酒会往往不请配偶。不少国家招待国宾宴会只请身份较高的陪同人员，不请随行人员。我国也在进行改革，提倡多举办冷餐会和酒会以代替宴会。

资料来源：冯玉珠：《宴之道：职场宴请细节攻略》，中央编译出版社 2006 年版。

二、中式宴请期间礼仪

(一)宴会迎宾工作

根据宴会的入场时间，宴会主管人员和迎宾员提前在宴会厅门口迎候客人。宾客到达时，要热情迎接、微笑问好。待宾客脱去衣帽后挂好，表情自然大方。将宾客引入休息厅就座休息，回答宾客问题和引领宾客时注意使用敬语，做到态度和蔼、语言亲切。如果客人太多，就有可能出现照顾不周的情况，这时应当在客人就座前向客人问好并送上烟茶以示关心。

如宴会规模较小，可不设专门的衣帽间，只在宴会厅房门前放衣帽架，安排服务员照顾宾客宽衣并接挂衣帽。如宴会规模较大，则需设衣帽间凭牌存取衣帽。接挂衣物时应握衣领，切勿倒提，以防衣袋内的物品倒出。贵重的衣物要用衣架，以防衣服走样。重要宾客的衣物，要挂于显眼处，凭记忆进行准确的服务，并提示贵重物品请宾客自己保管。

(二)入座礼仪

案例 6—4　　女士优先与绅士风度

“女士优先”起源于欧洲中世纪的骑士之风，是传统的欧美礼节的基础，后来成为国际社会公认的重要礼仪原则。它主要适用于成年的异性进行社交活动之时。“女士优先”的含意是：在一切社交场合，每一名成年男子都有义务主动、自觉地以自己的实际行动，去尊重妇女、照顾妇女、体谅妇女、关心妇女、保护妇女，并且还要尽心竭力地为妇女排忧解难。倘若因为男士的不慎而使妇女陷于尴尬、困难的处境，便意味着男士的失职。唯有如此这般的男子，才被视为具有绅士风度；反之，则被认作是一个没有修养的粗汉莽夫。

在英国，尊重妇女是体现绅士风度的一个重要方面。“女士优先”是一个人人皆知的行为准则。通常情况下，英国人总是把女子放在优先考虑的地位。如男女一起进房间，男的要替女士开门。进房间或进餐馆大多是女子在前，除非男的必须在女士的前头去选餐桌、开车门或做其他效劳。在街上行走或过马路时，男子要走在女士身旁靠来车方向的一侧。如果一个男子和两个女士一起走，他应当走在两者当中。如果男主人或女主人或者两者同坐一辆车来接客人去吃饭，客人应该坐在汽车的前座，让后座空着，因为司机就是男主人或女主人。在宴会上，主人把客人领进客厅时，如果客人是位女士，她进客厅时厅中的大多数男子要站起来以示敬意。如果女主人的女儿在，她要把客人给女儿作介绍。通常是把男士介绍给女士，除非他年长得多或地位高得多。一般的惯例是年轻的介绍给年长的。不管进入客厅的是男士还是女士，在客厅里就座的女士都不必起身为礼。宴会开始，男士为女士拉开椅子，帮女士入座。

资料来源：http://social.liyipeixun.org/shejiaoliyichangshi/nvshiyouxian.html。

根据中国传统的儒家思想和国际惯例，主人或者长者应当主动安排众人入座；来宾在长者或女士坐定后，方可入座；入座时，男士为身边（尤其是右边）的女士拉开座椅并协助其入座。入座后姿势端正，脚踏在本人座位下，不跷腿，不抖动腿脚，也不可任意伸直；胳膊肘不放在桌面上，也不要向两边伸展而影响他人。

宴请是一种社交场合，在餐桌上要关心别人，尤其要招呼两侧的女宾；口内有食物时，应避免说话，也不要敬酒；宴会上应营造和谐温馨的氛围，避免涉及死亡、疾病等影响用餐气氛的话题。

宴请中主人可以不时提出一些大家感兴趣的话题，以活跃气氛。敬酒要适可而止，以免有人醉酒失态。宴请结束，大家略坐片刻，宾客起身告辞，主人送至门口，热情话别。

（三）中餐进餐礼仪

1. 餐具使用

大家每天都吃中餐，且参加过大大小小的宴会，然而对中式餐具的使用礼仪却不是很注意。吃中餐时，应特别注意湿毛巾、餐巾、餐巾纸、筷子、汤匙、牙签、水盂、筷子的使用规范以及碗盘的放置。

（1）湿毛巾只能用来擦手，绝不能擦脸、擦嘴。一般在宴会即将结束时再上来的湿毛巾才是专供擦嘴用的，但不能擦脸抹汗。餐巾是为了保洁服装的，应把它铺在并拢的大腿上，不要围在脖子或腰带上。餐巾折起的内侧可以用来擦嘴或手。正式的宴会中千万不要用自己的纸巾，更不能用卫生纸代替。

（2）汤匙不用时应平置于食盘上，不要让它在汤碗中“立正”，或直接放在餐桌上，如图 6—9和图 6—10 所示。

图 6-9

图 6-10

使用汤勺时要用右手，不宜用左手。使用汤勺盛放食物时，尽量不要把勺子塞入口中反复吸吮，应自然放入口中。

(3)使用碗时不要双手捧起来进食，不要将碗内的东西随意乱扔。食盘是用来放菜的。一次取菜不宜过多。不宜入口的废弃物，可以堆放在盘中，不要直接吐在餐桌上或地上。

(4)席间牙签在万不得已时使用，用时注意以手相护。

水盂即洗手碗，是在用餐期间洗手指用的，千万别把它当洗手水或饮料。洗手碗的用法为：进食海鲜等带有腥味食物后，可将双手指尖轮流放入碗中洗之，然后用餐巾擦干手指，如图 6-11 所示。

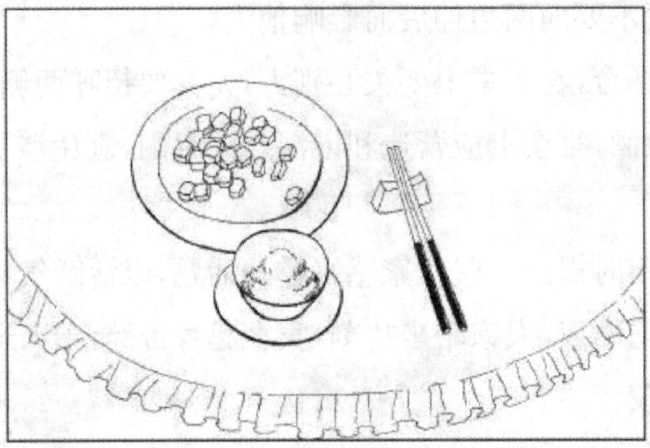

图 6-11

(5)在使用筷子时，忌舔筷、叉筷、扔筷、舞筷等。如果暂不使用，应平稳放在筷架上。用餐时应注意吃相：不可摇头晃脑，宽衣解带；说话尽可能降低声调；在取食菜肴时，要稳、准、快，不要挑三拣四；多人就餐时，要注意避让他人等。

在筷子的使用中，筷子的"姿势"也有很多考究。例如，放在桌上时忌交叉十字，特别是与北京人一同吃饭时，这种做法被认为是不尊重。在使用筷子时不应将一端含在嘴里来回嘬，这是一种无礼的行为，易使宾客生厌。在用筷子时不要用大拇指和中指捏住筷子，食指伸出。这在北京人眼中是"骂街"的意思，在进餐或是交谈中用筷子这样指人，有不尊重和鄙视之意。不应把筷子插进饭中，根据中国传统礼仪，此做法有不敬之意，意在给面对的宾客“上香”。

2. 进餐礼仪

(1)进餐前避免清嗓子、打响指、打哈欠、卷衣挽袖等动作。坐的姿势要端正，女士双腿应并拢，男士自然即可。双手不可靠在桌面或邻座的椅背上，更不要弯腰驼背用餐，显得没有精神。

(2)进餐时电话要转身接听。如果通话时间长，要离开餐桌。不利于桌上气氛的物品(如手机、钱包等)，不可放在桌上妨碍他人用餐，应放进手提包内，再将手提包放在背部与椅背间，而不是放在餐桌上或地上。

(3)进餐时一般请主宾先取食。若需使用公筷或母匙的菜，应先用公筷将菜肴夹到自己的盘中，然后再用自己的筷子慢慢食用。取食时，一般按顺时针方向转动转盘。尽量取位于自己面前的菜，有的菜肴较远，不要起身夹菜。取菜时不要左翻右拣。夹菜一次不宜过多，也不要把夹起的菜再放回菜盘中，又伸筷夹另一道菜，这是非常不礼貌的动作。同桌如有外宾，不用反复劝菜，也不要为其夹菜，因为外宾没有这个习惯。

(4)进餐时碗盘器皿不可拿在手上，应用筷子取一口大小的食物送至口中，不可一次把过多的食物塞入口里。骨、刺要吐出时，应用餐巾或以右手遮口，隐秘地吐在左手掌中，再轻置于骨盘中，不可抛弃在桌面或地上。有骨或壳的食物，应避免用手剥咬，可用筷子或汤匙取食。很烫的食物，不可用嘴吹冷匆忙送入口中，应等稍凉后再取食。

(5)进餐时一定要闭嘴咀嚼，细嚼慢咽。这不仅有利于消化，也是餐桌上的礼仪要求。绝不能张开大嘴，大块往嘴里塞，狼吞虎咽。在咀嚼饭菜时，嘴里不要发出“叭叭”“呱唧呱唧”的声音。

(6)进餐完毕后，必须等男女主人开始送客后才能离座。客人未离开前，绝对不可大声喧哗或批评客人。送客时，应该提醒其所携带或是寄存的物品，并且鞠躬致意，尽量等客人完全离开视线后再返回座位。餐后不宜当着客人面结账，也不宜拉拉扯扯抢着付账。如真要抢着付账，应找适当时机悄悄地去结账。

(三)祝酒礼仪

敬酒也就是祝酒，是指在正式宴会上，由男主人向来宾提议，因某个事由而饮酒。在饮酒时，通常要讲一些祝愿、祝福类的话，主人和主宾甚至还要发表专门的祝酒词。祝酒词内容越短越好。敬酒可以随时在饮酒的过程中进行。要是致正式祝酒词，就应在特定的时间进行，并不能因此影响来宾的用餐。祝酒词适合在宾主入座后、用餐前开始，也可以在吃过主菜后、甜品上桌前进行。在祝酒、敬酒时干杯，需要有人提议，可以是主人、主宾，也可以是在场的其他人。提议干杯时，应起身站立，右手端起酒杯，或者用右手拿起酒杯后，再以左手托扶杯底，面带微笑，目视祝酒对象，同时说着祝福的话。有人提议干杯后，要手拿酒杯起身站立。即使滴酒不沾，也要拿起杯子做做样子。将酒杯举到眼睛高度，说完“干杯”后将酒一饮而尽或喝适量。然后，还要手拿酒杯与提议者对视一下，这个过程就算结束。

酒是中国人工作生活中在所难免的，喝酒也被认为是沟通感情的好办法。但中国人热情好客，喝酒也容易喝多，造成身体上的伤害。为了减少这方面造成的不利影响，在喝酒前应有适当的“准备”，这样无论感情、事业还是身体都可做到万无一失。

喝酒前可以适当喝点牛奶，因为牛奶中的蛋白质具有保护胃粘膜的作用，可以减少酒精对胃造成的刺激。如果餐前没有牛奶的话，可以适当吃点高蛋白的食物，如猪肉等。若要在喝酒前喝牛奶，一般提前30～60分钟为宜。

干杯前，可以象征性地和对方碰一下酒杯；碰杯的时候，应该让自己的酒杯低于对方的酒杯，表示你对对方的尊敬。用酒杯杯底轻碰桌面，也可以表示和对方碰杯。当你离对方较远时，完全可以用这种方式代劳。主人亲自敬酒后，要回敬主人，和他再干一杯。一般情况下，敬酒应以年龄大小、职位高低、宾主身份为先后顺序，一定要充分考虑好敬酒的顺序，分明主次。即使和不熟悉的人在一起喝酒，也要先打听一下身份或是留意别人对他的称号，避免出现尴尬或伤感情。如果你有求于席上的某位客人，对他自然要倍加恭敬。如果在场有更高身份或年长的人，也要先给尊长者敬酒，不然会使大家难为情。

如果因为生活习惯或健康等原因不适合饮酒，也可以委托亲友、部下、晚辈代喝或者以饮料、茶水代替。作为敬酒人，应充分体谅对方，在对方请人代酒或用饮料代替时，不要非让对方喝酒不可，也不应该好奇地“打破砂锅问到底”。要知道，别人没主动说明原因，就表示对方认为这是他的隐私。

小知识　　饭桌上的解酒小窍门

一般在喝酒前吃点高蛋白会比较好，如吃两个鸡蛋，喝点牛奶、豆浆等。如果在酒桌上感觉不适，应做到以下几点：

1. 适当吃肉类和油脂，可以帮助调整好身体的部分功能，使胃因为油脂而蒙上薄薄的一层保护膜，防止酒精渗透胃壁。

2. 看见鸡蛋、皮蛋等菜端上来，赶紧吃。

3. 多以豆腐类菜肴做下酒菜。因为豆腐中的半胱氨酸是一种主要的氨基酸，它能解乙醛毒，食后能使之迅速排出。或者，要一杯豆奶垫垫肚子也好。

4. 水果如果端上桌，只管吃。

5. 喝多了的较好办法就是偷偷去洗手间吐。吐了以后用冷水洗个脸就好了。

6. 葱和浇上酸牛奶以及酸奶油的醋鱼可做下酒菜。

7. 柑橘及其汁也可当醒酒物。

8. 在喝酒时要尽量吃一些维生素或蛋白质多的食物，尽量不要食用香肠、腊肉、咸鱼等。因为这类食物含有较多的色素和亚硝酸，易与酒精产生反应，损坏口腔与食道黏膜，甚至诱发癌症。

小知识　　　　　　　　　　喝酒误区

1. 喝酒红脸的人不易醉

“喝酒脸红的人不容易醉”，这句话常在宴席上被用作劝酒的理由。事实上，醉酒和脸色并无多大关系。

一些人认为喝了酒面红如关公是好事，认为这代表血液循环好，能迅速将酒精分解掉，因此不容易醉。但专家指出，酒量和脸色没有太大关系，因人而异。事实上，导致很多人认为喝酒脸红的人不容易醉的原因其实是，“红脸”的人大家一般少劝酒，因此喝得少，加上酒后发困，睡上15～30分钟又精神抖擞了，而“白脸”的则往往不知自己的底线，在高度兴奋中饮酒过量。

2. 感情深，一口闷

有些人喜欢喝快酒，动不动就劝大家“感情深，一口闷”。其实，喝酒的速度宜慢不宜快，饮酒快则血中乙醇浓度升高得也快，很快就会出现醉酒状态。若慢慢喝，体内有充分的时间把乙醇分解掉，乙醇的产生量就少，不易喝醉。

(四)餐桌话题

酒桌上尽量谈论一些大部分人能参与的话题，因为个人的兴趣爱好、知识面不同，所以话题尽量不宜太偏，其他人才有参与的积极性，如天气、旅游观光、风土人情、文艺演出、流行时尚、文学、艺术、历史、经济等，工作以及时事新闻在中国餐桌上也是不避讳的。如果客人并不是特别熟，为了避免冷场，首先不要去说些客人听不懂的生僻事情或者特别专业的问题，或者找大家共同的兴趣爱好一起探讨。另外，在餐桌上赞扬别人也不失为一种好策略。在餐桌上积极、主动一点，不仅能收获友谊和赞赏，也许会成为你人生的转折点。

在酒桌上也要注意一些话题，例如关于疾病、污染等影响宾客食欲的话题或者讨论别人的遭遇，会让宾客觉得既乏味又无聊。说话时要谦虚，不要过分夸大自己。不要谈论宾客的隐私问题，这是对客人的不尊重。

第二节　西式宴请礼仪

西方的餐馆有很多种，如自助餐厅、咖啡店、熟食店、快餐店等。

这里主要介绍正式宴请的流程及礼仪。东西方文化具有很大的差异，在与外国宾客交往时，不能全部延用中式宴请的礼仪，否则会事倍功半。

一、请柬

西方国家重视宴请前的准备工作。西方人请客一般有正式的请柬或是邀请函。好的接待工作从请柬的设计开始。西式请柬多半是白色、单面印制,字体简单扼要。无论是字体或格式,请柬的设计以大方得体为原则,而且需提前一周将请帖送达,并需确认客人的口味。西方人的传统并不像中国人,如果食物不符合客人的胃口,宾客可以直接说出来。中国人含蓄、内敛,即使饭菜不符合自己的口味,也会尊重主办人,不会直接说出。宴请外国人时如果对方说出自己并不喜欢某个食物,你也不要生气,这并不代表外国客人不尊重主办人,只是国外的一种直接表达方法。

西式请柬的左下角通常写着 R.S.V.P.字样,附有电话号码和人名,这表示客人接到请柬后最好依照上面标注的电话给予回复,以便主人确认赴宴人数并提前做好准备。在请柬的右下角则有简单的 Dress Code,表示餐宴应该穿哪种衣服才不会失礼。要想穿着得体,赴宴前需了解此次宴请的性质和规格。西餐宴请的服装是依照本次餐宴的规格而定的。通常的选择有:

Formal (正式) ——男士穿燕尾服或晚礼服,女士穿晚礼服或国服。

Informal (非正式) ——男士穿西服,女士穿膝盖以下的礼服。

Casual Elegant (正式休闲) ——男士穿非正式休闲西服,女士穿过膝盖的套装或礼服。

二、宴会礼仪种类

一般西式宴请的形式很多,客人一定要注意它们的名称和活动方式,提前做好准备。

(一)晚宴

国际晚宴通常在晚上 7:00~8:00 点开始,有时迟至 9:00 才开始。晚宴最初的一小时通常是鸡尾酒会,用意是让宾客暖场、相互介绍,特别是认识与你同桌的异性朋友。在晚宴席次安排上,中国文化以左为尊,但国际规范以右为尊,离主人右侧越近的人身份越高;在中国,男主人坐主位,女主人坐在他身边,国际宴会则依照西方习惯,女主人坐主位,男主人坐在她对面,男女宾客也是成双坐在彼此对面。

晚宴一般较为正式,依其正式程度又可分为正式、半正式与非正式三种。赴宴者应依宴会正式的程度注意自己的言行举止与衣着。通常,官方、商业的正式晚宴必须盛装赴宴,餐具的安排及取用也比较繁复,而家庭晚宴则以半正式或非正式为多。在晚宴过程中敬酒只能找自己身边的人。另外,晚宴举行较晚,持续时间比较长,不习惯晚睡的人要有心理准备。

(二)午宴

西方人的午宴有时不上汤,不上烈性酒。午宴较随便、亲切,用于日常友好往来。午宴对餐宴礼仪及赴宴者的穿着要求并不严格,身着便服即可。

(三)室外宴会

室外宴会有室外举行的野餐(Picnic)及烤肉(Barbecue)等。其中,野餐是一种户外休闲活动。最初的野餐开始于18世纪的欧洲，当时是一种比较正式的皇家社交活动。这类宴会与季节密切相关。今天，野餐作为一种健康、自然的生活方式，在发达国家较为普遍。春夏之季，美国人喜爱各式户外活动，所以宴客也偏好在户外举行。这类宴会最为轻松，没有繁文缛节的拘束，也没有服饰妥当与否的烦虑。轻松自在的心情是参加宴会最主要的要求，切忌太过正式或华丽的衣服，以免在轻松随意的场合中显得突兀。大部分野餐的地点会选择在远离喧嚣的郊外、海边、公园等。这里风景秀丽，会有很好的气氛。

（四）鸡尾酒会（Reception）

鸡尾酒是以朗姆酒（Rum）、琴酒（Gin）、龙舌兰（Tequila）、伏特加（Vodka）、威士忌（Whisky）等烈酒或是葡萄酒作为基酒，再配以果汁、蛋清、苦精（Bitters）、牛奶、咖啡、可可糖等辅料，加以搅拌或摇晃而成的一种饮料。用不同的基酒和不同的配料调和而成的鸡尾酒具有不同的口味、不同的色彩，给人以热情洋溢的感觉，深受西方人士喜爱。

鸡尾酒会就是邀请宾客品尝鸡尾酒的盛会，意在促进宾客之间的交流。这种酒会常见于大型学术讨论会或重要演讲后，其目的是主办单位向参会者或演讲人表示欢迎，属于轻松、非正式的宴会。酒会上常备的食物有奶酪夹饼干、肉球（Meatballs）或蔬菜蘸酱。参加鸡尾酒会不应太早到或太晚到。进餐时，一般左手拿饮料，并注意保持手的清洁与暖度。与人交流时不要东张西望，和贵宾谈话不可占用太长的时间，不能影响他人与贵宾谈话的机会。如果主人开始收起吧台，代表酒会已结束应告辞了。

（五）男士晚宴

这类宴会多在男士俱乐部或餐厅举行，偶有于家中举行，多为庆祝某特殊事件而办，如为某人饯行或庆祝某人告别单身生活所举办的宴会。此晚宴仅邀请男士，女士通常不在受邀之列。所以，尽管是女主人也不可出席该晚宴。

男士晚宴中，男士们的着装是非常重要的。按照西方人的传统，服装大致分为便服和礼服，在正式场合需要穿礼服，一般场合穿便装即可。男子礼服有以下三种形式：

1. 晨礼服

一般上装为深灰色或黑色，后摆为园尾型、尖翻领、黑条子裤。晨礼服具有贵族气质，一般在特别正式的场合（如参加晚会、婚礼、葬礼等）穿着。

2. 晚礼服

通常是单排扣，裤子与上衣配套，裤脚不反折，两条裤腿的外侧从上到下镶有一条颜色相同的缎子，黑领结，宽腰带外加一件马甲。服饰颜色一般为黑色，如果天气较热还可用白色。这种衣服一般用于参加晚上六点以后举行的宴会、音乐会、剧院演出等。

3. 燕尾服

一般为黑色或是深蓝色带锻料贴面领子的上装，前面长及腰间，后面剪成燕尾的样子。燕尾服长及膝盖。下装为黑色或深色配有缎带的长裤，配黑色马甲，系白色领结。燕尾服一般在大型晚宴、舞会、官方或外交集会上使用。

(六)女士茶会

传统的茶会(Tea party)专限女士参加,多半是三五好友于午后相聚,闲话家常。通常气氛轻松,穿着以便服为主。若专为某人而办或庆祝某个特殊事件时,则属正式茶会,必须着正装。有一点需注意,国外宴会下午 5:00 以后才供应含酒精饮料。

女士与男士不同,女士衣装的种类、样式很多。在正式场合,女士要依照请帖的规定。如果注明正式服装,就要以长裙为主。如果是非正式服装,则可以穿裙长到小腿中间的小礼服,而正式的长裙则需及地。

女士正装主要包括晚礼服和晚宴服。晚礼服通常指在晚宴中穿着的正式礼服。在西方看歌剧、听音乐会时,观众会被要求盛装出席,这是国际礼仪,也是对艺术、对他人的尊重。而晚礼服的款式众多,通常以华贵型为主。在西方,晚宴服指的是晚上 5:00 以后穿着的社交服装。西方人重视社交,在各式的宴会场合以晚宴较为正式。通常正式的晚宴在高档饭店举行,也有人在自家举办家庭晚宴。如果是在饭店举办的晚宴,以正式礼服为主,裙长要盖过脚踝;如果是家宴,则可着裙长到小腿中央的小礼服参加。但无论如何,牛仔裤、T 恤、球鞋等都是不适合晚宴场合的。这些是女士外出、购物时穿着的简便服。简便服会因目的的不同,选择的服装款式也会不一样,不过简便绝不等于“随便”。虽然款式可以自由选择,也不是随便穿着短裤、拖鞋就能出门的。女士的简便服包括裙子、裤子、T 恤、牛仔裤、针织衫等,毛衣则是冬季女性便服的首选。

三、西式宴请程序

(一)到达时间

西式宴请中宾客不宜早到更不宜晚到,应尽量准点到达。西式宴请到达时间一般在提前 15 分钟以内或者迟到 5 分钟以内都算做合理区间。

(二)座席布置

1. 西式长条桌的桌次安排

西式长条桌的桌次安排,如图 6—12 所示。

2. 西式长条桌的座次安排

西式长条桌的座次安排,如图 6—13 所示。

(三)迎宾入席

西式宴请前,主人同女主人或是陪同人员早到达活动现场准备接待宾客。宾客来临时,主人会将进门的客人向已经抵达的贵宾逐一介绍。介绍的顺序是先女后男、先长后幼、先尊后卑。西式宴客通常来宾都是成双成对,如果您是单身一人,最好找个伴儿一起去比较合适。入席的顺序首先是主人夫妇与主宾夫妇,然后是其他宾客以及陪客人员。当长辈、女性入座时,晚辈、男性应走上前去将他们的桌椅稍向后撤,待他们坐下时再轻轻将椅子向前推一点。

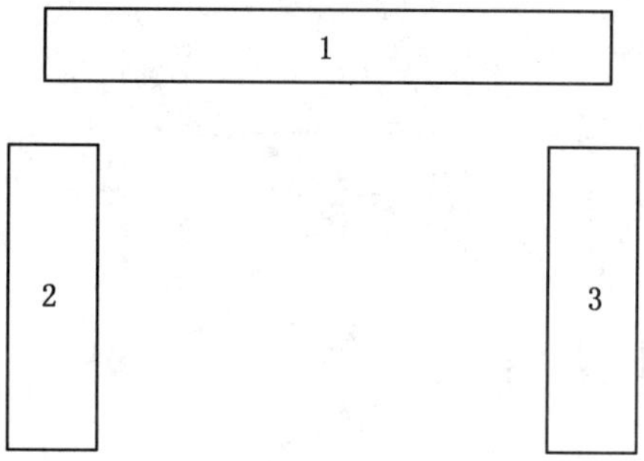

三张餐桌

图 6—12

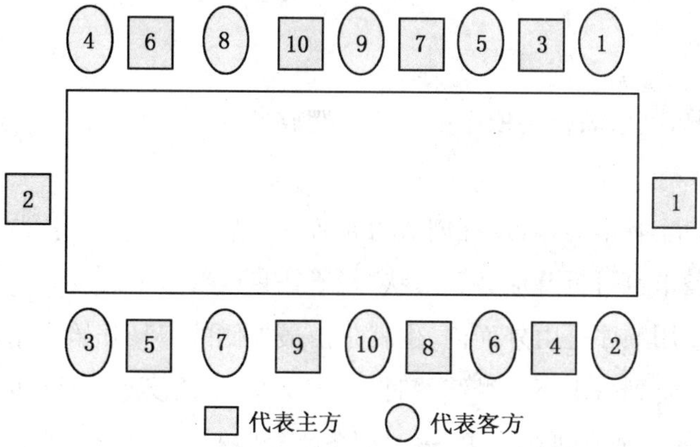

图 6—13

(四)西式餐具的使用

西式餐具的使用，如图 6—14 所示。

1. 刀与叉

刀叉，是餐刀、餐叉两种餐具的统称。放置的通则是依上菜次序由外往内，奶油刀应水平横放在奶油碟上，刀刃朝内。叉的种类有食用叉、肉叉、鱼叉、龙虾叉等，叉口朝上放置。

2. 匙

匙有汤匙、甜品匙、茶匙等。甜点的餐具可摆在席位最前端，在最接近盘缘的地方摆叉子，叉尖朝右，再放汤匙，匙凹向左。有时餐桌上并不放置甜点餐具，而是由服务生连盘带甜点叉匙端上。

3. 碟和瓶罐

奶油碟应放在叉子前方，每个碟内可先放一两块奶油。盐和胡椒罐如果数量够，会放置在席位前方或侧边；如果数量不够，则会放在两席间（两人共享一组），或放置在距桌中央较近的地方（四人共享一组）。如果只有两组就放置在桌子两端，由宾客互相传递使用。

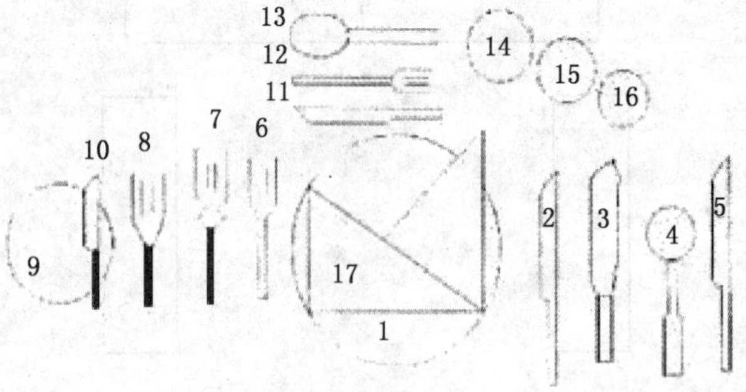

1—装饰盘 2—餐刀 3—鱼刀 4—汤匙 5—头盆刀 6—餐叉 7—鱼叉 8—头盆叉 9—面包盘 10—奶油刀 11—水果刀 12—甜品叉 13—甜品匙 14—水杯 15—红酒杯 16白酒杯 17—餐巾

图6－14

4. 玻璃杯

水杯在最内侧,其余酒杯则依序由外往内摆放。

5. 桌面饰布

包括桌巾、餐垫、餐巾等,可发挥创造力布置一个特别的桌面,定能让宴会增色不少,增加浪漫气氛。餐巾也可折叠成各种形状,置于托盘或餐垫上。

西餐餐具的使用顺序是由外而内,也就是由最外侧的刀叉开始使用,用到最内的一副刀叉为主食结束。吃到一半还要继续的时候,刀叉呈八字形放在餐盘内。如果吃完不准备继续,要把刀叉平行放在盘内右侧,这时服务生会收起。

(五)西餐的上菜顺序

1. 前菜

前菜又称开胃菜,是在正式餐食前为增进食欲供应的小菜。前菜通常带有地方色彩,以时令菜为主。

2. 汤

西餐中,汤是一道菜色,而不是饮料。西餐汤匙的使用多采用英式的由内往外(由外往内为法式),汤匙横拿,略倾斜前端靠近嘴边喝汤。当汤喝得差不多时,应用左手轻轻地将近身的汤碟边提起,再由里向外用汤匙盛汤,并注意不可发出汤匙和盘子摩擦的声音。

3. 主食

主食又称中间菜,基本菜色包括牛肉、羊肉、猪肉、各种家禽、蛋类和鱼贝类。在进餐时应注意:肉类料理咀嚼时要注意将嘴巴合起来,避免发出声音,将口中食物吞下后再送新的食物入口。咀嚼食物时不要讲话,如有人表达想交谈之意,可用点头等肢体语言表示意会。待咽下食物,喝饮料漱口,并用餐巾擦拭后再对答。禽类(如鸡肉)的食用方法是用刀将胸脯及两腿间切为两块,正式的场合不可用手取食。意大利面及米饭料理大多当配菜使用,有时也会当主菜。

4. 附餐

西餐主要食物为三明治、肉类、沙拉、意大利面、甜点和水果等。

(1)在食用三明治时,大点的三明治吃前先切开。配卤汁吃的热三明治需要用刀和叉。拿面包和黄油,不要多拿。然后用手把面包掰成几小块,抹一块,吃一块。

(2)在食用肉类时应用刀、叉把肉切成一小块,不要用叉子把肉放嘴里。

(3)沙拉一般有沙拉叉。如果沙拉生菜较大,将大片的生菜叶用叉子切成小块;如果不好切,可以刀叉并用。一次只切一块,吃完再切。

(4)吃意大利面,要用叉子慢慢地卷起面条,每次卷四五根最方便。

(5)甜点一般是蛋糕类,直接用小叉子分割取食。较硬的甜点才需用刀切割,再用小叉子分割取食。小块的硬饼干,可以直接用手取用。冰淇淋、布丁及奶酪等甜点,可用小汤匙取食。

水果一般有梨、苹果、柿子、西瓜、柚子等。水果不可用手拿起来大口大口地咬,应切成多瓣后用刀去皮去核,然后用叉取食。多汁的水果用匙取食。西瓜不宜列入正式餐宴的菜单,因为籽太多,客人吃的时候必须不断吐籽,再用手将西瓜子放到盘子里,不太雅观,一般选用无籽西瓜。香蕉用手剥皮后,放置盘内,用刀叉切片取食。草莓通常放在小碟中,用匙或叉取食。新鲜菠萝可切去菠萝头尾两端及外皮,再将剩下的果肉分切成圆形的薄片,可用吃甜点的叉子和汤匙食用。

(六)祝酒

案例 6—5　　**能喝的后果**

孙建国是豪爽的北方人,酒量又大,最近被委任为公司副总,应酬自然就多了,喝酒更是常事。在与国内客商的合作中,他的这个特长被发挥得淋漓尽致,而且"酒醉事成"。

8月份,几位外商来考察合作事宜。在欢迎晚宴上他就充分利用自己的"特长",不停地劝酒,一会儿来一句"感情深一口闷",一会儿又来一句"饮酒不醉非君子",几位老外很快就"歇菜"了。

第二天一早,孙建国美美地准备好合同,就等外商大笔一挥了。但就在第二天上午,外商们竟然直接回国了。

资料来源:新晚报,2008年1月2日。

在西方,为了表示友好、活跃气氛,也相互敬酒或碰杯,敬酒时一般不要拒绝。西方的传统与中国的传统大不一样,不可将其合二为一,更不可灌酒,西方人认为这是失礼的表现。在对方敬酒时一定要热情,不胜酒力时也应与对方碰一下杯,然后只需做一个喝的动作。

进餐的不同过程中酒的类型也是不同的,一般餐前喝鸡尾酒、香槟酒、软料酒。佐餐酒有葡萄酒,而餐后则喝白兰地和葡萄酒。西方的酒水搭配比较考究,白酒一般使用专用的小瓷杯、玻璃杯，啤酒使用专门的啤酒杯，葡萄酒则用专门的高脚杯，香槟酒用郁金香型或浅蝶型高脚杯，白兰地用大肚、收口的矮脚杯，威士忌用平底玻璃杯，鸡尾酒用高脚光口玻璃杯，如图6－15所示。

西餐杯具

❶香槟杯：杯体较深，杯口较窄，酒的气泡不易很快散掉。
❷红葡萄酒杯：主要用于盛放红葡萄酒和用其做成的鸡尾酒。
❸白葡萄酒杯：比红葡萄酒杯略小些，主要用于盛白葡萄酒和用其制造的鸡尾酒。
❹白兰地杯：大肚、收口、矮脚杯，用来盛白兰地。
❺威士忌杯：多用于盛加冰块的烈性酒和古典鸡尾酒。
❻啤酒杯：用来盛载啤酒。
❼鸡尾酒杯：鸡尾酒专用杯。
❽水杯：可盛放水、果汁或其他软饮料。

图6－15

西方宴会一般会有祝词，由主人致辞。致祝酒词最适合在宾主入席后、用餐前开始，内容越短越好，忌长篇大论，随后由客人致答谢词。在此期间服务人员要停止一切活动，参加宴会的人均暂停饮食，专心聆听，以示尊重。致辞毕则祝酒，故在致辞行将结束时，服务人员要迅速把酒添足，供主人和主宾等祝酒用。在斟酒的过程中要面面俱到，一视同仁。长者、嘉宾优先。干杯时，应起身站立，右手端起酒杯至双眼高度，口道“干杯”(Cheers)，一饮而尽或饮去一半。

小知识 **西方的饮酒规则**

白酒配白肉，红酒配红肉。先红后白，先浅后深，先淡后浓，先酸后甜。

四、宴会中的交流

(一)宴会中的交流话题

宴请外宾时，有些话题是不适合在餐桌上提到的。如果只低头吃饭一言不发，气氛一定很僵。面对不同背景、年龄、性格、嗜好的客人，到底要聊些什么才适合呢？

1. 天气

外国人习惯每天相遇时由天气展开话题，特别是英国人和澳洲人。

2. 新闻事件

新闻事件天天有，在餐桌上谈论新闻事件是大家乐此不疲的事情。女士们比较喜欢谈论社会新闻、文艺活动等，男士们则比较喜欢谈论经济、政治和体育方面的新闻。

3. 家庭成员

外国人的家庭成员往往比较复杂，很多人初次见面时会把自己随身带的照片拿出来，向临座介绍家庭成员，包括家庭成员的背景、年龄和职业等。

4. 运动

外国人很喜欢谈运动，但每个国家的喜好不一样。欧洲人喜欢谈网球和足球，美国人喜欢谈橄榄球、美式足球。谈运动也不一定是男士的专利，女性喜欢谈健身、塑身与养生。

5. 书籍

西方人喜欢聊天时谈谈近期的畅销书。这里的书不一定是管理类的书籍，也可能是知名度很高的作家最近发表的作品。这是不错的交谈话题。

6. 旅行

旅行无疑是个很好的话题。旅途中的见闻趣事会让去过的人产生共鸣，让没有去过的人感到好奇。这些良性的知识会让大家觉得你见多识广。

7. 美食

中国人崇尚美食，西方人也一样，所以在餐桌上谈美食再自然不过了。介绍每道菜的做法和来源，说明美食的背景和名称都有很大的学问。

西方的餐宴上往往男宾女宾交叉入座，餐前有一两个小时供彼此聊天、介绍和认识，随后进入餐叙。在餐后还将男女分开，分别谈论各自感兴趣的话题。

(二)宴会中应避免的话题

1. 敏感的政治话题

西方人认为政治是个人的信仰，看法可能互异，所以见仁见智。在餐桌上，谈论此类话题可能因为相互的歧见而引起无谓的辩论和争执。

2. 宗教

与政治相同，宗教也具有各种派别，不适合在餐桌融洽的气氛中当作话题。在食物选择上，主人要提前考虑宗教因素。

3. 敏感的历史事件

这一部分与前面所说的政治有雷同之处。即使十分好奇，也不要轻易谈起这种容易引起争论的话题。

4. 女士的年龄

有的人的年龄不大容易判断，特别是不同种族和国家的人。即使很想知道女宾的年龄，也不能在餐桌或社交场合中公开询问。

第三节 其他宴请礼仪

一、招待会礼仪

(一)招待会的概念和分类

招待会是指各种不备正餐，一般备有食品和酒水，通常不排固定席位，可以自由活动的聚会。常见的有冷餐会、酒会。

1. 冷餐会

这种宴请的特点是不排席位，菜肴以冷食为主，也可用热菜，连同餐具摆放在餐桌上，供客人自取。客人可自由活动，可以多次取食。酒水可摆放在餐桌上，也可由服务员端送。冷餐会适宜招待人数众多的宾客。

冷餐会最具有代表性的是自助餐会。它是非正式的西式宴请，起源于北欧，早在20世纪30年代传入我国，80年代逐渐进入我国餐饮市场。自助餐会与正式宴会相比，显著特点是免排座次、就餐者各取所需。就餐时可坐、可站，也可走动，自己选择餐位、餐件，方便交际、应酬。对经办者来说，可以节省许多人力、物力。对就餐者来说，自己动手、自我服务、想吃什么就取什么，更适合自己的口味，可以避免不想吃、不敢吃某些食品的尴尬，也省去了正襟危坐、让人感到拘束的礼节。

自助餐虽然比正规西餐自由些，可也有自己的规矩。取菜的顺序一般是冷菜、汤、热菜、甜点、水果、冰淇淋。如果人多，要排队取菜。一次取菜不可太多，可多取几次。取到盘中的菜应当吃完，忌一次取得过多，最后剩下。

小知识 **西式自助餐会礼仪**

礼仪顾问马莉女士为不熟悉自助西餐礼仪的准白领指出了四大容易出问题的细节：

入座：应从椅子的右侧入座。

取食：取食的顺序一般是冷菜、汤、热菜、甜点、水果、冰淇淋。取食时不要谈话，以免污染食物。

餐巾：离座取食时，可将餐巾放到椅座上。用餐完毕，将餐巾放到盘子的左边。

刀叉：暂停用餐时，可将刀叉相对着斜放在盘子的左右两边，服务员就不会撤走盘子。吃完一盘后，应将刀叉平行竖放盘中，服务员会主动收去。

2. 酒会

酒会又称鸡尾酒会。这种形式较为活泼，便于广泛接触。招待品以酒水为主，略备小吃、菜点。不设座椅,仅置小桌或茶几,以便出席者随意走动。酒会举行的时间比较灵活,中午、下午、晚上均可。请柬上通常注明酒会起止时间,客人可在此间任何时候入席、退席,来去自由,不受约束。酒会上不一定都用鸡尾酒。通常用的酒类品种较多,并配以各种果汁,不用或少用烈性酒。食品多为三明治、面包、小香肠、炸春卷等各种小吃,以牙签取食。饮料和食品由招待员用托盘端送,或部分放置小桌上。

(二)约请礼仪

1. 口头约请和书面约请

(1)口头约请。当面或打电话将活动的目的、名义、邀请的范围、时间、地点及有无附加要求清楚地告诉对方。

(2)书面约请。书面约请分为发请柬与发便函两种。既表示对客人的尊重,也表明邀请者的诚意和郑重态度。

2. 约请应做的工作

(1)确定活动目的、名义、邀请范围,注意被邀请人同主宾是否有矛盾,被邀请者的名字要准确,甚至婚否也不要弄错。

(2)确定时间、地点。时间、地点的选择要注意对方的禁忌、习俗与信仰等。

(3)如果是宴请活动,应注意客人的用食禁忌,布置好会场。

(4)安排座次。

(5)应于活动之前在门口安排人迎接客人,在结束时送别客人。

3. 应邀做客应注意的事项

(1)核对时间、地点。

(2)核实邀请范围,是否可携带夫人、子女,对服装有何要求。

(3)观看活动目的,有无特殊含义(如节日、生日等),是否需要准备鲜花礼品,是否需要祝贺或慰问。

(4)准时赴约。到现场后,主动与在门口接待的东道主或工作人员打招呼。

(5)入座或入席前看准自己的座次。不是主宾,千万不要坐到主宾位置上。

(6)有些需要自费的聚会,应带钱前往,以免届时难堪。

(7)活动结束时同主人告别,也应与周围的人握手告别,不要径自离开。

二、茶会礼仪

茶话会取意"茶之大道,和合天下"。它既属于宴请的一种形式,又属于会议的一种。茶会的形式多种多样,有品茶会、茶话会、音乐茶座等。这里主要介绍茶话会礼仪。

茶话会通常设在客厅,不用餐厅。厅内设茶几、座椅,不排席位。如果是为某贵宾举行的活动,可有意识地将主宾同主人安排坐到一起,其他人随意就座。茶会顾名思义是请客人品茶,因此茶叶、茶具的选择要有讲究,或具有地方特色。一般用陶瓷器皿,不用玻璃杯，也不用热水瓶代替茶壶。外国人一般用红茶，略备点心和地方风味小吃。亦有不用茶而用咖啡者，其组织安排与茶会相同。在诸多商务性会议中，茶话会的社交色彩最为浓重，商务色彩最为淡薄。

(一)准备工作

1. 确定主题

茶话会的主题分为联谊、娱乐和专题三种，还有一些是为某些特定目的而举行。以联谊为主题的茶话会最为常见。以娱乐为主题的茶话会，是以文娱节目为主要内容，目的在于活跃气氛，以现场的自由参加与即兴表演为主。专题茶话会，是在某个特定的时刻或为某些专门问题而召开的茶话会，目的在于听取某些专业人士的见解，或是和某些与本单位有特定关系的人士进行对话。

2. 确定参与者

邀请哪些方面的人士参加茶话会，往往与主题存在直接关系。因此，主办单位必须围绕其主题邀请来宾，尤其是确定好主要的与会者。茶话会的主要参与者有以下几类：

(1)主办单位内部人士及顾问。以本单位人士为主要与会者的茶话会，主要是邀请本单位各方面的代表参加，意在沟通信息、听取建议、嘉勉先进、总结工作。这类茶话会也可邀请本单位的全体员工或某一部门、某一阶层的人士参加，所以也称为内部茶话会。以本单位的顾问为主要与会者的茶话会，意在表达对有助于本单位的各位专家、学者的敬意。

(2)社会上的有识之士。他们不仅在社会上具有一定的影响力、号召力和威望，而且往往是某一方面的代言人。以社会贤达为主要与会者的茶话会，可与其直接进行交流，加深对方对本单位的了解与好感，并倾听社会各界对本单位的意见或反映。

(3)合作伙伴。以合作伙伴为主要参加人员的茶话会亦称联谊会。该类茶话会重在向与会者表达谢意，加深彼此之间的理解和信任。

3. 时间与地点

根据国际惯例，举行茶话会最佳的时间是上午十点或下午四点左右，以1～2个小时为宜。在具体操作时，主要以与会者方便与否及当地人的生活习惯为准。

在选择举行茶话会的具体地点时，需同时考虑与会人数、支出费用、周边环境、交通安全、服务质量、档次名声等问题。一般情况下，适宜举行茶话会的场地有主办单位的会议厅、宾馆的多功能厅、主办单位负责人的私家庭院或露天花园，以及高档的营业性茶楼或茶室等。餐厅、歌厅、酒吧等场所通常不宜举办茶话会。

4. 安排座次

在安排与会者的具体座次时，必须和茶话会的主题相适应。茶话会座次一般采取环绕式、散座式和圆桌式。

(1)环绕式指不设立主席台，把座椅、沙发、茶几摆放在会场的四周，不明确座次的具体尊卑，而听任与会者自由就座。这一方式与茶话会的主题最相符，也最流行。

(2)散座式即散座式排位，常见于在室外举行的茶话会。它的座椅、沙发、茶几自由组合，甚至可由与会者根据个人需求而随意安置。这容易创造出一种宽松、惬意的商务交往环境。

(3)圆桌式即圆桌式排位，仅在会场中央安放一张大型的椭圆形会议桌，而请全体与会者在周围就座，适合人数较少时使用。人多时，还可以在会场上安放数张圆桌，请与会者自由组合。

5. 准备茶点

(1)茶叶和茶具方面

对于用以待客的茶叶与茶具，务必精心准备。在准备茶叶方面，应备有红茶、绿茶、花茶等品种，以照顾与会者的不同口味。对中国人来说，绿茶老少皆宜；而对欧美人而言，红茶则更受欢迎。在力所能及的情况下，应挑选上等茶。在选择茶具时，最好选用陶瓷器皿，并且讲究茶杯、茶碗、茶壶成套。所有的茶具一定要清洗干净，并且完整无损。

小知识　　**中国十大名茶**

中国十大名茶由1959年全国“十大名茶”评比会所评选。评选依据主要是独特的风格，主要表现在茶叶的色、香、味、形四个方面。杭州的西湖龙井茶向以“色绿、香郁、味醇、形美”四绝著称于世。

1. 西湖龙井
2. 洞庭碧螺春
3. 黄山毛峰
4. 庐山云雾
5. 六安瓜片
6. 君山银针
7. 信阳毛尖
8. 武夷岩茶
9. 安溪铁观音
10. 祁门红茶

(2)点心和水果

除主要供应茶水外，在茶话会上还可以准备一些瓜子、点心、水果、糖果或地方风味小吃。需要注意的是，在茶话会上向与会者所供应的点心、水果或地方风味小吃，品种要对路，数量要充足，并便于取食。为此，还需准备擦手纸巾。按惯例，在茶话会举行之后，主办单位一般不再为与会者准备正餐。

(二)茶话会的基本程序

1. 宣布开始

待宾客坐下后，主持人首先致辞，欢迎应邀者的光临，并且说明本次茶话会的目的。

2. 负责人讲话

主办单位负责人的讲话应以阐明这次茶话会的主题为中心内容，还可以代表主办单位对全体与会者表示欢迎和感谢，并且恳请大家今后一如既往地给予本单位更多的理解和更大的支持。

3. 与会者发言

与会者发言在任何情况下都是茶话会的重心。为了确保与会者在发言时直言不讳、畅所欲言，主办单位通常事先不对发言者进行指定和排序，也不限制发言时间，而是提倡与会者进行即兴式的发言。一个人还可以多次发言，来不断补充、完善自己的见解、主张。在要求发言时，可以举手示意，但也要注意谦让，不要争抢；不管自己有什么意见，都不要打断别人的发言。肯定成绩时，要力戒阿谀奉承。

(三)饮茶中的相关礼仪

1. 奉茶

奉茶有奉上一杯茶以洗风尘之意，一般在客人就座后、开始洽谈工作之前。

2. 斟茶

斟茶不同于“满杯酒”的礼仪，斟茶一般遵循“半杯茶”。

(四)饮茶禁忌

1. 空腹忌饮茶

空腹饮茶能稀释胃液，降低消化功能，表现为心慌、头晕、头痛、乏力、站立不稳等。因茶中咖啡因含量较高，喝浓茶时会加速心率，很容易诱发急性心脏疾病。

2. 感冒忌喝茶

感冒尤其是发烧时不宜喝茶，因为茶叶中含有的咖啡因会加剧人的体温升高，同时降低药效。

3. 喝茶忌过量

饮茶忌过量特别针对胃病患者。磷酸二酯酶通常抑制胃内的胃酸分泌，但绿茶中的茶碱对此酶有抑制作用，使胃酸分泌增多，刺激胃壁的创面或溃疡面，引起疼痛，并影响溃疡的愈合。

4. 神经疾病患者忌饮茶

茶叶中一般含有咖啡因，有兴奋神经中枢的作用，所以神经疾病患者不宜饮茶。特别是神经衰弱的患者，会引起失眠、躁动等症状。

5. 孕妇及哺乳期女士忌饮茶

茶叶中含有的茶多酚、咖啡因等，对胎儿有不利影响，尤其对胎儿智力的正常发育有影响。哺乳期也不宜饮茶，因为茶多酚、咖啡因会进入乳汁，婴儿吸入后会对生长发育产生不利影响。

6. 凉茶的饮用禁忌

每逢夏天，凉茶因其具有的清热去火功能得到广大人民的认可。但以下人群则不宜喝凉茶：

(1)儿童

儿童的身体发育还没有完成，身体功能还不健全，对外来的凉性刺激不能有效吸收。凉茶中的药物成分会直接作用于脾胃的消化功能，使儿童出现腹痛、腹泻的不良反应。

(2)患有慢性肠胃炎、关节炎者

患有慢性肠炎、关节炎的病人平时就有怕冷、怕风、多汗等症状，饮用凉茶后不仅会加重，严重者还会伤及脾胃，甚至导致腹痛和腹泻。

(3)经期女性

女性月经期处于失血状态，抵抗力降低，此时若喝寒性的凉茶，极易导致气血受寒而凝滞、经血排出不畅，引发痛经，严重者可造成月经不调。经常痛经或月经不调的女性，即使不是在经期，也最好不饮或少饮凉茶。

三、工作餐

(一)工作餐的概念

工作餐一般指为上班职工提供的比较简单的饭菜，也指开会等公务活动所吃的饭菜。一般按用餐时间分为工作早餐、工作午餐、工作晚餐，是现代国际交往经常采用的一种非正式宴请形式(有时由参加者各自付费)。往往利用进餐时间，边吃边谈问题。此类活动一般只请与工作有关的人员，不请配偶。双方工作进餐往往排席位，尤以用长桌更便于谈话。如用长桌，其座位排法与会谈桌席位安排相仿。

工作餐仅求吃饱，而不刻意要求吃好。工作餐的菜肴不必过于丰盛，应以简单为好。出于卫生方面的考虑，最好采取“分餐制”；不习惯的话，代之以“公筷制”亦可。

(二)工作餐要注意的问题

1. 语言得体

在工作餐中不要等到大家都吃饱喝足了才开始正式交谈，那样时间往往不够用。因此，在点菜后、上菜前都可以开始正式交谈。

2. 注意细节并掌握结束信号

在一般情况下，宾主双方均可提议终止用餐。主人将餐巾放回餐桌上，或是吩咐侍者来结账。餐间，客人长时间默默无语，或者反复看表，都是在向对方发出“用餐可以到此结束”的信号。尤其是在客人需要“赶点”去忙别的事情或者宾主双方接下来还有其他事情要办时，主人应掌握好时间，使工作餐适时结束。

如果有事要离开，也要先和旁边的人打个招呼，可以说声“失陪了”“我有事先行一步”等。

本章小结

本章主要介绍了商务宴请的方式方法，包括前期准备工作、宴请时的接待技巧以及谈话技巧、餐具摆放、座位安排，接着介绍了西式宴请的习俗以及礼仪，最后介绍了茶话会、招待会、工作餐的礼仪。重点掌握中式宴请礼仪以及西方习俗。

复习题

1. 中式宴请的准备工作有哪些？
2. 中式宴请的谈话应避开哪些语言？
3. 西方人用餐时的习俗都有什么？
4. 中西方宴请礼仪有哪些不同？
5. 阐述茶话会的程序。

案例分析

去年4月10日，白伟去集贸市场收蒜苗。晚上10:00多，还不见白伟回来，她就觉得有些不对劲儿："因为平时这个时候，他都在家，即便不回家，也会打个电话"。

不放心的公公跑出去找了一圈没找着，第二天一大早，一家人又出去找。

离家有10里地的一家饭店老板告诉她，那天晚上，白伟和王飞在他的饭店喝酒，"两人喝了一斤60多度的白酒"。

从交警部门调查的结果来看，当天晚上10:40，已经醉酒的白伟独自开着机动三轮车，沿着中牟县万三公路，自北向南行至郑庵镇白庄村路口线杆处，撞到路面堆放的垃圾上翻车，继而与对向行驶的车辆发生交通事故，白伟当场死亡。

白伟的妻子说，白伟喜欢喝酒，但在家喝酒从来没有喝多过，"那天，要不是王飞一个劲儿地劝他酒，他根本不会喝成那样"。

思考：谈谈你对这一事件的看法？

第七章

商务办公礼仪

学习目的和要求

通过本章的学习,使学生了解在商务办公中的礼仪要求,在商务工作中能熟练、准确、自然地运用商务办公礼仪,提高业务能力。

案例 7—1　　不可触碰的办公室禁忌

徐凯刚刚大学毕业,进入一家私企,以他开朗的性格,很快就和公司里的同事打成一片。上司对他的印象也很好,打算让他锻炼一段时间后提拔他。一天,上司出差回来,刚进公司,看见办公室里的人都在紧张地开展手头上的工作,而徐凯却在一旁悠闲地聊着电话,电脑屏幕上还显示正在"厮杀"的游戏界面。这哪里是在工作?平时温和的上司看到这般场景顿时火冒三丈,想提拔徐凯的念头也被打消了。

思考:徐凯触犯了哪些办公室禁忌?

资料来源:夏志强:《一生要懂得的100个商务礼仪》,中国书店出版社2006年版。

第一节 办公室环境礼仪

一、办公室环境

办公室空间虽然有限，却是一个大的公众环境，是商务人员处理日常工作的重要场所。在这里，不但要与同事朝夕相处，还要经常接待客户。因此，掌握和应用好办公室礼仪，规范自己的一言一行，才能创造良好的办公和商务交往环境。

办公室既是公共场合，又是办公场所。如果在办公室创造并保持一个整洁、舒适的工作环境，容易使人产生积极的情绪，很快进入工作角色，效率就会提高；反之，容易使人情绪低落，工作效率也会随之降低。

办公室环境首先是一种无声的语言，向空间内的人传递出某种信息，可营造文明、友善、积极、奋进的氛围。办公室的合理布置和规划能使置身其中的人自觉提升职业素养，提高工作效率。因此，在日常工作中我们应注意以下几点：

1. 保持办公室环境干净、整洁，物品摆放井然有序

在通常情况下，办公桌上应当只摆放手头正在处理的与工作有关的资料，与工作无关的物品要一律清除。如果工作人员暂时离开座位，应将文件覆盖起来，保密的资料更应该注意随时收存。

2. 保护好办公设备

办公设备是公用的，私人的各种事务不要随意在公用设备上进行。虽然现代社会讲究自由，但是公私分明的原则不能丢。

小知识

1. 使用计算机的注意事项

不要在工作期间玩游戏；学会正确使用，如果不会使用可以请别人帮助；注意保养计算机，使用前可以将计算机杀毒；注意文件的保密，不偷看别人的文件。

办公室里的计算机桌面和屏幕保护图片应当以山水风景画为主，风格健康向上，不要使用与本人工作岗位和职业风格不符的图片。

2. 使用会议室的注意事项

保持会议室清洁。若桌面或者地面有污渍，离开会议室时应该随手以抹布或者吸尘器清理。使用会议室的文具或者其他用品完毕之后，应立刻归还原位。饮料纸杯等残留物应及时清理干净。个人的衣服等物件摆放到指定地方。下雨天，使用过的雨伞应该放置于会议室外的指定地点。

3. 使用复印机等的注意事项

要充分考虑他人的需要，不要霸占公用的传真机、复印机、打印机，并爱护这些设备。如果对这些设备不熟悉，则应当先阅读使用说明书或者向同事请教。千万不可随意乱用，或者粗暴地对待这些设备。

复印机是公司里使用频率较高的公共设备，容易和同事在使用时间上产生冲突。一般来说，应坚持先来后到的原则，但后来的人在复印数量少且比较急的情况下，可以让他先印。如果先来的人已经花费了不少时间做前期准备工作，后到的人理应等一会。在公司里一般不要复印私人的资料。如果复印纸用完了，不要悄悄走掉，把问题留给下一个同事，谨记添加，不要让别人以为你不为别人着想。使用完毕后，不要忘记把自己原有的文件拿走，否则容易丢失，或泄漏商业秘密，给自己带来不便。还要记住，最后离开时要把复印机设定在常规状态。

资料来源：中国礼仪网。

二、乘电梯的礼仪

案例 7—2　　　　进入电梯就等于进入工作场所

小美刚进公司不久，就被叫到经理办公室。经理委婉地询问她的生活状况，又试探性地问她是否结婚。小美感到莫名其妙，不知经理葫芦里卖的什么药。经理见其大惑不解，就对她说出了实情。原来，物业询问经理，最近招来的新人中是否有处于热恋或者刚完婚的。因为通过电梯的摄像头，他们发现最近有一对情侣每天乘电梯的时候总是搂搂抱抱的。小美听完后面红耳赤，她的老公经常来接她下班，每次都在乘电梯的时候做些亲昵的小动作。没想到，这一切都被安装在电梯里的摄像头记录了下来，更为那些闲来无事的人提供了谈资。

资料来源：中国百科网。

电梯是每一个办公人员在工作中都离不开的服务设施。“细节见证品质”，电梯礼仪是个人形象的缩影。在电梯里的一举一动、一言一行都可以直接反映出个人的素质和涵养。

电梯就是这么一个奇怪的地方，在这个狭小的、封闭的、运动的空间里，人们总是左右为难。很多人习惯把电梯当成自己的谈笑地，以为电梯门一关，就成了一个小世界。因为隐蔽性好，很多话在办公室里不好说，乘电梯时四下无人，也就成为某些人嚼舌根的阵地。殊不知，这大大有损自己的形象。在电梯里安装监控设备是众所周知的，即使他人听不到你所说的事情，也可以从表情中看出一二，起码可以窥探出这是神秘或是可笑的事情。因此，你在电梯里的举手投足都影响着他人对你的评价。

以下几点是乘坐电梯时应注意的礼仪规范：

(1)在电梯里不要大声谈论个人隐私或者有争议的话题。

(2)与不相识的人同乘电梯，进入时讲究先来后到，出来时则应由外而里依次而出，不可争先恐后。与熟人同乘电梯尤其是与尊长、女士、客人同乘电梯时，若是进入有人管理的电梯，应主动后进后出；若是进入无人管理的电梯，则应先进去、后出来，这样是为了控制电梯，来为他人服务。

(3)电梯内尽量侧身面对客人。到达目的楼层，一手按住开门按钮，另一手做请出的动作。客人走出电梯后，立刻跟上，并热情地引导前进的方向。

(4)在使用电梯的高峰期，先上来的人要主动往里走，为后面的人腾出地方；超载铃声响起，最后上来的人应主动退出，等下一趟。如果最后上来的人比较年长，已经上来的人要主动去等下一趟。

(5)电梯到达时，熟人间也不要太客气，你推我让，不要影响后面的乘客。

总之，电梯虽小，但是里面的学问不小，充满着为人处世的礼仪。电梯的微妙在于，它是私密与公众之间的自主转换。因此，在电梯中，要注意自己的言行，以免给人落下笑柄，还要熟知其中的礼仪，展现自己良好的工作形象。

三、办公室人文环境

办公室人文环境是指影响工作人员工作心理的环境因素，包括同事关系、上下级关系、异性关系、客户关系等。

(一)同事关系

办公室里的人际关系是一门学问。同事是与自己每天一同工作、一同进餐、偶尔一同娱乐的人。与同事相处，太近了不好，容易让别人说闲话，或者让上司认为你在搞小圈子；太远了也不好，会给人一种冷漠、不合群或者自视清高的感觉。与同事相处得如何，直接关系到自身的工作效率，因此，掌握和同事相处的礼仪规则就显得尤为重要。与同事相处的好坏直接影响工作质量和个人、集体的事业发展。同事之间要相互尊重和支持。

同事之间应注意以下几点：

(1)要注意团结合作，主动关心和帮助同事。

(2)要宽宏大量，尽量谅解同事的错误，产生误会时要及时化解。

(3)不要评论同事，指责他人。

(4)不要背后议论，中伤他人。

案例7—3　　遭遇尴尬场面，要帮同事找台阶下

新春在即，老张又被评上了单位的先进工作者，心情特别好。这天上班，他特意带上自己到南方旅游时买的一条乳白色珍珠领带，神采奕奕地走进办公室。同一办公室的小李本来就对年年都评上先进的老张有意见，看到老张这般大摇大摆的神情，更是气不打一处来，找茬说："老张，你这领带在箱底压了多少年啊，都有霉点了，哈哈！"无端遭到奚落，老张火冒三丈。

旁边的赵姐见形势不妙，连忙出来打圆场："小李，外行了吧，那可不是霉点，是白珍珠上点缀着珍贵的黑珍珠，黑白分明，好看极了。"小李自觉理亏，又看走了眼，顺势下台阶："哎哟，我真是不识货，对不住了，老张。"自己的心爱之物有人赏识，老张的气也消了，一场风波随之平息。

资料来源：深圳天骏礼仪网。

在上面这个案例中，同事之间由于言语不慎引起当事人的不满，造成尴尬局面。第三人及时出来补救，通过对失误一方的调侃和对另一方的善言抚慰，努力缓和气氛，消解当事人的尴尬处境。要注意对失误者的调侃与责备不能伤其自尊，要以轻松、玩笑的口吻来冲淡责备的色彩，以免加深当事人之间的对立情绪，甚至引火烧身。

之所以陷入尴尬局面，就是当事人某个不合情理的地方被过分放大，在众目睽睽之下现出窘态。要想摆脱这种尴尬局面，就要想办法把当事人不合情理的行为说成合乎情理，把荒唐的事情说成顺理成章。说白了，打圆场，就是给出一个符合人之常情的借口。

实训7—1 有个理发师带了个徒弟，徒弟学艺3个月后，正式上岗。他分别给四位顾客理发。第一位顾客说"头发留得太长"。第二位说"头发留得太短"。第三位说"剪个头发花这么长的时间"。第四位说"用的时间太短了，20分钟就完事了"。如果你是理发师，怎样做才能化解此时的尴尬？将同学分为四组，每组化解一个尴尬。

(二)上下级关系

1. 与下级共事的礼仪

与下级共事强调平等对待，不可颐指气使、高高在上。

(1)要指示明确，领导有方。

(2)要言行一致，以身作则。

(3)要宽容下属，培养下属的工作能力。

(4)要知能善任，多多赞赏。

(5)要言而有信不轻易允诺。

上级身为一位管理者，最重要的工作之一就是成为一个为下属喝彩的领导人，必须有别人所不及的洞察力，懂得适时鼓励下属。在工作中，下属避免不了犯错误，因此上级想要纠正错误、批评下属一定要注意场合，否则再温和的批评也有可能刺激下属的自尊。上级不可能在各方面都表现得出类拔萃，而下属在某些方面必然有过人之处。作为上级，对下属的长处应及时肯定和赞扬。如接待客人时，将本单位的业务骨干介绍给客人；在集体活动中，有意地突出一下某位有才能的下属的地位；节日期间到为单位作出重大贡献的家属家里走访慰问等，都是尊重下属的表现。这样做可以进一步激发下属的工作积极性，更好地发挥他们的才干。相反，如果上级嫉贤妒能，压制人才，就会造成和下属关系紧张的局面，不利于工作的顺利开展。

2.与上级相处的礼仪

(1)与上级沟通的礼仪

公司的上级一般具有较高的威望、资历和能力，有很强的自尊心。作为下属，应当维护上级的威望和自尊。在上级面前应有谦虚的态度，不能顶撞上级。在公共场合尤其要注意，即使与上级的意见相左，也应在私下里与上级沟通。下级对上级的工作安排必须服从，即便有意见或不同想法也应执行，对上级指挥中的错误可事后提出意见或者执行中提出建议。值得注意的是，在工作中给上级提建议一定要考虑场合，要根据上级的个性特点确定具体的方法。不要急于否定原来的想法，而应先肯定上级的大部分想法，然后有理有据地阐述自己的见解。

与上级相处的核心要义是体现尊重：

①要服从领导，执行上级的工作指示，维护上级的领导地位。

②要及时汇报，接受上级的指导和批评建议。

③要礼遇相待，不可熟视无睹，甚至避而远之。

④要公私分明，不可混淆工作和社交之间的关系，胡乱攀认。

⑤要懂得分寸，在上级忙碌或不方便时不要打扰。

⑥要多做请示，不可越俎代庖，行使领导权责。

⑦要知情重义，在领导给予关怀和帮助时要及时致谢，不可受之当然、心安理得。

⑧要自尊自爱，面对上级不可盲目屈从、无原则地妥协而丧失自我。

(2)与上级握手的礼仪

与上级握手时，首先要注意的是一定要等上级伸手后，再伸出手迎合相握。与上级握手时，不要迅速将手抽出来，也不能过于用力，而要让上级掌握时间和力度。不论上级是男性还是女性，上级欲和你行握手礼，都必须热情予以响应，你可以用双手和上级握手，但和异性握手时最好不要这样。

(3)与上级打招呼的礼仪

上下级见面时打招呼是必要的。按照打招呼的先后顺序，下级应该先与上级打招呼。如果上级与其他人在一起，应该从级别最高的人开始问候。打招呼的目的是向对方表达一种敬意，态度不好会起到适得其反的作用。与上级见面时应主动打招呼，面带微笑，热情大方，不要夸大表情或扭捏作态。当你想与上级打招呼时，刚好赶上上级与其他人谈话，此时应向他点头微笑，以示敬意。

(三)异性关系

在当今社会，男女共事已是司空见惯的事情。由于男女性别的差异，在性格、能力、心理上形成互补之势，在工作中容易相互平衡、互相帮助，发挥各自的优势，以弥补不足，达到事半功倍的效果。但各位职场人士既是工作人员，同时又是社会人，各自都有其他社会角色。故而男女同事在交往中要把握好尺度，不可交往过度，混淆了角色身份，引发家庭和社会的矛盾。男女同事应避免在隐蔽或私密空间共处。在办公室中应注意不穿暴露或不雅服饰，如夏天女性不能穿透明或者布料少的衣物，男士不着背心短裤等。不做非分无礼的举动，如男士不可随便接触女性身体任何部位，女性和男同事不可打打闹闹等；不谈论各自的隐私；不共用私人财物；若借款、借物要说明，并及时归还。

（四）客户关系

在办公室与客户相处，必须是热情而有效率的。有客户来访时，应热情地微笑问候，语言和态度都显示出诚恳、友好之意。当客户以电话告知将要来访时，接听的声音也应该真诚而愉悦。会客区应随时保持整洁，同时置放单位的一些参阅资料，如产品目录、简报等。无论对方是其他单位的主管或是普通工作人员，都应以礼相待，让客人有宾至如归的感觉。

第二节　办公语言及服饰礼仪

一、办公语言礼仪

（一）办公语言的要求

工作语言的礼仪规范讲究得体。办公人员的语言是否得体可以反映其精神面貌，体现其文化教养。在办公场合，什么话可以讲、对什么人讲、讲到什么程度等都有火候和分寸的问题，需符合得体的原则。语言得体主要是指语言的礼貌性、恰当性和技巧性。

1. 语言的礼貌性

它是指在任何场合与人见面都应礼貌地与人交谈。语言的礼貌性反映一个人对社会文明的认知程度。要注意尊称、敬辞、敬语以及其他礼貌用语的得体使用，并辅以相应的声调、语气等。将“您”“请”“谢谢”“对不起”“打扰”等礼貌词语组合于自己的口语中，做到规范、标准。

2. 语言的恰当性

它是指说话时用词准确恰当。虚浮夸张的言辞很难让人产生信任感，所要表达的真诚情感也就大打折扣。为了讲情意，用热情过火的词语就显得肉麻。和上级对话时，过分夸赞就会演变成“阿谀奉承”。

3. 语言的技巧性

它是指在言语交流中的处理技巧。得体的语调、语气变换可以使所讲内容生动有趣、友善可亲。如上级批评下级时，应该语气柔和、情理交融，不能粗暴谩骂、作威作福。同事间讨论问题发生争议时，语气要中肯得当，选词要委婉，声音要适中，多使用征询口气来表述，如："我可不可以这样修改你的方案？""你认为这样做行吗？"

小知识　　在办公室不宜说的话

1. 炫耀的话不说

无论是骄人的业绩、领导的赏识还是奢华的物质生活，都会在无形中破坏自己的人脉。同事表面上礼貌地恭维你，内心里可能生出一团嫉妒的火焰。不要怪别人心胸狭隘，这完全是自己浅薄、过分炫耀的后果。

2. 过谦的话不说

凡事不能太极端。自满固然不对，而过于谦虚也要不得。谦虚是一种美德，自我评价的时候谦虚一点是应该的。但过分谦虚，在同事面前事事贬低自己，那就不是一件好事情了。

3. 薪水的问题不说

有的人喜欢打探别人的薪水。比如说"我这个月工资……奖金……你呢？"如果比你多，他会假装同情，心里却暗自得意。如果没你多，心里就会不平衡，表面上一脸羡慕，私底下却往往不服气。

4. 个人隐私不说

办公室是工作的场所，不是互诉衷肠的地方。在办公室，个人的私生活是不适宜的话题，如个人恋爱情况。无论失恋还是热恋，这类话题都不应带到办公室，以免让个人情绪影响你的工作。

5. 单位的是非不说

千万不要拿现有单位和原单位相比。类似于"公司福利不好""领导的裙带关系"或者"没有加班费"之类的能引起是非的话题，在办公室尽量不说。说这种话一是影响团结，二是没有任何意义，还会给自己带来风险。

6. 表露个人野心的话不说

在公司里，如果一个人整天念叨"我要当老板，自己置办产业"，或者"在公司以我的水平至少是个副总"，很容易被老板当成敌人，或被同事视为异己。虽然"不想当将军的士兵不是好士兵"，但既然身为商务人士，有进取心是好事，也不要在办公室大谈人生理想，雄心壮志应该回去和家人、朋友说。野心人人都有，不要明目张胆地把同僚放在自己的对立面上。

资料来源：礼仪网。

（二）办公语言礼仪

1. 学会听别人讲话，切记随意打断

如果一个人滔滔不绝、夸夸其谈，毫不理会旁人的感受，只顾抢风头，不给别人说话的机会，硬要别人听自以为是的说教，那么，不管你说得多精彩，总会让对方感觉处在被动接受的状态。学会让别人说话，倾听对方发表意见，利于同事间的理解和沟通。在别人说话时切勿打断；若确实需要中断别人的谈话，也该首先表示歉意，并告知对方理由，得到对方的谅解后才开口。不要忽视必要的礼节而贸然开口。当别人谈兴正浓时被你忽然打断，对方可能顿时兴致全无；或者他们正在谈的话题不方便公开，你却强要参与，弄得大家无言以对，造成尴尬的局面。如果有人想跟你交谈，你可以先主动询问，打消别人的疑虑，帮助他打开话题。

2. 有条有理，清晰地表达

工作交流的目的是做好工作，最有效的语言是“一清二白”。说起话来如摆迷魂阵，使人捉摸不定，就会让人难以理解你的真实意图，那么你的工作效率就大打折扣了。所以让对方明白你说的“是什么意思”，比让对方知道你是个“懂得运用辞藻的人”更重要。在说话时，少用“我”字，多用“您”字。即使是熟悉的同事，语言交流同样要体现尊重。经常说“您认为呢”而不是“我想怎样就怎样”。

3. 多一些赞美，少一些批评；多一些讨论，少一些争辩

赞美令人感到愉快，生活中没有赞美是不可想象的。工作中应恰当地给同事一些赞美，如“您的观点很独到”“您的计划很有趣”“您的工作值得称赞”，这样的话语能把你和同事的关系拉得很近。像“你的想法太愚蠢”“你的工作能力太差”“你要改改你的缺点”，这类的语言会让人觉得很刺耳。美国著名演讲家戴尔·卡耐基说：“矫正对方错误的第一个方法——批评前先赞美对方。”在批评前先抓住对方的长处给以真诚的赞美，就能化解被批评者的对立情绪，使批评在和谐的气氛中进行，达到非同一般的效果。在工作中只要语言得当，讨论也就等于是谈话。工作中交流不同的观点时，采用相互探讨的语言易于被接受。相反，愤怒的表情、激烈的争执、咄咄逼人的强调会让人怀疑你的修养，而且过激的言辞很可能暴露你致命的弱点。

4. 学会调动对方参与谈话的积极性

巧妙得体的提问是调动谈话积极性的好方法，如“你不觉得我的想法很特别吗？”“能给我介绍你的经验吗？”此外，还可以向对方虚心请教某个问题，来调动其谈话的积极性。

5. 学会聆听

任何谈话都是说与听的双向循环、说与听的角色互换。听，不仅是接收信息的主要手段，还是反馈信息的渠道。有资料表明：日常语言活动中，“听”占45％，“说”占30％，“读”占16％，“写”占9％。不难看出“听”在日常交际活动中的重要性。目视对方、时而点头、报以微笑、适当提问，做个忠实而感兴趣的听众，会让你赢得别人的尊敬、喜爱和接纳。

6. 学会委婉拒绝

工作中，同事之间应当互相帮助，答应别人可以直接说“好的”“我愿意”“没问题”，但

有的请求没办法满足，就需要得体地拒绝，打破进退两难的僵局。一般情况下，婉言拒绝的方式有以下几种：

(1)借理由拒绝，如："你能来参加我的宴会吗？""谢谢你的好意，我已经有约会了。"

(2)先肯定后否定，如："你愿意帮我做吗？""我很愿意，可真抱歉，我实在没有时间。"

(3)阐明后果再拒绝，如："你把这个给我吧。""真对不起，如果我把他给您，就影响工作了。"

(4)拒绝之后另寻办法，如："这件事我要这样办。""照你的意思办大概不行，我想您可以试试另一种办法。"

小知识　　商务办公语言交流中需要替换的字眼

1. 用"请"来替换"务必"

工作中讲究的是公事公办，讲究的是效率。但毕竟工作是由人来做的，所以无法回避人情。在工作谈话中，必须注意对方的心理感受。"务必今天下班之前完成"与"请于下班之前完成"还是有很大区别的。没有人喜欢在别人的强制下完成工作。

2. 用"我也"来替换"我"

频繁地使用"我"这个字眼，以自我为中心，是人的一种本能。"我"字出现得过于频繁，总给人一种主观意识太强烈、自负的感觉，引起他人的反感和排斥，自己的观点和建议很难得到大家的认同。让"我也"来替代"我"会起到意想不到的效果。如果同事的看法与你"英雄所见略同"，可以说："我也是这么认为的""我也有这种感觉"，然后加以补充，具体阐述自己的观点。

3. 用"这是"来替换"仅仅"

有人在表达自己的观点时，为了表现出谦虚的态度，或者不想让自己的观点太突出，喜欢加上"仅仅"两个字："这仅仅是我的一个建议。"实际上，"仅仅"这两个字用得好是谦虚的表现，但是如果盲目使用，就有点妄自菲薄的意思了。大胆地讲出自己的想法，去掉"仅仅"，直接说"这是我的建议"，就能更明确表达自己的看法，显得更自信。"我"，虽然不能频繁使用，但该用的时候还是要用，只要不和他人对立起来就好。

4. 用"而且"来替换"但是"

在开会的时候，你的同事提出了一个工作方案，总体上你是赞同的，但还有一些自己的看法。或许你会这样表达自己的观点："××的方案是可行的，但是……"这样，他可能觉得你想表现得比他高明，更有经验。要是用这样的句型："××的方案是可行的，在市场营销这个环节上，如果能……"会不会起到更好的效果呢？

5. 用"已经"来替换"首先"

接到上司分派的工作，如果你说"首先，我要了解一下情况……"或者"首先，我要先看一下材料……"这样的表达给上司的感觉是：你是否有能力、有自信来完成这项工作，而不会觉得这是你的谦虚、谨慎。在这样的场合，你可以说："这样的工作我们已经做过一次……"或者"对这项工作，我们已经有了一点了解"。既然想做好这份工作，何不让上司放心、放手让你去做，而不是让上司心存疑虑，影响你的才华施展。

资料来源：维基百科。

二、称呼礼仪

案例 7—4　　尴尬的刘师傅

刘师傅年近 60 岁，工作经验丰富，在同事中的口碑也不错，职位却一般。胡经理比他入职晚很多年，年纪也不大，还曾经跟刘师傅学过徒。两个人每次碰面都有些不自在。刘师傅有时称呼"胡总"，总让人感觉话里带刺。后来刘师傅认为自己年纪大，也将退休了，索性以"小胡"称呼胡经理，反而自然。

资料来源：中国经济网：《称呼：不容小视的职场润滑剂》。

走入职场，称呼礼节是第一课。冒冒失失、没大没小的职员，在职场上是不受欢迎的。不同的称呼可以反映出职场关系的亲疏、职场环境的优劣，甚至可以从中大致了解一家公司的企业文化和人际关系现状。在政府机关、企业单位，等级比较分明，如何艺术地显示对方的职位等级非常重要。

案例 7—5　　新人该如何恰当地称呼同事？

小万进入单位的第一天，领导带她认识部门新同事，她恭敬地称对方为老师，不少同事欣然接受。

当领导带她来到一个女同事前，告诉小万将跟着这位女同事先试用时，小万更加恭敬地叫人家一声老师。这位女同事连忙摇头："大家同事，你可别叫我老师，直接叫我名字就可以了。"小万觉得叫名字显得不尊重，叫老师对方可能又觉得生疏，这该如何是好？

资料来源：中国经济网：《称呼：不容小视的职场润滑剂》。

新人刚到单位，要先问问同事或者留心听听别人怎么称呼，不要冒冒失失地随意开口。如果实在不清楚该怎么称呼，第一次也可以客气地说："对不起，先生。我是新来的，不知道该怎么称呼您？"对方就会把同事对他的称呼告诉你。

在企业里，岁数大而职位低的员工，称呼老板为"张总""李总"的，就如上述案例中的刘师傅，一开始可能有些别扭，但很快就会习惯的。职场上，公和私分得很明确。分派工作和检查工作都是职业化的分工。不要过分强调人情而影响称呼的礼节。

如果只有副职和比他层级低的同事在场，一定要省去"副"字，如对李副经理直接称为李经理，显示对对方的尊敬。把某位副职领导介绍给他人时，如果正职不在场，又想明确表示其职位，又要表示尊敬，不妨称谓“××部门副主任陈某某陈主任”。当然，如果有正职在场，所有的副职就要注意加上“副”字。

三、办公服饰礼仪

与其他场合相比，办公服饰要求显得传统、保守甚至非个性化。办公着装的目的应该是体现权威、声望或精明干练。办公人员的服饰不仅涉及个人形象问题，还涉及组织形象问题。给人的总体印象应该是严肃认真、积极努力，这样才能获得周围人的尊重与认可。

商务活动中，办公服饰的要求根据各行各业性质各有不同，但不管是统一服饰还是各自着装，都应注意以下几点：

(1)着装要庄重大方、整洁文雅。有工服的统一着装，且要整套穿着，不可随意搭配。

(2)男士以着西服为主，且遵循西服穿着要领。也可以着商务休闲夹克类，颜色应以黑、灰、蓝、白为主色调，可配以少量颜色搭配、镶嵌，但不要花哨，也不要另类。质地要好，避免因面料差而发生衣服变形、褶皱、残破等问题。运动装、旅游鞋等功能装不可用于商务办公场合。男士在办公场所不能随意脱衣物，不能戴帽子和墨镜，也不能穿背心、短裤、凉鞋，更不适合赤膊甚至赤脚出现在办公场所。

(3)女士一般着套装、套裙、连衣裙或长裙，裙长应当讲究。年轻女性的短裙底边距膝盖不超过5厘米为宜，中老年女性的短裙以盖住膝盖为宜。不宜穿过于艳、透、短、小的衣服。内衣不可外现，否则很不雅观。在办公室，佩戴首饰不宜过多。走起路来摇来摇去的耳环、叮当作响的手镯等会分散他人的注意力，均不适宜佩戴。服饰颜色也不宜过于艳丽。女生发型要大方得体，禁止染色。指甲长度不可以超过2厘米，指甲油以淡色为宜。

(4)服饰要经常换洗，讲究卫生，注意整洁。

案例7—6　　事与愿违的“时髦”

郑伟是一家大型国有企业的总经理。有一次，他获悉有一家著名的德国企业的董事长正在本市进行访问，并有寻求合作伙伴的意向。他于是想尽办法，请有关部门为双方牵线搭桥。让郑总经理欣喜若狂的是，对方也有兴趣同他的企业进行合作，而且希望尽快与他见面。到了双方会面的那一天，郑总经理对自己的形象刻意地进行一番修饰。他根据自己对时尚的理解，上穿夹克衫，下穿牛仔裤，头戴棒球帽，足蹬旅游鞋。无疑，他希望自己能给对方留下精明强干、时尚新潮的印象。然而事与愿违，郑总经理自我感觉良好的这一身时髦“行头”却偏偏坏了他的大事。

郑总经理的错误在哪里？他的德国同行对此有何评价？

(5)使用公文包要符合礼仪要求。挎包代表一种时尚，背包代表一种休闲，恰恰公文包代表着没完没了的工作。公文包在使用过程中还有很多礼仪需要注意：

①用包不宜多。

出外办事，不要连提带背，应以一只为限。

②用包不张扬。

不要在公文包上佩挂上个性另类的挂饰，给人以张扬之意。选用公文包以深色、单色为好；浅色、多色甚至艳色的公文包，均不适合商务人士。在常规情况下，黑色、棕色的公文包是最正统的选择。若是追求美学的人士，公文包的颜色和皮鞋的色彩一致，看上去会十分完美和谐。

③包内物件装得有秩序。

外出之前，随身携带的物件应尽量装在公文包的既定之处，这样用时方便，也不至于不好找。

④用包不乱放。

进入特定场所后，切勿把公文包乱放在桌、椅上，要放到指定位置。

第三节　办公室电话礼仪

电话是人们在商务交往中使用最频繁、最重要的沟通渠道，是人们工作、生活中不可缺少的沟通工具。尤其在办公室，不仅要熟练掌握使用电话的技巧，更重要的是要掌握打电话及接听电话的礼仪，维护本单位及自己的“电话形象”。

案例 7—7　　学会应付“特殊”来电

一日，某公司总裁秘书王小姐刚到办公室不久，电话就响了起来。她像往常一样接听电话，并礼貌地送上一句：“你好，这里是××公司总裁办公室。”

这时，电话那端传来了一个陌生男子的声音：“你好”之后就再也没有声音了。

王小姐又礼貌地问道：“先生，请问你有什么事情吗？”

听筒里传来那名男子不紧不慢的声音：“小姐，你们公司肯定需要打印纸吧？”

王小姐一愣：“啊？先生，你说什么？”

“我这里有一批打印纸，质量很好，价格又很低廉。如果贵公司需要的话，可以商量商量。”

直到此时，王小姐才知道对方是推销打印纸的业务员，心情有些不悦。不过她还是礼貌地说道：“对不起，我们公司暂时不需要。您可以留下电话号码，如有需要，我们会联系你的，好吗？”

对方似乎不死心:"哎呀,现在哪家公司不需要打印纸啊?你们这么大的公司需求量一定很大,只要你肯进我的货,其他的一切好商量!"

无奈之下,王小姐只好说了句"对不起,我们公司暂时不需要",然后挂断了电话。

不一会儿,电话铃再次响起。王小姐接起电话,对方依然是刚才那位推销打印纸的人。王小姐觉得此人实在无礼,甚至有些胡搅蛮缠。

"对不起,我们这里需要的话,我再打电话找您,好吗?"王小姐对着话筒说。

"哦,那好吧,记一下我的电话号码,有需要的话随时找我。"对方说完就挂断了电话。

王小姐长长地吁了一口气。

思考:(1)推销员打电话推销时有哪些失礼之处?

(2)如何应付"特殊"来电?王小姐接电话的礼仪有哪些借鉴之处?

资料来源:夏志强:《一生要懂得的100个商务礼仪》,中国书店出版社2006年版。

一、打电话的礼仪

(一)打电话联系业务的礼仪要求

(1)联系业务时应考虑打电话的时机。有的公司希望一上班就接听这样的电话,以便能有较长时间安排或做其他事情,而有的则希望在忙完一天的主要工作后再接听这样的电话,打电话时应依据经验做出判断。如果想定期和对方做这种联系,应征询对方定在哪一天、哪一个时间段更为方便。这样做既能使对方能从容地讨论业务,同时也是一个礼仪问题。一般在电话中要说明打电话的目的以及需要多长时间,在具体打电话时要再问一下对方接电话是否方便。如果不得不在对方不方便的时候打搅,应该先表示歉意并说明原因。要注意的是,打单位电话应避开快下班的时间,打家庭电话应该避开早晨太早、午睡及晚上太晚的时间。

(2)打电话时一般要做记录。重要电话及内容较多的电话,可以事先拟好通话要点,考虑好通话内容,理顺顺序,也可以事先写在纸上。在商务通话时,要把本方意见分为几个部分,每部分之间稍作停顿,使对方能及时做出反应。通话开始时应扼要说明通话的目的和存在的问题,提出可供选择的方案,指出双方的分歧所在,最后稍加归纳,解决问题。通话中可根据提纲上的要点讲完一条勾一条,以免分心或遗漏。

(3)电话拨通后,要先说一声"您好",然后问一声"这里是××单位吗?"得到明确答复后,再自报家门"我是××单位××人",然后报出自己要找的人的姓名。如果是他人代接的,等要找的人来时还要再报一次自己的单位和姓名。如对方告知要找的人不在,切不可一下就挂断,而应说"谢谢,我过会儿再打",或"如方便,麻烦您转告××",以及"请告诉他给我回个电话,我的电话是××××××"等。如果电话号码拨错了,应向对方表示歉意,说声:"对不起,我拨错号了。"放下话筒前问一下对方的号码,以免再次拨错。如果对方暂时不方便接听电话，你想留言请对方回复，邀请对方记下自己的电话号码，即使对方是熟人，双方经常通话，也要告诉对方回电的号码，同时别忘了告诉对方回电话的合适时间。如果对方在外地，则最好说明自己将于何时再打电话，请其等候，以免让对方打长途来找自己。

(4)通话时要用心听，要集中注意力，不可开小差。切不可边打电话边和身边的人交谈。不得不暂时中断通话时，应向对方说“对不起，请稍等一会儿”。通话中如果有人来找自己，可示意此人先坐下等候；否则，可向对方说“对不起，请稍等”后，简短和来人说两句后继续通话，也可以说“等我打完这个电话后再和你谈”。如果办公室有客人时电话铃响了，可以暂时不接，或者向客人说明情况并表示抱歉后再接电话。

(二)打电话注意事项

打电话时，声音不要太大也不要太小，说话要富于节奏，简明扼要，吐字清晰，声音自然，表达清楚。切忌说话矫揉造作，或含含糊糊、吐字不清。与此同时，对方没有听清的地方要耐心地重复一遍或两遍。

办公电话不宜时间过长，应简明谈完相关业务之后礼貌地结束通话。这时可以把刚才谈话的问题适当重复总结一下，如“我将在星期三中午前告诉你最后的结果”等。最后应该说几句客气话，如“谢谢您打来电话”，以显示热情。打电话结束时，应以“再见”结束通话。

二、接电话的礼仪

接电话时做到有礼貌、讲效率，不仅会为自己而且也会为单位树立起良好的形象和信誉。接电话时应做到以下几点：

1. 应答得体

一般电话铃声一响，就应及时接电话，先问好，然后报出单位和姓名，如“您好！这是××公司××部门。我是××，请问您有什么事需要帮助吗?”电话中应答得体，就像见面时的热情握手一样，能给人留下良好的印象。听电话时应说些“是”“好”之类的话语与对方呼应，让对方感到你在认真听讲，同时不要打断对方的谈话。

若来电是上级主管下达的通知，则需要记录在办公室专门的来电记录簿上。记录完毕后，最好重复核对一遍，以免遗漏。最后整理好记录，随后将通知传达到相关人员，以免耽误事情。

2. 转接得体

如果对方找的不是你，那么应礼貌地请对方“稍后”。找到听电话的人后，要对来接听电话的人简要介绍一下来电人，以免来电人再次重复；如果找不到听电话的人，应明确告诉对方要找的人不在，同时提示对方是否需要帮助，如“有什么需要我转告的吗”等；如果需要把电话打到别的部门、科室，可以说“您要找的人在××部门，电话号码是×××××

×”等。

3. 接听要语气得体

用清晰愉快的语调接听电话，能显示出说话人的职业风度和可亲的性格。由于对方无法看到你的衣着、眼神、表情和手势，只能靠听做出判断。说过“你好”并自报姓名后，你是热情还是心不在焉都会通过语气、语调表露出来。因此，电话中说话应稍慢而清晰，语调要平稳，注意措辞，说话时要面带微笑，使声音听起来更为热情。通话时，如果有人有急事来找，应先对着话筒说“对不起”。如果为回答通话中对方的提问需向同室某人请教时，可以说一声“请让我核实一下”。通话中遇到线路出现问题应尽快处理，可建议对方待会儿再打或自己一会儿给对方打过去。如果暂时不便谈话，应明确说明，并表示稍后再回电话，或以后再详细说明。方便的话可说明回电话的准确时间以便对方等候。接电话时如果中途有事，必须中断通话走开一下，时间不应超过 30 秒，而且应具实告诉对方并请对方原谅。

4. 挂机得体

通话完毕，应等对方挂机后再挂，不要对方话音未落就挂电话。挂电话的声音不要太响，以免让人误会。

第四节　日常工作礼仪

日常工作礼仪是指工作人员日常工作时所应遵循的礼仪规范。日常工作礼仪所涵盖的内容有很多，一般包括迎来送往、人员交流、工作布置、工作交流、通信交流、文案处理、汇报工作、出差等的礼仪规范。这里主要针对汇报和出差两大内容做一些介绍。

一、汇报工作礼仪

对于从事办公室工作的人来说，上下级之间汇报工作和听取汇报是常有的事情。在汇报的过程中有些礼节问题需要注意，这会对汇报的效果和上下级之间的评价产生直接影响。下级向上级汇报工作时应注意以下几点：

(一)当面汇报

向上级汇报工作是日常工作的主要内容，汇报者要做到事前准备、遵守约定、清晰简练、彬彬有礼等。

1. 事前准备

汇报工作前要做充分准备。务必搞清楚要汇报的内容范围，已经汇报对象意欲了解的具体事项。不要盲目汇报，该说的详尽说明，不该说的避免谈及。

2. 遵守约定

下级向上级汇报工作，务必准时到达。如果过早到达，会打扰上级工作或赶上上级尚未准备完毕；姗姗来迟，会让上级等候过久而失礼。如不能准时，则应尽早说明并致歉，以争取领导的谅解。即便是临时约定的特殊汇报，也不能爽约。

3. 清晰简练

汇报内容要实事求是、条理清楚，不可"察言观色"、投其所好，更不可以歪曲或隐瞒事实真相。口头汇报时，或站或坐，要注意仪态，吐字应清晰，语调、音量要适中。若汇报对象工作较忙，则汇报者应力求精练。

4. 彬彬有礼

即使大门敞开，也应敲门或打招呼，经允许后才可进入；征得汇报对象同意后，才能开始汇报。多人一起汇报时，要自觉服从预先排定的发言次序。呈送书面汇报时，要正面朝向对方递送文件，并口头简略说明。汇报结束后，汇报对象如果谈兴犹在，则要礼貌作答，并等到汇报对象示意结束时方可告辞。告辞时，要整理好自己的材料、衣着与茶具、座椅。领导送别时，要主动说"谢谢"或"请留步"。

（二）电话汇报

利用电话汇报工作时，要言简意赅，且应注意场合，有意识地避开视听干扰，并注意保守秘密。

(1)应守时。如已约定时间，应该准时等候。如有可能可以稍提前一点时间，并做好谈话要点的准备。

(2)应及时招呼汇报者进门入座。不可居高临下，盛气凌人，大摆架子。当下级汇报时，可与之目光交流，配之以点头等表示自己在认真倾听的体态动作。对汇报中不甚清楚的问题可及时提出来，要求汇报者重复、解释，也可以适当提问，但要注意所提的问题不致打消对方汇报的兴致。

(3)不要随意批评、拍板，要先思而后言。听取汇报时不要有频繁看表或者打哈欠、做其他事情等不耐烦的行为。

(4)要求下级结束汇报时，可以通过合适的体态语言或者委婉的语气告诉对方，不能粗暴打断。当下级告辞时，应站起来相送。

二、出差工作礼仪

出差就是工作人员临时被派遣外出办理公事。身为商务人员，外出参加会议、联系洽谈业务、考察调研项目等的机会很多，出差在所难免。既然是办公事，行动以公事为主，那么身份仍然是单位的工作人员。作为组织的外派人员，承担着组织与外单位间的联系与洽谈工作，故举止言谈更应遵循礼仪规范，以彰显组织的形象和个人的职业素质。

（一）衣

出差时，即使对服饰穿着不刻意讲究，但也需注意基本的礼仪。应尽量带两套以上的服饰。一套衣服为旅途中穿着，以方便、安全、舒适为准；女性不宜穿过长、过短的裙子和高跟鞋，否则行动不方便。另一套衣服专门为公务时使用，要符合公务性质，整洁大方。不能为图省事，穿着旅行装前去办事，既不雅观，也显得不尊重对方。如果需要，还应准备一套礼服类服饰，以备在对方举行接待晚宴或特别仪式时穿着。

(二)食

在外地用餐，可能与本人饮食习惯有冲突，还有可能遇上与自己家乡的风俗礼节不同的情况，要特别加以注意。要遵循入乡随俗、客随主便的礼节，仔细观察主人的行为，了解习俗后再饮食。不要以自我为中心，提供过多照顾自己的要求或者拒绝主人的盛情，也不可当着主人的面丢弃不喜欢的食物或酒水。对当地的特产要给予赞赏，因为这是对主人及本土文化的一种尊重。

(三)住

住宿要考虑额度问题，不可随心所欲，奢侈浪费。入住酒店要做文明旅客。从一个人如何对待房间就很容易看出一个人的人品和文化修养。随意污染客房里的床单、毛巾，或任意损害电气设施等行为，都是极其无教养的。也不可以大声喧哗，影响其他旅客的休息。更不能随意留客同宿，违反酒店制度。对待客房服务员，要以礼相待，多说“请”“麻烦”“谢谢”等词语，以示欣赏他们的服务。如果出现问题，应及时和主管联系，妥善解决，不要吵闹失态。

(四)行

旅行离不开交通工具。这里主要介绍乘飞机和火车的礼仪规范。

1. 乘坐飞机的礼仪规范

随着经济的发展，乘坐飞机的商务旅行越来越普遍。在空中旅行时，为保持良好的形象，避免出现尴尬局面，应当遵循以下礼仪规则：

(1)乘坐飞机要确保准时登机。飞机场一般设在郊区，距市区较远，在安排时间时一定要预留充足，避免因堵车等特殊情况迟到，延误航班，给大家带来麻烦。

(2)不要携带易燃易爆危险物品。小刀(包括女士日常使用的修眉刀与修眉剪)应当事先放在托运的行李箱中，不要随身携带，否则这些物品可能无法通过安全检查。如果需要随身携带液体物品，在通过安检通道时应把液体物品拿在手中或放在容易拿出的地方，节省安全检查时间。

(3)对于体积大的旅行包要托运，不要带上飞机而影响旅客通行。要把随身携带的手提箱、衣物等整齐地放入上方的行李舱中，而不要给乘务员增添太多的麻烦，以免延误起飞时间。

(4)坐下时可以向旁边的乘客点头示意。聊天要注意时间不要太长，更不可以音量过大。如果对方没有聊天的意思，就不要去打扰。对于工作繁忙的人来说，飞机上的时间是非常宝贵的休息或放松的时间。

(5)飞机上不能使用任何带磁场的电子产品。手机应尽早关闭,直到下机后才能打开。

(6)飞机机舱内空间狭小,通风不良,故不可过多使用香水,也不要使用味道浓烈的化妆品。在旅途中如果想把座椅背向后放下,应当先和后面的人打声招呼,不要突然操作,以免碰到后面的人。进餐时要将座椅靠背放直。

(7)可以请求乘务员提供服务,如送茶水、毛毯、药品等,但不可提过多、过分的要求。

(8)在飞机上与人交谈时要避开那些令人恐怖的话题,如劫机、坠机等事件。

2. 乘坐火车的礼仪规范

(1)在候车室等候时,要爱护公共设施,不要大声喧哗,要将携带的物品放在座位下方或前部,不抢占座位或多占座位,不要躺在座位上影响别人休息。要保持候车室内的卫生,不要乱扔垃圾。

(2)检票时要自觉排队,不要拥挤、插队。进入站台后,要站在安全线外排队等候。

(3)火车进站后,要等火车停稳,方可有次序地进入车厢,并按要求放好行李。行李应放在行李架上,不应放在过道里或小桌上。

(4)不要在车厢内吸烟,不要随地吐痰,不要乱扔果皮纸屑。在座席车上休息,不要东倒西歪,也不要卧倒于座席、茶几、行李架上或过道里,更不要靠在他人身上,或把脚跷到对面的座席上。去餐车用餐时,如果人数过多,应耐心排队等候。在用餐时,应节省时间,不要大吃大喝,猜拳行令。用餐完毕,应即刻离开,以免影响别人用餐。使用卫生间后要及时清理,不要长时间占用。

(5)下车时,应自觉排队等候,不要拥挤,更不要违章从车窗跳下。

(五)陪同上司出差礼仪

陪同上司去异地出差,和其他性质的工作略有不同,此时你的身份既是他的助手也是他的朋友。和上司一起出差应该注意以下几点:

(1)不要被动跟随,事事依赖上司安排。表面上看似尊重领导、服从安排,其实是懦弱无能、一无所用的表现。像订房、买票等后勤之事应主动承担。职场规则是男女平等,做女下属不可能在此时要求得到优待。

(2)不要好大喜功、擅作主张、一味表现、喧宾夺主,这样只会费力不讨好。不管是工作上的大事还是生活中的细节,都应先听听上司的意见,再提出建议、说明理由,并把决定权交给上司。

(3)不要和上司过于亲密,尤其异性之间更应注意不做工作之外的交往。不要和异性上司的客房相邻。尽量不进入异性的客房,以尊重各自的私人空间。如必须入室交流工作,需保持门扇打开且只做短暂停留。

(4)不可借机向上司提额外要求,如购买礼物或特产。

本章小结

本章主要介绍了在商务办公场合应该遵守的礼仪要求，重点说明在办公室中拨打或接听电话、汇报工作以及商务出差时应遵守的礼仪，同时也对办公室环境礼仪、办公室语言礼仪和同事、上级或下属、异性和客户之间沟通相处时应该遵守的礼仪做了简单介绍。商务办公礼仪是指人们在商务办公中应遵循的彼此友善、互致方便的习俗和规范。办公礼仪与日常礼仪有相同之处，也有自身的特点和要求。遵守商务办公礼仪，不仅能表现个人的良好涵养，创造和谐融洽的工作环境，也能提高工作效率，有利于树立企业良好形象。

复习题

1. 使用复印机有哪些注意事项？
2. 乘坐电梯有哪些礼仪要求？
3. 办公室人文环境指的是什么？包括哪些内容？
4. 与下级共事的礼仪的核心要义是什么？应该注意哪几点要求？
5. 与上级相处的礼仪的核心要义是什么？应该注意哪几点要求？
6. 在办公环境下，应掌握好语言礼仪，有哪些具体要求？
7. 拨打和接听电话时有哪些礼仪要求？
8. 作为领导，下属在汇报工作时，要注意什么？
9. 陪同上司一起出差，有哪些礼仪要求需要注意？

案例分析

1. 小杨由于工作性质，经常和老板一起外出公干。每次和老板一起外出工作时，小杨都特别卖力，竭尽所能展示自己的公关才干，总是没等老板搞清楚情况就结束了谈判。新的工作让小杨有了掌握且使用各种办公设备的机会。他经常趁同事不在时复印一些自用资料，或是给远在异乡的家人打电话。有时将公用的设备（如数码相机）带回宿舍，和其他室友一起摆弄，借以炫耀自己获得的工作特权。一次，小杨的朋友来公司找小杨，小杨就在办公室里和朋友高谈阔论起来。恰巧老板经过这里，小杨既没有停止聊天去和老板打招呼，也没有向朋友引荐自己的老板，因为他认为自己和老板很熟，不需要客套。一个月后，由于工作上的一个小失误，小杨被开除了。

思考：小杨工作能力很强，为什么会因为一点小失误而被开除了？

2. 金先生入住一家五星级酒店，前一天晚上 11:00 左右曾委托总台李小姐叫醒，但李小姐未能准时叫醒客人，从而耽误了航班，引起客人的投诉。下面是大堂安副理与金先生的一段对话：

安：金先生，您好！我是大堂副理，请告诉我发生了什么事？

金：什么事你还不知道？我耽误了飞机，你们要赔偿我的损失。

安：您不要着急，请坐下慢慢说。

金：你别站着说话不腰疼，换你试试。

安：如果这件事发生在我身上，我肯定会冷静的，所以我希望您也冷静。

金：我没你修养好，你也不用教训我。我们没什么好讲的，去叫你们经理来。

安：叫经理来可以，但你对我应有起码的尊重，我是来解决问题的，可不是来受你气的。

金：你不受气，难道让我这花钱的客人受气，真是岂有此理！

安：……

思考：这位大堂副理在处理客人投诉时有什么问题？

3. 露西是一家器械连锁店经理的秘书。她和经理凯文一致认为，如果公司空间扩大，生意肯定会更好，可是凯文一直不能让上级领导相信扩店会带来可观的利润。在一次会议上，一位上级负责人问露西工作得怎么样？露西答道："我喜欢凯文的工作态度，把所有商品和顾客挤压在这么小的地方，要是换了其他经理，早该嘀咕了。上周，我们就不得不直接在货车上销售电视机。要是我们有更多的空间就好了，顾客准会更加满意。但我们会从实际出发，尽力而为。"不出几日，公司便给凯文的店增加了一间门面。果不其然，小店的销售额顿时上涨。凯文对露西出色的表现大为赞赏。

思考：这个案例给你带来了哪些启示？

第八章

商务文书礼仪

学习目的和要求

当今社会是市场经济社会，商务活动则是各种社会活动的基础。随着经济改革的深入发展，商务文书写作已成为当前应用写作的一个热点。通过本章的学习，使学生了解书写商务文书的社交礼仪要求，掌握商务文书写作的步骤和方法，能够熟悉、规范地书写商务文书。

案例 8—1 **会议通知**

各部门经理：

经董事会研究决定，定于 12 月 20 日在虎域风景区召开各部门主任会议。会议为期 3 天，主要汇报各部门全年工作的完成情况并研究明年工作计划。要求各部门主任或副主任至少一人参加。

参加会议的人员，酒店负责接送；每人随身携带物品的体积不得大于 3 立方米，不得重于 2 斤；会后酒店会将参会人员送往大约 20 里外的餐厅。会议时间较长，希望大家准备好必备的生活用品。

2014 年 12 月 16 日

思考：这则通知有何不妥之处？

第一节　商务文书写作

一、商务文书写作概述

(一)商务文书的分类

在实际工作中,大家可能遇到各种各样的商务文书,根据其形式和用途可以大致将其划分为以下几类:

1. 按形式来划分

(1)固定格式的商务文书

常见的固定格式的商务文书主要有:商务合同、邀请信、通知、请示以及批复。相比较而言,这类商务文书的格式是有规范要求的。

(2)非固定格式的商务文书

非固定格式的商务文书在日常工作中往往应用得更为广泛,其中最为大家所熟悉的就是随着计算机和网络一起兴起的电子邮件。

2. 按用途来划分

(1)通用的商务文书

常见的通用商务文书主要有:通知、会议纪要、请示、批复、总结、备忘录以及报告等。相对于礼仪性商务文书而言,这些文体使用得更为频繁,所以本书将对它们的写作方法进行专门讨论。

(2)礼仪性的商务文书

礼仪性的商务文书主要是指贺信、贺电、邀请书、请柬以及慰问信。

(二)商务文书写作的特点

商务文书的写作与小说、网络上的博客以及游记有着显著的不同。叶圣陶曾经说:"公文不一定要好文章,但必须写得一清二楚、十分明确、字稳词妥、通体通顺,让人家不折不扣地了解说的内容是什么。"这个论述就提到了商务文书与标准公文(如人民日报的社论)相一致的规范性特征。

商务文书具有以下特点:

1. 简明

正所谓"句中无余字,篇内无赘语","简明"是商务文书首要特点。

2. 准确

所谓"准确",就是要求商务文书做到"一字入公文,九牛拔不出",不要像"关门闭户掩柴飞"将同样一个意思重复三次。在意思清楚的前提下,商务文书写作应追求尽量用一段话、一句话甚至一个词将核心意思表达出来。

3. 朴实

所谓“朴实”，是指在商务文书写作中不要刻意地堆砌辞藻。

4. 庄重

所谓“庄重”，是指在商务文书中对整体风格的把握不要过于诙谐幽默。太多的玩笑会极大地影响文书的严肃性。

5. 规范

商务文书写作在很多方面还具有规范性强的特点，其中标点符号的规范性尤为重要，却往往被大家所忽视。

(三)商务文书写作的要素

1. 主旨

所谓“主旨”，是指商务文书的中心思想，即作者所要表达的意思。商务文书的写作并不是为了写而写，而应该具有一个明确的目的；换言之，就是应该让对方看到该商务文书后产生作者所希望的感受和行动。

在主旨方面，应该遵循“正确、务实、集中、鲜明”的原则。

2. 材料

好的商务文书不是一蹴而就的，需要围绕作者的主旨来收集相关方面的素材。例如，政府机关撰写政策性的通知，就需要查阅很多以前类似的、与之相关的批文、章程等资料，以确保前后建立起必要的联系和呼应。

在材料方面，应该遵循“收集要多、选择要严、使用要巧”的原则。

3. 结构

好的商务文书应该具有良好的结构，否则会导致在不应该浪费笔墨的地方花费很多不必要的时间，而需要强调的内容则被相应弱化。

在结构方面，可以选择“篇段合一式、分层表达式、分条列项式”等方式。

4. 语言

如果说主旨、材料以及结构构成了商务文书的骨骼，那么行文的语言就是对其进行填充和丰富的血肉。在语言方面，应该做到“风格平直朴实庄重，表达规范准确简练”，最低要求也必须进行拼写检查以保证用词的准确。

二、书写商务文书的技巧

(一)努力做到“读者为尊”，增加商务文书的亲和力

案例 8—2

某大学图书馆门前张贴了一则通知，其中有一句话：“我们宣布，我们的新图书馆会在

6月份对外开放，欢迎光临。"为了提高其带给目标读者的亲和力，可以将其改为："从6月份开始，您可以用新图书馆来完善您的研究，我们图书馆欢迎您的光临。"做了如此修改后，可以发现其亲和力得到了较大的提升。

实际上，"读者为尊"就是提升对读者的关注程度的观念的一种延伸；其核心意思是要求从对方的角度来表述问题。在"读者为尊"的理念中，还有"最先提及读者而非自己"的原则。这个原则主要强调应该在表述的时候首先提到目标读者，而后继续其他内容，以增加商务文书的亲和力。

两种不同的表述，可以很明显地看出其中的区别：

一般的表述是："我很高兴地宣布，我们公司在2014年度超过了预期的目标，完成了任务"；

"读者为尊"的表述是："非常感谢在座各位的努力，由于你们的努力，我们公司在2014年超过了预期的目标"。

资料来源：中华礼仪网。

增加商务文书亲和力的方法有以下四种：

1. 增加第二人称代词

这是一种最为直接的方法，即在商务文书中增加"你""您"以及"你们"这样的第二人称代词，单数或者复数都可以。

2. 增加第三人称的专有名词

"第三人称的专用名词"有很多，如"消费者""纳税人"以及"员工"等，这些专有名词出现在商务文书中也是对目标读者的尊重。

3. 增加读者的姓名

由于人的天性使然，在商务文书中如果能在适当时机上加入读者的姓名，也会使其倍感亲切。

4. 增加对读者的暗指

所谓"对读者的暗指"，是指在商务文书中对祈使句的使用。这是因为祈使句中往往省略了指代目标读者的代词。

(二)增加商务文书的紧迫性

1. 增加文书紧迫性的作用

在日常工作中，大家都有这样的经验，即希望自己所发出的商务文书在目标读者那里能够第一时间阅读，从而使自己的沟通目的能够尽快达成。要做到这一点，必须增加商务文书的时间紧迫性，激发目标读者在最短时间内采取我们所希望的行动。

2. 增加文书紧迫性的方法

在商务文书中，增加紧迫性的方法其实很简单，就是在文书中加入体现时间敏感性的句子，注意限定事情的最后期限。在增加时间敏感性的过程中，应该注意以下三个方面的问题：

(1)时间的规范性

应该注意时间的规范性问题。这主要是指避免使用昨天、今天、明天、今年等时间约束不明确的时间代词。这样的表述并没有太大的实际意义。

(2)时间的精确性

在会议记录或者电报等商务文书中要把握时间的精确性，应该注明几月、几日、几时、几分甚至几秒等精确的时间，并且越精确越好。

(3)时间的通用性

①商务文书一律使用公元的全称，如 2015 年不能缩写为 15 年；

②在商务文书落款成文日期的部分，年度要采用中文的形式，例如“二〇一五年”；

③尽量不要用农历；

④注意汉字和阿拉伯数字之间的搭配使用规则，不能出现“腊月 15”以及“星期 3”等错误情况。

(三)增加可信度

商务文书写作的第三个技巧是增加可信度。所谓“可信度”，就是让自己的文书在目标读者那里看起来值得相信。而要做到这一点，必须在商务文书的撰写过程中做到言之有物，将撰写者实际经历的东西表达出来。

例如，“我们在努力地爱护环境”这句话是比较空洞的；而如果将爱护环境的具体行动增加进去则会极大地增加其可信度：“我们通过回收塑料、玻璃、铝材和纸张的方式，最大努力地爱护环境”。

(四)做到行文简洁

在日常商务环境中，目标读者并一定总是有时间来阅读并分析商务文书。因此，在意思鲜明的基础上，商务文书的撰写一定要做到尽量简单，不要啰唆。

案例 8—3　　复合句向单句的转化

有这样一句话：“考虑景观和工程因素后，我们将建筑位置定在离河最远的地方。如果这个位置不能为大家接受，我们将聘请调查员考察一下其他可选的建筑地点”。

可以明显地看到，这句话从“如果”开始形成了一个意思的转成，因此是个复合句。但这种复合句在商务文书中是不应出现的，应该将其转变为以下两个独立句：“考虑景观和工程因素后，我们将建筑位置定在离河最远的地方。如果这个位置不能为大家接受，我们将聘请调查员考察一下其他可选的建筑地点”。

资料来源：维基百科。

1. 词句力求精练

商务文书写作的目的并不是为了难倒别人或者进行语言功底的考试，因此，在商务文书中应该尽量选用简单的词，避免采用晦涩的词。与此同时，还应做到“一式一文主旨明确”，即用简单的一句话表达一个意思，不要试图用一个句子表达多个意思。

商务文书只是说明一个情况，而不是让撰写者发表某种感慨，因此应该少用描写性的词汇而尽量使用陈述性的词汇。

2. 另加附件

如果商务文书中有太多需要说明的内容，为了达到行文简洁的目的，可以将冗长的内容部分以附件的形式与正文分开。

3. 多用主动语式

在英文的文章中，被动语式的应用很多；但在中文的语境中，主动语式更加符合读者的阅读习惯。因此，商务文书写作应尽量采用主动语式。

4. 适当运用缩略语

在日常工作和生活中有各种各样的缩略语，如“三个代表”“八荣八耻”等；在商务文书中适当地运用缩略语可以使整个文章显得简洁流畅。值得注意的是，对缩略语的使用应该把握适当的原则，即不能将不通用、自创的缩略语运用于商务文书中；否则，容易引起不必要的歧异。

(五)语言规范

1. 数字的使用规范

对商务文书写作规范性的要求首先表现在所应用的数字上。对于在商务文书中应用的数字，有以下的使用规范和要求：

(1)真实准确

在商务文书中使用数字，第一个规范和要求是真实准确。商务文书中的数字通常对实际工作有着极大的指导作用，因此援引的数字务必来自稳妥的出处，这样才能确保真实准确。

(2)各个分数之和与总数相等

例如：“本公司大专文化程度的员工由过去的54%上升到78%，本科文化程度的员工由过去的29%上升到53%。”这句话中，该公司总人数的比例应该是100%，而两类文化程度不同的员工比重之和在增长之后却达到131%(78%+53%)，显然是不合逻辑的。这个句子应该改为：“本公司大专文化程度的员工由过去占总人数的54%上升到78%，本科文化程度的员工由过去占总人数的29%上升到53%。”“各个分数之和与总数相等”是运用数字的基本要求之一。

(3)统计口径一致

在商务文书中援引的数字的统计口径也是非常重要的，不同统计口径的数据放在一起是没有任何意义的。只有在统计口径一致的前提下，才能进行数据之间的对比。

(4)列举的数字有可比性

必须明确数字比较的基准。根据我国公文写作的规定，按惯例"××以上"以及"××以下"都应该是包含该数字在内的。

(5)注意倍数关系

在商务文书中，数字之间的倍数关系反映在"降低""降低了"以及"降低到"等表示数字变化的用语上。需要强调的是，"降低 70%"与"降低了 70%"表达的是同样的倍数关系，即原来为 100%，现在变为了 30%；而"降低到 70%"则不同，它表示原来为 100%，现在变为 70%。

(6)分清楚汉字与阿拉伯数字的使用场合

汉字与阿拉伯数字的使用场合是商务文书写作过程中需要注意的另一个问题，需要予以明确的界定。具体的规定为："商务文书中的数字，除成文日期、部分结构层次叙述以及在词组惯用语、缩略语和具有修辞色彩语句中作为词素的情况必须为汉字外，其他情况应当使用阿拉伯数字。"

2. 部分结构层次叙述的规范性

所谓"部分结构层次叙述"，就是对商务文书中的几级嵌套的分层次编号。在这个方面，国家标准规范的具体要求为：

(1)结构的第一层，其层次编号用"一""二""三"……来表示；

(2)结构的第二层，其层次编号用"(一)""(二)""(三)"……来表示；

(3)结构的第三层，其层次编号用阿拉伯数字"1""2""3"……来表示；

(4)结构的第四层，其层次编号用"(1)""(2)""(3)"……来表示。

与此同时，国家标准规范还要求商务文书的结构层次最好不要多于四级，否则会给读者带来极大的不便。另外，还应该注意不要越级使用各个层次的编号。

3. 计量单位的使用规范

在国家标准规范中，对于计量单位也是有明确要求的如表 8－1 所示。

表 8－1　　计量单位的使用规范示例表

	正确使用	错误使用
长度单位	公里、千米、米、分米、厘米	公分、尺
功率单位	千瓦、瓦	马力
质量重量单位	千克、吨、克、毫克	公斤、斤、两
热能单位	焦耳	千卡
体积单位	升、毫升	公升、立升
土地面积单位	公顷、平方米	亩、平方丈

4. 词语使用要规范

在商务文书写作中，还应该特别注意词语的使用规范。

小知识　　“等”和“等等”的用法

(1)表示列举未尽且后面再无其他词语的时候，“等”和“等等”都可以使用，而当后面有其他词语的时候则只能用“等”；

(2)无论是“等”还是“等等”，其前面所列举的名词或词组一般不得少于两项，但其中有一个特例，即当前面这个词是一个专有名词或者人名时，可以只列举一个后面用“等”概括；

(3)表示列举未尽且是指人的名词和专有名词的时候，一般只能用“等”；

(4)“等”与其前面所列举的名词或词组之间不能出现停顿，而“等等”与前面的词语之间则可以用逗号隔开。

资料来源：中华礼仪网。

5. 标点符号的使用规范

标点符号的使用会对商务文书最终呈现出来的意思产生重大影响。如果使用不当或者错误，则有可能造成理解上的偏差和歧义。

案例 8—4　　常见的标点符号使用错误

首先，我们看一下下例中标点符号的使用是否存在错误：

(1)“严禁中外记者利用采访进行挑唆，煽动性宣传报道”；

(2)“一、二十字，二、三十年代，七、八十岁”；

(3)“经营项目有馄饨、饺子、面条……等等”；

(4)“通过这件事我们深刻体会到：依靠群众、坚持调查研究的重要性”。

具体分析如下：

(1)这句话的问题在于“挑唆”和“煽动性报道”是在宾语的级别上的并列，它们之间应该使用顿号；

(2)这里的问题在于三个词组之中的顿号，顿号代表的是语气的停顿，类似于休止符，这里的三个词组不应该使用顿号进行内部停顿；

(3)这句话的问题在于省略号和等等是重复的，应该两者选用其一；

(4)这句话的问题在于冒号的使用，“深刻体会到”与后半句话实际上是动宾关系(一个从句做宾语)，它们的联系是很紧密的，不应该用冒号来进行句内的停顿。

资料来源：中华文本库。

关于标点符号的点放位置，需要注意以下几点：

(1)点号可以放在一行文字的末尾，但是不可以放在一行文字的开头；换言之，点号应该紧跟前面意思的文字，而不要把它单独放到下一行。

(2)标号中的引号、括号和书名号，前半个不能放在一行文字的末尾，而后半个则不能放在一行的开头。

(3)标号中的省略号和破折号，不可以一半在前一行文字中而另一半在后一行文字中。

(4)引文结尾处的句号和引号，如果引用语是作为一个独立整体存在，则句号在先；反之，则句号在后。

第二节　商务信函文书礼仪

信函是一种普通、古老的沟通方式，是人们在日常生活、社会交往及工作中用来传递信息、交流思想感情的应用文书。信函从内容到结构、从信封到落款都有一定的礼仪要求。掌握信函的基本结构和写法，有助于更好地发挥信函的功能，促进商务往来和良好的人际交往。信函分为一般信函和专门信函。专门信函包括贺信、感谢信、介绍信等类型。

信函礼仪是指人们以信函的方式进行文字信息交流时应遵守的礼仪规范。

一、一般信函文书礼仪

(一)信封的书写

信封内容的写法一般分为横写和竖写两种，大多采用横斜，竖写的较为少见。横写是从上至下的顺序，竖写是从右至左的顺序。以横写信封为例，信函封文一般先写收件人邮政编码、详细地址、姓名，后写寄信人地址、邮政编码(或加上姓名)。

1. 收信人邮政编码

信封左上方印有六个方格，用来填写收信人所在地的邮政编码。邮政编码要用标准字体，填写正确、清晰、规范，每一格填写一个数字。

2. 收信人的地址、单位

该内容写在邮政编码下方，要写得详细、具体、工整、清晰，便于投递员准确投递。要写清收信人所在省(市、自治区)、县(区)、乡(街)、村(门牌号码)或高层建筑的房号。写单位地址不仅要写清单位的详细地址，还要写明单位和部门的全称。

3. 收信人的姓名

收信人的姓名写在信封中间，字体要大一些。为了表示对收信人的尊重，可将姓名写大一些并且落笔略靠左一些，姓名之后空一到两格写“先生”或“女士”等称呼，之后写“收”

“启”“鉴”或“敬启”等(也可以不写)。注意不要使用写信人对收信人的亲属称谓或者收信人的行政职务,如“×××弟弟”、“×××科长”,写姓名时要写全称。若是让他人转给收信人,则先写转信人姓名,字体稍小些,接着写“转”或“转交”“面交”“烦交”等字,后写收信人姓名,字体稍大些。即使捎信人熟悉收信人,收信人姓名也不能省略。

4. 寄信人地址、姓名和邮政编码

信封的右下方应写明寄信人的详细地址,字迹要比收信人略小一些,要按收信人地址的顺序详写,不管是否为挂号信,都应写上姓名;否则,信一旦未送到收信人手中,便无法退还。寄信人的邮政编码写在信封右下角的六个空格内。

要特别注意的是,在写信封时,姓名、地址要用标准简化字写上全称。在信封的右上角大方格处贴上邮票或在邮局盖上“邮资已付”戳。如果是委托他人转交的信,一般不封口,以表示尊重;当然,涉及隐私、保密的除外。

(二)笺文

笺文是信函的主要部分,一般包括称谓、问候、正文、结尾等几部分。

1. 称谓

称谓是礼仪在信函中最直接、最明显的一种表现。称谓应写在信文的第一行左起顶格处,单独成行,称呼之后加上冒号,以引领下文。确定对收信人的称谓时,应兼顾其性别、年龄、职业、身份及双方关系。在称谓前,也可适当加上一些词语,以进一步表示对对方的尊重和友好,如“尊敬的”“敬爱的”“亲爱的”等形容词。

2. 问候

问候是信文的开场白,表示问候、赞颂、怀念或者提示写信的原因。问候的位置一般在称谓下一行左起空两格的位置书写,单独成行。可问候“您好”“新年好”等。

3. 正文

正文是信函的主体,一般包括缘由、主体、总结三部分。缘由即说明写这封信的原因;主体是准确清楚表达写信人的意图;总结是对主体内容加以概括总结,或对重点加以强调。按惯例,正文应紧接着写在问候语后面,并另起一段书写。头一行要空两格,此后转行顶格书写。根据实际需要,正文可以分作数段,每段头一行要空出前两格,此后转行顶格。在一般情况下,正文中每讲一件事情,原则上都应当另起一段,以便层次清晰,使收信人能够一目了然。在信文中,叙述条理要清楚,措辞要得体,语言尽量口语化,注意礼貌用语。

4. 结尾

结尾位于正文之后,属于信文的结束部分,一般由结束语、祝福语、落款语、附问语和附言构成。

(1)“结束语”是专门写在信尾的应酬话和按惯例所用的措辞、敬语。目的是呼应全文,宣布“到此为止”。该部分可自成一段,也可以紧接着正文的最后一段书写,不再独立分段。

(2)"祝福语"是对收信人所表达的良好祝愿,也称祝词。通常采用专门的习惯用语,分成两行书写。写在头一行的部分,需空出前两格;写在后一行的部分,则应顶格写。

(3)"落款语"一般分为自称、署名、日期三个部分。署名就是写上写信人的名字,必要时前面可以写上与对方的关系,后面写上必要的谦辞。自称与署名可在祝福语之后另起一行书写,也可视整封信的内容及占用纸张的情况适当多空几行。日期的部分可与署名写在同一行,并位于其后;有时也可另起一行,写在自称与署名的正下方。

(4)"附问语"是发信人附带问候收信人身边的亲友,或者代替自己身边的亲友问候收信人及其身边的亲友。附问语应另行书写,可以写在结束语之前,也可写在落款语后面。

(5)"附言"指的是信文写完之后,发现遗漏的内容,用附言的形式对正文进行补充。一般情况下,附言最好不要出现,有必要写上这一部分时,要以"又及:"或"又启:"开头,独立成段,写在信的最后。

小知识

尊敬的李经理:

　　您好!

　　××

　　祝工作顺心!

××

××××年××月××日

笺文的书写必须注意以下几点:

(1)使用规范、整洁的信笺,语言要礼貌,尊称和敬语使用要得体。尽量使用规范和文明礼貌的词句,表达意思要清楚。

(2)书写用的墨水一般应以黑色、深蓝色为主。

(3)手写信函一定要字迹工整,字体适度、规范、清晰。信函中的文字不仅要让人看懂,而且要让人看着舒服、心情愉快。这就要求写信人从信函的内容到文字的书写,都能使收信人感到顺畅、亲切和优雅。

(4)如果是用计算机打印的信笺,署名一定要手写,以示尊重。

二、专门信函类文书礼仪

(一)介绍信

介绍信是介绍本单位人员到外单位参观学习、联系工作、了解情况或出席某种会议等所写的一种书信，具有介绍和证明的作用。使用介绍信，可以使对方了解来人的身份和目的，以便得到对方的信任和支持。

介绍信的内容包括称呼、正文、结尾、署名和日期，要注明有效日期。介绍信主要有两种形式，即普通介绍信和专用介绍信。普通介绍信一般不带存根，正中写“介绍信”。专用介绍信共有两联：一联是存根，另一联是介绍信的正文。两联正中有间缝，同时编有号码。

小知识

介 绍 信

××县××乡政府：

兹介绍我公司杨××、陈××两位同志，前往你处联系有关乡镇企业管理事项，请接洽。

此致

敬礼

××××公司(公章)

××××年××月××日

思考：这封介绍信有何不妥之处？

(二)表扬信

表扬信的作用是对个人或集体的先进事迹、先进思想进行表扬，使被表扬的个人或集体受到鼓励，使更多的人受到教育。表扬信可以写给对方的单位，也可以写给报社、电台。写表扬信的人可以是当事人，也可以是见证人。

写表扬信，一定要把事情的时间、地点、经过介绍清楚，事实要准确无误，评价要恰如其分。如果无法了解到被表扬人的单位和姓名，则需要将其特征写清楚，以便查找。

(三)感谢信

感谢信是为感谢对方的关心、支持和帮助而写的信函。感谢信不仅有感谢的意思，而且有表扬的内涵，要求真实具体、感情鲜明。感谢信可以张贴，也可以邮寄。感谢信的格式与一般信函基本相同，包括标题、称谓、正文、结尾和落款。

1. 标题

第一行正中写“感谢信”或“致×××的感谢信”等字样，字体要大些。

2. 称谓

顶格书写感谢对象的单位名称或个人姓名。

3. 正文

从第三行空两格起，首先要写感激的心情，其次精炼叙述对方的事迹，说明感谢的原因，重点叙说在关键时刻因对方的关心、支持、帮助而产生的效果。要将事迹叙述清楚并有条理，把人物、事件、时间、地点、原因、结果等要素说清楚，使对方能够回忆起来或让他人了解清楚。最后再次表示谢意，并表明向对方学习的态度和决心。

4. 结尾

写上表示敬意、感激的话，如“致以最诚挚的敬意”“此致”“敬礼”等。

5. 落款

署单位名称或个人姓名，并注明写信的年、月、日。

小知识

感谢信

××电网公司：

我局××街变电所自动化改造项目使用的是贵公司的保护及测控设备，原计划于201×年××月××日正式开始。××月××日，贵公司张三同志来我局开始进行后由于工作计划调整的原因，工作推迟到××月××日开始，至201×年××月××日完工并通过验收。

贵公司张三在我局配合调试期间，积极配合我局安装调试人员开展工作，工作认真细致、一丝不苟。这种工作精神值得我们学习！

在此，特向贵公司及张三表示感谢！

此致

敬礼

××电局

××××年××月××日

(四)贺信

贺信是表示祝贺的信函的总称，一般用在企业、团体或个人有突出成绩或喜庆之时。现在的贺信已成为表彰、赞扬、庆贺对方在某个方面所做贡献、所取得成就的一种常用形式，兼有表示慰问和赞扬的功能。贺信的内容一定要有针对性，语言要热情洋溢、令人振奋，内容要实事求是，评价要恰如其分。贺信既可以宣读，也可以通过邮寄送达对方，或者刊登在报纸杂志上。

贺信的格式与一般信函大致相同，包括标题、称谓、正文、落款。“标题”可以写“贺信”，也可以在此之前写上何人给何人的贺信或祝贺的理由；“称谓”即受贺者的姓名称呼或者单位名称；“正文”首先表示贺意，接下来写祝贺的事实，表示肯定与赞扬，评价要适当且有新意，然后提出自己的希望。通常以“谨祝取得更大的成功”一类祝愿语结尾；如果祝愿的内容写得详细具体，也可以不用祝愿词收尾。写作时要注意颂扬得体、感情真挚、文字简练。“落款”写明发信人和发信日期。

商务活动中使用贺信，除了一般的社交意义外，可能还有业务往来上的考虑，所以更要注意及时祝贺。贺信一般有以下四种类型：

(1)上级单位写给下级单位或所属职工的贺信。这种贺信有的是祝贺节日,有的是祝贺所取得的成绩,同时向对方提出希望和要求。

(2)单位之间的贺信。这种贺信一是表示向对方祝贺,二是表示向对方学习。

(3)下级单位向领导机关发出的贺信。通常是对上级单位召开的某种重要会议表示祝贺,同时汇报自己的成绩,向上级单位表示自己进一步做好工作的决心。

(4)以个人或单位、组织的名义给××祝寿,或者向在某一方面做出突出贡献的人表示祝贺。

小知识　　**庆祝报社周年纪念**

×××报社:

今晨接到贵社寄来的请柬,欣悉××月××日为贵报创立三周年纪念日。本公司全体同仁谨以万分的热忱,向贵社庆贺。

回想贵报创刊的时候……

希望贵报业务蒸蒸日上,不但风行本省,还能风行全国!敬祝贵社全体同仁身体健康!

×××公司

××××年××月××日

(五)慰问信

慰问信是以组织、团体或个人的名义向辛勤工作的某些人或者遭受某种不幸的人表示问候、安慰、鼓励、关怀的一种书信。慰问信可以写给不同的人。要根据对方不同的工作特点,有针对性地对对方的辛勤工作进行问候和安慰。对对方的工作成绩要充分肯定,热情赞扬他们的奉献精神,鼓励他们再接再厉;对遭受灾难或哀痛的人,除了对他们的不幸表示关切和安慰,还要鼓励他们振作起来,鼓起战胜困难和伤痛的勇气。写慰问信,用词要亲切、热诚,感情要真挚。

(六)邀请函

邀请函是用于邀约的一种社交信函。商务活动中的邀请函通常是邀请行政机关、企事业单位、社会团体或个人前往某地参加某项活动或事宜的专用信函。

邀请函的措辞要求言简意赅,说明问题,同时又不失友好。可能的话,将它打印出来,并由邀请人亲笔签名。收到邀请的人无论应约与否,都要及时回复。同时,要注意邀请函的发出时间。

小知识　　**邀　请　函**

尊敬的××先生/女士:

首先感谢您在过去的时间里对我们的关注和支持,感谢您对我们所有工作的理解和肯定！在此，经理李刚率全体员工为您送上我们最真挚的问候和最衷心的祝福！

北京××××公司专门经销……

我们拥有一支“敬业、专业”的销售服务团队……因公司业务发展，为了更好、更快地服务客户，我公司现决定设立××分公司。

我公司将于××××年××月××日举行××分公司成立大会，诚挚邀请您亲临，感受××分公司的生机和活力。

让我们再次代表全体同事，对您长期以来对我们的关心和支持表示感谢，同时也向您的即将莅临表示感谢！

时间：××××年××月××日上午××：××

地址：×××

联系人：×××

联系电话：×××××××××

××××有限公司

（七）咨询信

咨询信用于向有关部门询问某种事项或托办某种事情。咨询信的内容比较广泛，工作或日常生活中遇到的一些需要了解的工程进度或办事手续都可向有关部门咨询。咨询信一般是个人向有关部门的咨询，单位也可以发出咨询信。写咨询信的目的是就某些问题向有关部门征询、请教，以期得到圆满的回答。因此，提问题要清楚、明确，不要含糊、笼统，使对方无从回答。同时，还要注意文字简洁、有礼貌。

小知识 **给××市公安局户籍处的咨询信**

××市公安局户籍处：

我在浙江的父母年纪老了需要照顾。我准备把它们的户口从外地迁入上海，请问该到哪里办理入户手续？

此致

敬礼

×××

×××年××月××日

（八）申请书

申请书是个人、单位、集体向组织、领导表达愿望、提出请求，要求批准或帮助解决问题的专用书信。它有请求性和单一性的特点。按内容分，申请书分为入党申请书、入团申请书、入会申请书、开业申请书、调动申请书、专利申请书等；按申请者分，申请书可分为个人申请和单位申请等。

申请书包括标题、称谓、正文、结尾和落款等几部分。

1. 标题

申请书的标题主要有两种写法。直接写“申请书”三字，如《申请书》；“申请书”前加上内容，如《入党申请书》《开业申请书》。

2. 称谓

顶格写明接受申请书的单位、组织或有关领导。

3. 正文

申请书的正文内容主要包括申请事项、申请理由和申请态度三部分。申请事项应写得简明扼要，不宜写得太长。申请书一般需表达自己的申请被批准后的态度和决心。

4. 结尾

结尾写上“此致”“敬礼”等祝颂语。

5. 落款

落款处署上“申请人”三字及姓名，在署名下行署上时间。

申请的事项要写清楚、具体，涉及的数据要准确无误；申请理由要充分、合理，实事求是，不能虚夸和杜撰，否则难以得到批准；语言要准确、简洁，态度要诚恳、朴实。

(九)求职信

求职信是谋职者与用人单位初次联系时反映自己求职意向的专用书信。求职信包括自荐信和应聘信。求职信具有自荐性、真实性和语言礼貌得体的特点。

求职信的基本格式包括标题、称谓、正文、祝语、署名和时间、附件等几部分。

1. 标题

求职信的标题一般以“求职信”三字为标题，居于首行正中。

2. 称谓

按一般书信格式写上收信者单位名称或个人姓名，在求职信第二行顶格书写，要礼貌得体，力求恰当。

3. 正文

求职信正文内容包括表态求职、自我推介和希望要求三部分。

4. 祝语

求职信的祝语大多使用亲切、富有人情味的话语。

5. 署名和时间

在正文右下方写明个人姓名，并署上日期。

6. 附件

求职信一般附带各种附件，如简历、毕业证复印件、专著目录、论文目录、获奖证书复印件等。

求职信内容须实事求是、客观；不必过于谦恭，也不能狂妄自大；语言简洁明了，礼貌得体。

实训8—1 同学们以后将走上工作岗位。请每位同学为自己写一份规范的求职信。

(十)建议书

建议书是指个人、单位或集体向有关单位或上级机关和领导，就某项工作提出某种建议时使用的一种常用书信。建议书具有建设性特点。按建议者分，建议书可分为个人递交的建议书、单位递交的建议书和集体递交的建议书。

建议书通常由标题、称谓、正文、结语和落款等几部分组成。

1. 标题

建议书的标题一般有两种写法。首行中间写"建议书"三字；写建议内容加"建议"或"建议书"。

2. 称谓

写收信人的姓名或单位名称，格式与一般书信相同。

3. 正文

建议书的正文内容主要包括建议原因、建议事项及提出希望三部分组成。

4. 结语

通常在正文后特意写上结束语，以示谦逊得体。结束语通常用"以上建议恭请考虑""呈××审核"等。

5. 落款

落款处署上建议单位或个人姓名及成文时间。

建议书要具体明确，有针对性。要把握好分寸，实事求是，不提过高要求，所提的建议必须是切实可行的。建议书的语言要精练、准确，一般不宜太长，不宜有过多的分析和论证。

(十一)倡议书

倡议书是公开提倡某种做法，倡导某种活动，鼓动他人响应的一种专用书信。倡议书具有广泛性和鼓动性的特点。从发文角度分，倡议书分为个人倡议书和集体倡议书；从传播角度分，倡议书有传单式倡议书、张贴式倡议书和广播式倡议书等。

倡议书由标题、称谓、正文、署名和时间等构成。

1. 标题

倡议书标题通常只写"倡议书"三字，如《倡议书》；另外，还可以由倡议内容和文种名共同组成，如《给电子游戏迷的倡议书》。

2. 称谓

有明确倡议对象的，写上倡议对象的名称，如"广大青少年朋友们""广大妇女同胞们”，若范围很广，也可省略称谓。

3. 正文

倡议的背景和目的，倡议事项，决心和希望。

4. 署名和时间

在正文右下方写明倡议者单位、集体或个人的名称或姓名，并署上日期。

书写倡议书时，倡议的内容必须可行，理由必须充分，措辞必须得体。

第三节　商务致词类文书礼仪

一、开幕词

开幕词是在交易会、展览会或其他专项活动开始时向来宾介绍会议的意义、宗旨或者主办方意愿的致词，一般在欢迎词之后，对会议起着重要的指导作用。

开幕词的基本格式一般包括标题、称谓和正文。

(1)“标题”一般由事由和文种构成。有的标题由致辞人、事由和文种构成；有的只写文种“开幕词”，如“×××同志在××会议上的开幕词”。一般根据会议性质、与会者身份来确定称谓及称谓的修饰语。

(2)称谓要顶格写。

(3)“正文”包括开头、主体和结尾三部分。“开头”既可以开门见山地宣布会议开幕，也可以对会议的规模及与会者的身份等做简单介绍，并对会议的召开及与会人员表示祝贺。“主体”阐明会议的意义、宗旨。比如，通过对以往工作情况的概括性总结和对当前形势的分析，说明会议是在什么形势下、为了解什么问题和达到什么目的而召开的；随后说明会议的主要议程和安排；为保证会议顺利举行，还可以向与会者提出会议的要求。“结尾”提出对与会者的祝愿和希望，要做到简短有力。

小知识

洽谈会开幕词

女士们、先生们：

值此××省国际经济技术合作和出口商品洽谈会开幕之际，我代表××省对外贸易总公司，向远道而来的各国来宾、港澳同胞、海外侨胞表示热烈的欢迎和亲切的问候！

××××年××月，在庆祝××对外贸易中心落成典礼时，我们曾在这里举办过一次洽谈会。今年这次洽谈会，规模和内容比上一次更加广泛和丰富。这次洽谈会将进一步扩大我省同世界各国及港澳地区的经济技术合作和贸易往来，增进相互了解和友谊……

最后，预祝××省国际经济技术合作和出口商品洽谈会圆满成功。

谢谢！

二、闭幕词

闭幕词是党政机关、社会团体、企事业单位的领导人在会议闭幕时所做的总结性讲话。闭幕词一般由标题、称谓、正文和结束语组成。

1. 标题

与开幕词的标题构成形式基本一样，一般由事由和文种构成，如“中国共产党第十八次全国代表大会闭幕词”；有的只写文种，以“闭幕词”作为标题；也有的由致词人、事由和文种构成，其形式是“×××同志在××××会议上的闭幕词”。标题之下，用括号注明会议闭幕的年、月、日。

2. 称谓

根据会议性质及与会者的身份来确定，如“同志们”“各位代表”等，要顶格写。

3. 正文

包括开头、主体和结尾三部分。开头简要说明大会经过，是否圆满完成了预定的任务。主体对大会进行概括性总结。结尾对保证大会顺利进行的有关单位及服务人员表示感谢。“结束语”宣布会议结束，通常只有一句话：“现在，我宣布，××××大会闭幕！”

小知识

××××大会闭幕词

(××××年××月××日)

女士们、先生们：

一年一度的××××，经过三天的讨论，针对××××进行了交流。这种观念从未像今天这样具有如此的实际意义。

……得到了广泛的支持，使大会圆满成功。我表示衷心的感谢，并希望我们在下一届大会上再相会。谢谢大家！

三、致词

表达情感和适应礼节的需要而在特定的仪式上发表的礼仪性讲话，统称为“致词”。

(一)致词的种类

1. 欢迎词

即在迎接宾客的仪式上或会议开始时，主人对客人的到来表示热烈欢迎的讲话。

2. 欢送词

即在欢送宾客的仪式上或会议结束时主人对客人的离去表示热烈欢送的讲话。

3. 祝酒词

即在喜庆宴会或外宾招待会上，主人以酒为媒介向宾客表示良好祝愿的讲话。

4. 答谢词

即宾客对主人的热情接待表示感谢的讲话。

5. 告别词

即客人对主人的热情欢迎和盛情接待表示感谢的讲话。

(二)致词的格式

1. 称谓

人名要用全名，一般冠以“尊敬的”“亲爱的”等礼节性修饰用词，姓名后加上头衔或“先生”“女士”这类称呼语。

2. 开头

表达情意，交代出致词人身份。

3. 主体

这是致词的中心部分，主要回顾彼此间的友好交流、合作情况及工作上所取得的成绩。

4. 结尾

再次表示欢迎(欢送)或感谢，也可写一些祝愿和希望之类的话。

在书写致词时，表达情感要真诚，不过分夸张，不堆砌过多的客套、应酬之语，避免给人以虚伪之感；应注意表达的感情色彩，做到不卑不亢，既热情有礼，又不媚俗轻浮；文字力求简洁明白，篇幅简短；语言要雅俗共赏，力求简明生动，有条理性。

实训 8－2　英国某大学组织一批交换生来到你的学校参观交流。假如你是学校的学生会主席，请撰写一份欢迎词。

第四节　商务帖类文书礼仪

在商务活动中，为了促进贸易双方相互了解、增进友谊、扩大贸易，解决一些通过函电难以解决的问题，常用帖类文书。帖类文书能够显示邀请的礼貌性，它的作用在于表示对客人的尊敬和邀请者的郑重态度。帖类文书包括请柬、聘书等。

一、请柬

请柬又称请帖，是机关、团体或个人邀请有关人员参加会议、庆典、婚宴、寿宴或其他重要活动时发出的、制作精美的礼仪文书。请柬的特点主要是：礼节的庄重性、内容的告知性、制作的精美性。根据内容和性质，请柬可以分为集会庆典请柬、婚嫁庆贺请柬和日常应酬请柬三种基本类型。

(一)请柬与邀请书的区别

请柬与邀请书相比,都具有“邀请”的作用,同样具有庄重性和礼仪性的特点,但存在以下几点区别:

(1)邀请书的使用范围比请柬广泛;

(2)邀请书的内容比请柬复杂,信息容量更大;

(3)邀请书的措辞及制作比请柬更朴实。

(二)请柬的封面和封里

1. 封面

封面写上“请柬”或“请帖”两字,它相当于请柬的标题,可横写或竖写,要字体美观、醒目,周围有吉祥、喜庆的装饰画面。

2. 封里

封里一般由称呼、正文、结语、落款等组成,有的还加上附言。

(1)称呼。顶格书写被邀请单位(或个人)的名称,姓名后要加称谓。

(2)正文。即请柬的主体,另起行左(或上)空两字写明活动的内容。

(3)结语。结尾处写上“敬请光临”“恭候光临(指导)”“请拨冗光临”“顺致崇高的敬意”等礼貌用语。

(4)落款。在正文右下角写上邀请单位(或个人)的名称和请柬发出日期。

(5)附言。如果是邀请客人观看文艺演出或其他表演,要在落款下一行左空两格后注明“附××券×张”等。

(三)书写请柬的注意事项

(1)内容准确无误。

(2)措辞简洁得体。在遣词造句方面,有的使用文言造句,显得古朴典雅;有的选用平易、通俗的语句,显得亲切热情。不管使用哪种风格的语言,都要庄重、明白,使人一目了然。

(3)制作精美大方。

小知识 **请柬**

××先生:

兹定于××××年××月××日在××路和平大酒店召开××商场开业十周年庆典活动。

恭候光临

××敬约

二、聘书

(一)聘书的含义及类型。

聘书是“聘请书”或“聘任书”的简称，一般指机关、团体、企事业单位聘请某些有专业特长或有威望的人完成某项任务或担任某项职务时所发的邀请性质的专用书信。聘书具有聘任性和合约性的特点。聘书按内容分，可分为岗位聘书、职称聘书和荣誉聘书等。按形式分，可分为书信式聘书和表格式聘书。

(二)聘书的格式

1. 标题

聘书的标题往往是在正中写上“聘书”或“聘请书”字样。

2. 编号

为方便管理，一般在“聘书”字样右下方注明编号，如“××聘字〔201×〕×号”。

3. 称谓

一般另行顶格书写受聘者的姓名，后加称呼，称呼后加冒号。有的没有称谓，直接在正文中写明受聘人的姓名、称呼。常见的印制好的聘书则大多在第一行空两格写“兹聘请××……”。

4. 正文

聘书的正文一般包括以下内容：交代聘请的原因和聘请担任的工作及所担任的职务，写明聘任期限，说明聘任待遇。此外，有的聘书还写上对被聘者的希望。

5. 结尾

聘书的结尾一般在正文下一行空两格书写“此聘”等字样，后面不加标点符号。也可用表示敬意和祝颂的结束用语，如“此致”“敬礼”等。

6. 落款

落款要署上发文单位名称或单位领导的姓名、职务，并署上发文日期，同时加盖公章。

小知识

聘　请　书

为了提高教学质量，本校成立了××教学研究会。特聘请××老师为指导教师，参加教学研究，并关心、指导本校的教学工作。

此致

敬礼

××大学(盖章)

××××年××月××日

第五节 通用商务文书礼仪

按照内容以及用途作为划分标准，商务文书可以分为通用的商务文书和礼仪性的商务文书两大类。上面几节介绍的都是礼仪性商务文书。这一节重点了解常见的通用商务文书，主要有通知、会议纪要、请示、批复、总结、备忘录以及报告等。相对于礼仪性商务文书，这些文体使用得更为频繁。

一、通知

通知是适用范围最广泛的一种固定格式的商务文书。在日常工作中，既有给下级发的通知，即所谓"下行文"；也有给上级发的通知，即所谓"上行文"；另外，给同属于一个系统但不相关也不相隶属的单位(即平级关系)也可以发通知，即所谓的"平行文"。

(一)通知的六种类型

1. 会议通知

撰写会议通知的时候，关注的内容包括会议的时间、地点、目的、要求、安排以及外地人员到会的方式等。

2. 指示性通知

所谓"指示性通知"，就是用于上级传达给下级机关予以办理的通知。

3. 批准性通知

所谓"批准性通知"，就是下级有某个请示呈递上来、经上级批准之后再转发出去予以遵照执行的通知。

4. 发布性通知

所谓"发布性通知"，主要用于某种规章制度的发布。需要注意的是，这种通知是应该附带文件附件的。例如，从 2007 年 1 月 1 日开始我国开始实施新的会计准则，那么围绕这个主题所下发的通知就将《新会计准则》作为附件与该通知同时下发。

5. 知照性通知

所谓"知照性通知"，通常用于上级给所属的下级机关通报某些事务、下级机关了解情况即可，如上级单位关于任免与聘用的通知。

6. 周知性通知

与知照性通知相似，还有一种通知叫作"周知性通知"。这种通知的作用在于让目标读者知道事件的情况而无须他们采取任何措施和行动，纯属告知性的。

(二)通知的格式要求

1. 标题

通知的标题应该包括发文机关、事由以及文种三部分内容，如“国务院关于预防禽流感的通知”。

2. 送与对象

通知与其他商务文书一样，应该且只能有一个主送单位，但抄送单位可以有多个。主送单位一定要顶格来写。

3. 正文

通知的正文主要由撰写通知的理由、事情经过以及具体要求等内容构成。

4. 署名

通知的署名包括发文机构和日期。

5. 附件

批准性的通知，如有关××法律法规的通知、总经理办公室关于新的财务报销制度的通知等，应该将法律法规或者新的财务报销制度作为附件与通知一同下发。

二、报告

在日常工作中，绝大多数人都撰写过报告。在西方，无论是报告还是总结，都可以统称为“report”；而在我国，报告特指一种由下往上、下级对上级汇报阶段工作、反映问题、提出建议或者就某个问题进行答复的“上行文”。报告具有单向性和叙述性(切忌辞藻的堆砌)的特点。

1. 报告的类型

依据具体内容，报告可以分为以下四种类型：

(1)工作报告，即下级对上级进行的汇报。

(2)情况报告，即关于某个重大事件的经过的汇报，其重点在于事情的时间、地点、人物、起因、经过、结果、事件分析、经验教训以及处理情况等。

(3)答复报告，就是针对上级对自己的一个询问所给予的答复。这种报告具有被动行文的特征，要求实事求是、针对具体问题来进行回答。

(4)建议报告，就是下级主动向上级提出建议或者希望的报告，其特点与请示类似。

2. 报告的格式

报告的写作格式与通知基本一样，但以下几点需要特别注意：

(1)报告的名称同样可以包含三个部分，但其中的发文机关可以省略；

(2)报告的开头应该写“关于××事情，现做如下报告”；

(3)报告的内容中有一些套话是必需的。例如，在报告的结尾应该说“以上报告请审阅”或者“报告如无不妥，请批转执行”等与开头呼应。

三、请示

当撰写者自己的单位以及权限不足以做相应的决定，这个时候就需要请示。请示在政府机关、私营企业以及外企也被广泛地予以应用。

(一)请示的特点

1. 事前行文

事后行文称报告,事前行文即为请示。也就是说,请示并不是先斩后奏的行为。

2. 一事一请

一个事情做一个请示。不要把不同的请示内容放在同一个请示文书中;否则,上级领导一方面容易遗漏其中的某一项内容,另一方面也难以做部分的批准。

3. 需要批复

请示都是需要批复的。

(二)请示的格式

请示的格式基本与前两种商务文书一样,但在最后结尾的时候需要注意:

(1)加上"妥否,请批示";

(2)加上"以上如认为可行,请批准有关单位执行";

(3)在署名和时间部分必须加盖印章。

四、批复

批复是上级答复下级的请示的一种下行文。

1. 批复具有以下特点:

(1)指令性强。与主动发出的命令不同,批复是基于下级的请示而做出的被动的指示。因此,在做答复的过程中,实际上也表明了上级机关的态度。

(2)针对性强。正如前文所分析的,请示是"一事一请"的。相应的批复也是根据所请示的事情而做出的一个指示。

(3)态度鲜明。批复一定是态度鲜明的,不可能出现模棱两可的情况。

(4)政策性强。上级在批复中所做出的"不同意"或者"同意"的决定,一定有非常正式的依据,如国家的某号条文。

2. 在写作格式方面,批复还有一些专有的要求:

(1)在批复的正文中含有隐语,即是针对某一个请示而予以的批复。因此,正文中应该包括"××号文收悉"或者"某年某月某日关于××事项的请示收悉"。

(2)给出答复意见应该写"经研究答复如下"或者"特此批复"。

(3)与请示一样,批复也必须有公章。

五、会议纪要

对于各种组织的会议而言,最重要的就是"有议有决",作为记录会议决议的商务文书——会议纪要,自然也就非常重要了。会议纪要分为决定性的会议纪要和消息性的会议纪要。

(一)会议纪要的作用

(1)传达会议精神;

(2)记录议定的事项,即归纳、提炼和整理会议中的决议性内容。

(二)会议纪要的写作格式

(1)会议纪要的标题中没有发文机构;

(2)将会议的目的、时间、地点、参加人、缺席人、缺席原因、主持人、报告人以及议程等内容在导语中进行说明;

(3)会议纪要的主体为决议事项或者主要认识和意见;

(4)在会议纪要的最后要对未来进行展望。

六、总结

总结,是对经验教训的概括和梳理。其撰写过程应该注意以下几点:

(1)总结的内容通常包括经验教训、心得体会等;

(2)总结都是第一人称的;

(3)依据内容范围的不同,总结可以分为综合性的总结以及专题性的总结;

(4)总结的标题中要加入时间。

第六节 电子邮件与传真的使用礼仪

一、使用电子邮件的礼仪

随着网络技术的快速发展,电子邮件成为人们在网络办公过程中经常使用的交流工具。使用电子邮件要遵守一定的规范,这也是网络礼仪的一部分。

(1)在电子邮件的“主题”或者“标题”一栏,一定写清楚信件的主题或标题。否则,容易让对方误以为垃圾邮件,不打开就直接删除了。在撰写内容时,应遵照规范的商务文书格式书写。

(2)很多人喜欢在电子邮件中加入一些表情符号或者图片。若在用于处理公务的电子邮件中使用这些符号,会显得过于随意,应该极力避免。如果在发信的时候另加“附件”,要在信件里加以说明。

(3)定期打开收信箱查看邮件,以免遗漏或耽误重要邮件的阅读和回复。一般应在收到邮件的当天予以回复。如果涉及较难处理的问题,要先告知对方你已收到邮件,处理后会及时给以正式回复。

(4)定期整理收信箱,对于不同邮件应分别保存。对于和公务无关的垃圾邮件,或者已无实际价值的邮件,要及时删除。

二、使用传真的礼仪

传真的主要优点是操作简便,传送速度迅速,而且可以将包括复杂图案在内的真迹传送出去。它的缺点是发送的自主性能较差,需要专人进行操作,有时清晰度也难以保证。

商界人士在使用传真时必须注意下述两个方面的礼仪问题:

(1)使用传真必须在具体的操作上力求标准而规范。不然,其效果会受到一定程度的影响。本人或本单位所用的传真机号码,应被正确无误地告知重要的交往对象。一般而言,在商用名片上,传真号码是必不可少的一项重要内容。对于主要交往对象的传真号码,必须认真地记好。为了保证万无一失,在向对方发送传真前最好先向对方通报一下。这样既提醒了对方,又不至于发错传真。发送传真时,必须按规定操作,并以提高清晰度为要旨。与此同时,也要注意使其内容简明扼要,以节省费用。单位所使用的传真设备,应当安排专人负责。无人在场时,应使之处于自动接收状态。为了不影响工作,单位的传真机尽量不要同办公电话采用同一条线路。

(2)商界人员在使用传真时,必须牢记维护个人和所在单位的形象,不失礼数。在发送传真时,一般不可缺少必要的问候语与致谢语。出差在外,付费使用电信部门设立的传真机时,除了办好手续、防止泄密外,对于工作人员亦须以礼相待。

人们在使用传真时,最看重的是它的时效性。因此,在收到他人的传真后,应当在第一时间采用适当的方式告知对方,以免对方惦念。需要办理或转交、转送他人发来的传真时,千万不可拖延时间,耽误对方的要事。

本章小结

本章主要介绍了书写商务文书时应该遵守的礼仪要求,重点说明了书写商务文书需要掌握的技巧,也对各种商务文书做了简单介绍,包括一般信函和特殊信函、商务致词类文书、商务帖类文书和通用的商务文书。最后简单介绍了使用电子邮件和传真的礼仪规范。学习并运用有关商务文书写作的方法和技巧,对于我们在商务活动中更好地沟通显得尤其重要。

复习题

1. 商务文书可以分为几类?有什么特点?

2. 书写商务文书需要掌握哪些技巧?

3. 信函的主要部分是什么？撰写时有什么礼仪规范？

4. 书写求职信时需要注意什么？

5. 通用的商务文书包括哪几类？

6. 通知可以分为哪几种类型？撰写通知时需要注意什么？

7. 使用电子邮件时有什么礼仪规范？

8. 使用传真时有什么礼仪规范？

案例分析

下面这个请示的格式是否规范？若不规范，请修改。

请示报告

局领导：

我处 2010 年已经购买过六台计算机，多年来一直不停使用，今年以来已经很明显地不能使用了。致使我们的工作效率无法提高，必须重新购买一些新的计算机。为此，要求局里拨款十二万，打算购买八台计算机和数量相当的打印机。

无论如何，望批准购买。

另外，财务科的保险柜密码锁也严重失灵，不太安全，应当更换新的保险柜，请顺便追加拨款四千元。请一并批准。

××处

2015 年 3 月 12 日

第九章

商务仪式礼仪

学习目的和要求

通过本章的学习，使学生了解现代商务仪式礼仪的内涵、分类及流程，学会在正规的商务仪式中得体的言行举止，从而在以后的职场生涯中熟练运用。

案例 9—1　　　　“无意中的创造”

1912 年，在美国一个乡间小镇上，一家商店即将开业，店主在门前横系了一条红布带，防止开张前有人进入抢购。店主的小女儿牵着一条小狗突然从店里跑了出来，那条“不谙世事”的小狗若无其事地将拴在店门上的布带子碰落在地。店外不明真相的人们误以为这是该店为了开张志喜所搞的“新把戏”，立即蜂拥而入，大肆抢购，商店从此生意红火，顾客盈门。

此后在他旗下的几家“连锁店”陆续开业时，他便将错就错地如法加以炮制。久而久之，他的小女儿和小狗无意之中的“发明创造”经过他和后人不断的“提炼升华”，逐渐成为一整套的仪式。它先是在全美后是在全世界广为流传开来。在流传的过程中，它自己也被人们赋予一个极其响亮大名——剪彩。沿袭下来，就成为今天盛行的“剪彩”仪式。

资料来源：中国市场营销网。

第一节 商务剪彩礼仪

一、剪彩仪式的含义

剪彩仪式是指商界的有关单位，为了庆祝公司的成立、公司的周年庆典、企业的开工、宾馆的落成、商店的开张、银行的开业、大型建筑物的启用、道路或航道的开通、展销会或展览会的开幕等而举行的一项隆重的礼仪性程序。

二、剪彩仪式的准备工作

(一)新剪刀

新剪刀是专供剪彩者在剪彩仪式上正式剪彩时使用的，必须是每位现场剪彩者人手一把，必须是崭新、锋利的。这就避免因剪彩不好使剪彩者“出洋相”。主办方在剪彩仪式结束后，可以将每位剪彩者使用过的剪刀经过包装后送给对方作纪念。

(二)彩带

剪彩仪式中最显眼的焦点是彩带。传统的彩带是新的红色绸缎，在中间结成数朵花团而做成，正式的剪彩仪式上红色缎带上的花节不仅要大，数目最好比剪彩人数更多。随着环保意识的不断增强，现在普遍用长约 2 米的红布条代替。

(三)手套

白色薄纱手套是专为剪彩者准备的，在正式的剪彩仪式上，应该每人戴一双新的手套以示郑重。手套必须洁白无瑕，大小适度。

(四)托盘

托盘是在剪彩仪式上由礼仪小姐托在手中，用作盛放红色缎带、剪刀、白色薄纱手套。托盘首选银色不锈钢制品，必须干净。在正式剪彩时，托盘应该铺上红色绒布。

(五)红色地毯

为给剪彩仪式营造喜庆祥和的气氛，剪彩现场通常铺设红色地毯，通常铺设在剪彩者正式剪彩时的站立之处，宽度应在一米之内。

三、安排剪彩人员

(一)确定剪彩者和主持人

主持人要求外表端庄、口齿清楚、反应敏捷、大局观强。根据惯例，剪彩者可以是一个人，也可以是几个人，一般不多于五人。通常，剪彩者多由上级领导、合作伙伴、社会名流、员工代表或客户代表担任。

在剪彩仪式正式举行之前，必须确定剪彩者名单。名单一经确定，应尽早告知对方，使其有所准备。一般情况下，确定剪彩者时，必须尊重对方个人意见，切勿勉强对方。需要由数人同时担任剪彩者时，应分别告知每位剪彩者届时他将与何人同担此任。这样做是对剪彩者的一种尊重。千万不要“临阵磨枪”，在剪彩开始前方才强拉硬拽，临时找人凑数。

必要时，可在剪彩仪式举行前，将剪彩者集中在一起，告知对方有关的注意事项，并稍事训练。按照常规，剪彩者应着套装、套裙或制服，将头发梳理整齐。不允许戴帽子或者戴墨镜，也不允许其穿着便装。

若剪彩者仅为一人，则其剪彩时居中而立即可。若剪彩者不止一人，则上场剪彩时位次的尊卑就必须予以重视。一般的规矩是：中间高于两侧，右侧高于左侧，距离中间站立者愈远位次便愈低，即主剪者应居于中央的位置。需要说明的是，之所以规定剪彩者的位次“右侧高于左侧”，主要是因为这是一项国际惯例，剪彩仪式理当遵守。其实，若剪彩仪式并无外宾参加，执行我国“左侧高于右侧”的传统做法，亦无不可。

(二)礼仪小姐的选定

礼仪小姐的基本条件是：相貌较好，身材颀长，年轻健康，气质高雅，音色甜美，反应敏捷，机智灵活，善于交际。

礼仪小姐的最佳装束应为：化淡妆，盘起头发，穿款式、面料、色彩统一的单色旗袍，配肉色连裤丝袜、黑色高跟皮鞋。除戒指、耳环或耳钉外，不佩戴其他首饰。有时，礼仪小姐身穿深色或单色的套裙亦可。但是，她们的穿着打扮必须尽可能地整齐划一。必要时，可向外单位临时聘请礼仪小姐。

四、剪彩仪式的主要程序

(一)嘉宾入场

剪彩仪式开始前五分钟，嘉宾应在礼仪小姐的带领下出场。一般来说，嘉宾中的剪彩者应前排就座，座位上应事先放好席卡，中央级的来宾只写“首长”，其他人可直接写姓名。

(二)仪式开始

由企业主要负责人宣布仪式开始，奏乐、鸣炮(有的地方禁鸣则免)，然后介绍到场的嘉宾，并对他们的到来表示感谢。

(三)宾主讲话

宾主讲话用词要得体，由主办单位代表、上级部门主管部门代表、合作单位代表以及社会知名人士先后发言。讲话的内容应具介绍性、鼓动性、祝贺性，做到短小精悍、言简意赅。

(四)进行剪彩

礼仪小姐在欢乐的乐曲声中登场，引领剪彩者按主办单位的安排站立在确定的位置，而礼仪小姐的数量及站位都需要彩排。这时拉彩者拉起红绸及彩球,在剪彩者剪断红绸、彩球落盘时,全体人员热烈鼓掌。

(五)后续活动

剪彩过程结束,主办单位可安排文艺演出、参观、联谊、座谈、签名、题词、就餐等活动,具体做法可因剪彩内容而定,最后向来宾赠送纪念品,热情欢送他们离去。

五、参加剪彩仪式的礼仪

(一)参与者服装要正式得体

剪彩者应着套装、套裙或制服,并将头发梳理整齐,不允许戴帽子或者戴墨镜,也不允许穿着便装,保持头发清洁,修饰得体,发型与本人条件、身份和工作性质相适宜。男士应每天修面剃须,女士化妆要简约、清丽、素雅,避免过量使用芳香型化妆品,避免当众化妆或补妆。表情自然从容,目光专注、稳重、柔和。手部保持清洁,在正式的场合忌有长指甲。

(二)注意入场顺序和剪彩的位置

当主持人宣布剪彩开始后,礼仪小姐应率先登场。在上场时,礼仪小姐应排成一行,从两侧同时登台,或是从右侧登台。登台之后,拉彩者与捧花者应当站成一行,拉彩者处于两端拉直红色缎带,捧花者双手各捧一朵花团。托盘者须站立在拉彩者与捧花者身后一米左右,并且自成一行。然后剪彩者登台在引导者带领下由右侧进场,若剪彩者不止一人时,则同时上场剪彩时位次的尊卑就必须予以重视。一般的规矩是:中间高于两侧,右侧高于左侧,距离中间站立者愈远位次便愈低,即主剪者应居于中央的位置。需要说明的是,之所以规定剪彩者的位次"右侧高于左侧",因为这是一项国际惯例,剪彩仪式理当遵守。若剪彩仪式并无外宾参加时,执行我国"左侧高于右侧"的传统做法,亦无不可。

(三)剪彩者要始终保持微笑,并和助剪者动作一致

剪彩者均到达既定位置后,托盘者应前行一步,到达前者的右后侧,以便为其递上剪刀、手套。剪彩者若不止一人,则其登台时亦应列成一行,并且使主剪者行进在前。在主持人向全体到场者介绍剪彩者时,后者应面含微笑向大家欠身或点头致意。剪彩者行至既定位置后,应向拉彩者、捧花者含笑致意。当托盘者递上剪刀、手套,亦应微笑着向对方道谢。在正式剪彩前,剪彩者应首先向拉彩者、捧花者示意,待其有所准备后,集中精力,右手手持剪刀,表情庄重地将红色缎带一刀剪断。若多名剪彩者同时剪彩,其他剪彩者应注意主剪者动作,与其主动协调一致,力争大家同时将红色缎带剪断。按照惯例,剪彩后红色花团应准确无误地落入托盘者手中的托盘里,切勿使之坠地。为此,需要捧花者与托盘者的合作。

(四)剪彩完毕后的退场礼仪

剪彩者在剪彩成功后,可以右手举起剪刀,面向全体到场者致意,然后将剪刀、手套放于托盘内，举手鼓掌。接下来，可依次与主人握手祝贺，并列队在引导者的引导下退场。退场时，宜从右侧下台。待剪彩者退场后，其他礼仪小姐方可列队由右侧退场。不管是剪彩者还是助剪者在上下场时，都要注意井然有序、步履稳健、神态自然。在剪彩过程中，更要表现得不卑不亢、落落大方。

第二节 开业典礼礼仪

案例 9—2　　细节造就成功

张洪和合作伙伴共同投资的大型商场马上就要开业了。选择何时开业和邀请哪些人员出席？开业都要做哪些工作？为此，他们最后决定在周末上午 10:00 举行开业仪式。考虑到商场位于某居民小区附近，他们除了提供各种媒体宣传外，还在该小区进行宣传。除邀请社会名流、有关领导、合作单位、供货商和新闻界人士参加开业典礼外，还特意邀请了在该小区有民望的人士和居民委员会领导参加开业庆典。为了突出热闹、喜庆的原则，他们在典礼现场悬挂了很多彩球、彩带，还别出心裁地挂了很多大红宫灯，使现场颇有隆重热烈的气氛。为防止现场混乱，他们特意安排工作人员维持秩序，对开业做了周密细致的安排。

典礼开始后，尽管围观的群众较多，由于事先安排专人负责，现场秩序井然。典礼结束后，张洪向来宾一一道别致谢，并赠送来宾一份精巧的纪念品。送走了来宾，张洪与合作伙伴来到商场门口迎接顾客。由于事先安排周密，早有工作人员向顾客发放纪念品并进行会员的登记工作。开业当晚在大红宫灯的照耀下格外喜庆、隆重、热闹。这次开业典礼举办得非常成功。商场开业典礼喜庆的场面被新闻媒体广为传播。受此影响，加上经营有方，顾客经常光顾这家商场，商场因此受益。

资料来源：http://www.baidu.com/s? wd＝开业礼仪.com。

开业仪式是指在单位成立、开业，项目落成、移交及举办某项活动时，或在开始某项工作时，为了表示纪念或庆贺，而按照一定的程序所举行的礼仪活动。

一、开业典礼的三原则

在指导思想上要遵循“热烈”“节俭”与“缜密”三原则。

(1)所谓“热烈”，是指要想方设法在开业仪式的进行过程中营造出一种欢快、喜庆、隆重而令人激动的氛围，而不应过于沉闷、乏味。

(2)所谓“节俭”，是要求主办单位勤俭持家，在举办开业仪式以及为其进行筹备工作的整个过程中，在经费的支出方面量力而行，节制、俭省。反对铺张浪费，暴殄天物。

(3)所谓“缜密”，是指主办单位在筹备开业仪式时，既要遵行礼仪惯例，又要具体情况具体分析，认真策划，注重细节，分工负责，一丝不苟，力求周密、细致，严防百密一疏、临场出错。

二、开业仪式的筹备

筹备开业仪式时的准备工作，主要包括舆论宣传、来宾约请、场地布置、接待服务、礼品馈赠、程序拟订六个方面的工作。

(一)要做好舆论宣传工作

既然举办开业仪式的主旨在于塑造本单位的良好形象，那么就要对其进行必不可少的舆论宣传，以吸引社会各界的注意，争取社会公众的认可或接受。为此要做的常规工作有：

一是选择有效的大众传播媒介，进行集中性的广告宣传。其内容多为：开业仪式举行的日期、开业仪式举行的地点、开业之际对顾客的优惠、开业单位的经营特色，等等。

二是邀请有关的大众传播界人士在开业仪式举行时到场进行采访、报告，以便对本单位进行进一步的正面宣传。

(二)要做好来宾约请工作

开业仪式影响的大小，往往取决于来宾的身份高低与数量的多少。在力所能及的条件下，要力争多邀请一些来宾参加开业仪式。地方领导、上级主管部门与地方职能管理部门的领导、合作单位与同行单位的领导、社会团体的负责人、社会贤达、媒体人员，都是邀请时应予优先考虑的重点。为慎重起见，用以邀请来宾的请柬应认真书写，并应装入精美的信封，由专人提前送达对方手中，以便对方早作安排。

(三)要做好场地布置工作

开业仪式多在开业现场举行，其场地可以是正门之外的广场，也可以是正门之内的大厅。按惯例，举行开业仪式时宾主一律站立，一般不布置主席台或座椅。为显示隆重与敬客，可在来宾尤其是贵宾站立之处铺设红色地毯，并在场地四周悬挂横幅、标语、气球、彩带、宫灯。此外，还应当在醒目之处摆放来宾赠送的花篮、牌匾。来宾的签到簿、本单位的宣传材料、待客的饮料等，亦须提前备好。对于音响、照明设备以及开业仪式举行时所需使用的用具、设备，必须事先进行检查、调试，以防使用时出现差错。

(四)要做好接待服务工作

在举行开业仪式的现场，一定要有专人负责来宾的接待服务工作。除了提醒本单位员工在来宾面前以主人翁的身份热情待客、有求必应、主动相助外，更重要的是分工负责，各尽其职。在接待贵宾时，需由本单位主要负责人亲自出面。在接待其他来宾时，可由本单位的礼仪小姐负责此事，并为来宾准备好专用的停车场、休息室，为其安排饮食。

(五)要做好礼品馈赠工作

举行开业仪式时赠予来宾的礼品，一般属于宣传性的。若选择得当，会产生良好的效果。根据常规，向来宾赠送的礼品，应具有如下三大特征：

1. 宣传性

可选用本单位的产品，也可在礼品及其包装上印有本单位的标志、广告用语、产品图案、开业日期等。

2. 荣誉性

要使之具有一定的纪念意义，并且使拥有者对其珍惜、重视，并为之感到光荣和自豪。

3. 独特性

它应当与众不同，具有本单位的鲜明特色，使人一目了然、过目不忘。

(六)要做好程序拟订工作

从总体上来看，开业仪式大多由开场、过程、结局三大基本程序构成。开场，即奏乐，邀请来宾就位，宣布仪式正式开始，介绍主要来宾。过程，是开业仪式的核心内容，通常包括本单位负责人讲话、来宾代表致词、启动某项开业标志等。结局，包括开业仪式结束后宾主一同进行现场参观、联欢、座谈等，是开业仪式必不可少的尾声。为使开业仪式顺利进行，在筹备时必须认真草拟具体的程序，并选定称职的仪式主持人。

三、开业典礼的作用

(1)塑造单位良好形象，提高知名度与美誉度；

(2)扩大单位社会影响，吸引各界重视与关心；

(3)将本单位“广而告之”，以“招徕顾客”；

(4)让支持过自己的各界分享成功喜悦，为下一步合作奠定基础；

(5)有助于增强本单位员工自豪感和责任心，创造新的良好开端。

四、开业典礼常见的仪式类型

(一)开幕仪式

开幕仪式是指公司、企业、银行、商店正式启用之前，或是各类商品展示会、博览会、订货会启用前正式举行的仪式。按常规，举行开幕式要求较为宽阔的活动空间，所以门前广场、展厅门前、室内大厅等都可作为开幕仪式的举行场所。

开幕仪式的主要流程如下：

(1)宣布仪式开始，全体起立，介绍嘉宾；

(2)邀请专人揭幕或剪彩，揭幕人随之目视彩幕，拉启彩锁，展开大幕，观众鼓掌；

(3)在主人的引导下，全体宾客进入幕门；

(4)主人致词答谢，来宾代表发言祝贺；

(5)由主人陪同来宾参观，开始营业。

(二)开工仪式

开工仪式即工厂准备正式开始生产产品、矿厂准备正式开采矿石时所专门举行的庆祝性、纪念性活动。按照惯例，开工仪式大多在生产现场举行，即以工厂的主要生产车间、矿山的主要矿井等作为举行开工仪式的场所。除司仪人员按惯例应着礼仪性服装外，东道主一方的全体职工均应穿着干净而整洁的工作服出席仪式。

开工仪式的主要流程如下：

(1)宣布仪式开始，全体起立，介绍各位来宾，奏乐。

(2)在司仪的引导下，本单位的主要负责人陪同来宾行至开工现场肃立，如来到机器开关或电闸附近。

(3)正式开工。届时请本单位职工代表或来宾代表来到机器开关或电闸旁，首先对其躬身施礼，然后再动手启动机器或合上电闸。全体人员此刻应鼓掌致意，并奏乐。

(4)全体职工各就各位，上岗进行操作。

(5)在主人的带领下，全体来宾参观生产现场。

(三)奠基仪式

奠基仪式通常是一些重要的建筑物(如大厦、场馆、亭台、楼阁、园林、纪念碑等)在动工之初，应选择在建筑物正门的右侧举行。用以奠基的奠基石应为一块完整无损、外观精美的长方形石料，文字应当竖写。右上款应刻有建筑物的正式名称；正中央应刻有“奠基”两个大字；左下款则应刻有奠基单位的全称以及举行奠基仪式的具体年月日。以楷体字刻写，最好是白底金字或黑字。在奠基石的下方或一侧，还应安放一只密闭完好的铁盒，内装该建筑物的各项资料以及奠基人的姓名。届时，它将同奠基石一道被奠基人等培土掩埋于地下，以志纪念。在奠基仪式的举行现场应设立彩棚，安放该建筑物的模型或设计图、效果图，并使各种建筑机械就位待命。

奠基仪式的主要流程如下：

(1)仪式开始，全体起立，介绍来宾。

(2)奏国歌。

(3)主人对建筑物的设计、功用进行简要介绍。

(4)来宾致辞。

(5)正式进行奠基。此时，应锣鼓喧天，或演奏喜庆乐曲。首先由奠基人双手持握系有红绸的新锹为奠基石培土。随后，再由主人与其他嘉宾依次为之培土，直至将其埋没为止。

(四)破土仪式

破土仪式亦称破土动工，是指在道路、河道、水库、桥梁、电站、厂房、机场、码头、车站等正式开工之际，所专门举行的仪式。地点应当选择在工地的中央或一侧。务必事先进行过认真的清扫、平整、装饰，并在现场附近临时搭建某些以供休息的帐篷或活动房屋。

破土仪式的主要流程如下：

(1)宣布仪式开始，介绍来宾，全体肃立。

(2)奏国歌，行注目礼。

(3)主人以感谢和介绍为发言重点。

(4)来宾祝贺。

(5)正式破土动工。众人环绕于破土之处的周围肃立,并且目视破土者。破土者须双手执系有红绸的新锹垦土三次,以示良好的开端。最后,全体在场者一道鼓掌,并演奏喜庆音乐,或燃放鞭炮。

(五)竣工仪式

竣工仪式又称落成仪式或建成仪式,是指本单位所属的某一建筑物或某项设施建设、安装工作完成后,以及某种意义特别重大的产品生产成功后,所专门举行的庆贺性活动。

竣工仪式的主要流程如下:

(1)宣布仪式开始,介绍来宾,全体起立;

(2)奏国歌,并演奏本单位标志性歌曲;

(3)本单位负责人发言;

(4)进行揭幕或剪彩;

(5)全体人员向建筑物郑重其事地恭行注目礼;

(6)来宾致词;

(7)进行参观。

(六)下水仪式

下水仪式是指在新船建成下水之时所专门举行的仪式。准确地讲,下水仪式乃是造船厂在吨位较大的轮船建造完成、验收完毕、交付使用之际,为其正式下水启航而特意举行的庆祝性活动。按照国际上通行的做法,下水仪式基本上是在新船码头上举行的。届时,应对现场进行一定程度的美化。比如,在船坞门口与干道两侧饰有彩旗、彩带,在新船所在的码头附近设置专供来宾观礼或休息之用的彩棚等。对下水的新船,亦须认真进行装扮,一般在船头上扎上由红绸结成的大红花,并且在新船的两侧船舷上扎上彩旗,系上彩带。

下水仪式的主要流程如下:

(1)宣布仪式开始,介绍来宾,全体起立,乐队奏乐,或锣鼓齐奏;

(2)奏国歌;

(3)主人介绍新船基本情况;

(4)特邀掷瓶人行掷瓶礼、砍断缆绳,新船下水;

(5)来宾代表致辞祝贺。

小知识 **"掷瓶礼"**

在举行新海轮下水典礼时,总要由船主(或其代表)的夫人将一瓶香槟酒掷在船首击碎,名为"掷瓶礼"。古代,为了祈求平安,便有了开头所说的那种"掷瓶礼",祝愿海上不再有那样的漂流瓶;并使酒的醇香布满船头,驱邪消灾。所以香槟在船头摔得越碎越好,预示这艘新轮船将永远航行平安。如今，海难虽已大大减少，但“掷瓶”的习俗却依然存在，只是演变为具有传统色彩的喜庆仪式罢了。这一礼俗在西方国家盛行，近年来也传入我国沿海地区。

（七）通车仪式

通车仪式大多是在重要的交通建筑完工并验收合格后所正式举行的启用仪式。例如，公路、铁路、地铁以及重要的桥梁、隧道等在正式交付使用前，均会举行以示庆祝的通车仪式。有时，通车仪式又称开通仪式。举行通车仪式的地点通常为公路、铁路、地铁新线路的某一端，新建桥梁的某一头，或者新建隧道的某一侧。在现场以及沿线两旁，应当适量地插上彩旗、挂上彩带，必要时可设置彩色牌楼，并悬挂横幅。在通车仪式上，被装饰的重点应当是用以进行“处女行”的汽车、火车或地铁列车。在车头上应系上红花，在车身两侧可酌情插上彩旗、系上彩带，并且悬挂醒目的大幅宣传性标语。

通车仪式的主要流程如下：

（1）宣布仪式开始，介绍来宾，全体起立。

（2）奏国歌。

（3）主人致词。其主要内容是介绍即将通车的新线路、新桥梁或新隧道的基本情况，并向有关方面致谢。

（4）来宾代表致词祝贺。

（5）正式剪彩。

（6）首次正式通行车辆。届时，宾主及群众代表应一起登车而行。有时，还由主人所乘坐的车辆行进在最前方开路。

（八）通航仪式

通航仪式又称首航仪式，是指飞机或轮船在正式开通某一条新航线之际所正式举行的庆祝性活动。一般而言，通航仪式除去主要的角色为飞机或轮船外，其他方面尤其是在具体程序的操作上往往与通车仪式大同小异，均可参照通车仪式的具体做法。

案例 9—3　　澳门航空的成功秘诀

澳门至大阪航线开通在即。考虑到日本乘客特有的语言文化背景，澳门航空公司在总部为数十名女乘务员举办了日本文化、礼仪服务培训班，随后举行了通航仪式。

澳门航空有九位讲日文的乘务员，这些乘务员将佩带特殊标志，以便日本乘客容易识别。开航后第一个月，航班上还将配备一名日语翻译，以备不虞之需。

培训内容根据日本乘客的语言文化背景和心态，有针对性地分为专业形象、用语、体贴细心、服务礼仪四个方面。专业形象包括化妆、发型、表情、问候客人的方式、讲话的语气、鞠躬的角度等。在用语方面，除九位能够流利地讲日语的乘务员外，其他乘务员均要熟练掌握敬语、开头用语、道歉用语等最基本的语汇。

体贴细心方面则包括如何以不同的表达方式协助不同需要的乘客。服务礼仪除了常规的服务用语和举止外，乘务部的教官们根据多年的飞行经验，总结出了在飞行过程中与乘客互动时可能出现的状况并提出解决方案。

资料来源：维基百科。

五、参加开业庆典的礼仪

参加庆典时，不论是主办单位的人员还是外单位的人员，均应注意自己临场之际的举止表现，主办单位人员的表现尤为重要。

(一)仪容要整洁

参加庆典的本单位人员一定要干净整洁，男士应刮胡须，女士应化淡妆。

(二)服饰要规范

有统一式样制服的单位，应要求以制服作为本单位人士的庆典着装。无制服的单位，应规定届时出席庆典的本单位人员必须穿着礼仪性服装，即男士应穿深色的中山装套装，或穿深色西装套装配白衬衫、素色领带、黑皮鞋。女士应穿深色西装套裙，配长筒肉色丝袜、黑色高跟鞋，或者穿深色的套裤。此外，近年来颇为流行旗袍作为礼服，在很多庆典场合也很受欢迎。

(三)要遵守时间

无论本单位的最高负责人还是级别低的员工，都不得姗姗来迟、无故缺席或中途退场。如果庆典的起止时间已有规定，则应当准时开始、准时结束。

(四)表情要庄重

在举行庆典的过程中，都要表情庄重、全神贯注、聚精会神。庆典一般安排升国旗、奏国歌、唱“厂歌”的程序，一定要依礼行事。起立、脱帽、立正，面向国旗或主席台行注目礼，都要认认真真，表情庄严肃穆。

(五)态度要友好

主要是对来宾态度要友好。遇到来宾，要主动热情地问好。对来宾提出的问题，要立即予以友善的答复。当来宾在庆典上发表贺词或是随后进行参观时，要主动鼓掌表示欢迎或感谢。

(六)行为要自律

在出席庆典时，主方人员在举止行为方面应当注意的问题有：不要在庆典举行期间到处乱走、乱转，不要找周围的人说“悄悄话”、开玩笑，不要有意无意地做出对庆典毫无兴趣的姿态。

(七)发言要简短

在庆典中发言，应注意以下四个问题：

(1)上下场时要沉着冷静。走向讲坛时应不慌不忙，在开口讲话前应平心静气。

(2)要讲究礼貌。开始发言时勿忘说一句“大家好”或“各位好”。在提及感谢对象时，应目视对方。在表示感谢时，应郑重地欠身施礼。对于大家的鼓掌，应以自己的掌声来回礼。在讲话末了，应当说一声“谢谢大家”。

(3)发言一定要在规定的时间内结束，宁短勿长。

(4)应当少做手势。

案例9—4　　开业典礼致辞

尊敬的各位领导、各位来宾、女士们、先生们：

下午好！

今天，是××有限责任公司开业的日子，我谨代表××有限责任公司全体员工向在百忙之中抽出时间出席开业庆典的各位领导和来宾表示热烈的欢迎和衷心的感谢！

正当举国上下欢庆中共“十八大”胜利召开之际，××有限责任公司正式挂牌成立，有着特殊的、积极的意义。

我们公司目前发展的主要目标是：打造一个立足广东、辐射全国、联结世界的文化产业集团。

各位领导，各位来宾，我们需要有梦想，梦想的实现需要精诚团结，努力开拓，奋力实现。更需要新老朋友携手相助！

再次感谢各位领导和嘉宾的光临！你们的关心和关怀是对我们最大的鼓励和有力的支持！

谢谢！

资料来源：中国礼仪网。

第三节　商务签字礼仪

案例9—5　　“文化差异带来的误解”

经过长期洽谈后，南方某市的一家公司终于同美国的一家跨国公司谈妥了一笔大生意。双方在达成合约之后，决定正式举行一次签字仪式。

因为当时双方的洽谈在我国举行，故签字仪式由中方负责。在仪式正式举行的那一天，让中方出乎意料的是，美方差一点在正式签字之前“临场变卦”。

原来，中方的工作人员在签字桌上摆放中美两国国旗时，误以中国的传统做法“以左为上”代替了目前通行的国际惯例“以右为上”，将中方国旗摆在签字桌的右侧，而将美方国旗摆在签字桌的左侧。结果，美方人员恼火不已，甚至拒绝进入签字厅。这场风波经过调解虽然平息了，却给了人们一个教训：在商务交往中，对于签约的礼仪不可不知。

资料来源：http://baike.baidu.com/view/1334387.htm? fr=aladdin。

签约，即合同的签署，在商务交往中被视为一项标志有关各方的相互关系取得更大进展，以及为消除彼此间误会或抵触而达成一致性见解的重大成果，因此极受商界人士的重视。在商务交往的实践中，尽管"君子协定"、口头承诺、"说话算数"在一定程度上有显著作用，但是更有效的取信于人、让交往对象心安理得的则是"口说无凭、立此为据"的文字性合同。

一、签字仪式的内涵

签字仪式是政府、部门、企业之间通过谈判，就政治、军事、经济、科技等领域缔结条约、协定或公约时举行的仪式。签字仪式虽不算是一种纯礼仪活动方式，但目前世界各国所举行的签字仪式都有比较严格的程序及礼节规范。这不仅显示出签字仪式的正式、庄重、严肃，同时也表明双方对缔结条约的重视及对对方的尊重。

二、签约仪式的准备工作

(一)待签文本的准备

1. 对待文本的准备要慎重严肃

洽谈或谈判结束后，双方应指定专人按谈判达成的协议做好待签文本的定稿、翻译、校对、印刷、装订、盖印等工作。文本一旦签字，就具有法律效力。因此，对待文本的准备应当慎重严肃。

2. 核对各种批件要认真

在准备文本的过程中，除要校对谈判协议条件与文本的一致性外，还要核对各种批件，主要是项目批件、许可证、设备分交文件、用汇证明、订货卡等是否完备，合同内容与批件内容是否相符，审核文本必须对照原稿件，做到每字不漏。对审核中发现的问题，要及时互相通报，通过再谈判，达到谅解一致，并相应调整签约时间。在协议或合同上签字的有几个单位，就要为签字仪式提供几份文本。如有必要，还应为各方提供一份副本。与外商签署有关的协议、合同时，按照国际惯例，待签文本应同时使用宾主双方的母语。待签文本通常应装订成册，并以真皮、仿皮或其他高档质料作为封面，以示郑重。其规格一般是大八开，所使用的纸张务必高档，印刷务必精美。作为主方应为文本的准备提供准确、周到、快速的服务。

(二)签字人员的安排

在举行签字仪式前，有关各方应预先确定好参加签字仪式的人员，并向有关方面通报。客方要将出席签字仪式的人数提前通报给主方，以便主方安排。签字者的人选要视文件的性质来确定，可由最高负责人签，也可由具体部门负责人签，但双方签字人的身份应该对等。参加签字的有关各方事先还要安排一名熟悉签字仪式详细程序的助签人员，并商定好签字的有关细节。其他出席签字仪式的陪同人员，基本上是双方参加谈判的全体人员，按一般礼貌做法，人数最好大体相等。为了表示重视，双方也可对等邀请更高一层的领导人出席签字仪式。

(三)签字场地的布置

举行签字仪式的场地，一般视参加签字仪式的人员规格、人数多少及协议中商务内容的重要程度来确定。多数选择在客人所住的宾馆、饭店或东道主的会客厅、洽谈室。无论选择在何处举行，都应征得对方的同意。

小知识　　**签字仪式中的国旗悬挂要领**

(1)国旗居中：诸多旗帜中，国旗必须居中；

(2)国旗居右：两国国旗并列，右者为尊；

(3)国旗居前：诸多旗帜中，前者为尊；

(4)国旗为高：国旗必须高于其他旗帜；

(5)国旗为大：国旗的面积必须大于其他旗帜。

资料来源：http://www.welcome.org.cn/yishiliyi/2008—5—6/QianZiYiShi.html。

签字场地的布置：一般在签字厅(或室)内设置长方桌作为签字桌，桌面覆盖深绿色台呢布(但要注意双方的颜色忌讳)，桌后放置两张椅子作为双方签字人座位，主左客右。座前陈列各自保存的文本，上端分别放置签字时使用的文具，如签字笔、吸墨器等。如与外商签署协议或合同，还应将各自一方的国旗布置在该方签字者的正前方。如签署多边性协议时，各方的国旗则应依一定的礼宾顺序插在各方签字者的身后。

三、签字仪式的位次排列

签字仪式可分为双边签字仪式和多边签字仪式。一般而言，举行签字仪式时，座次排列的具体方式共有三种基本形式，分别适用于不同的场合。

(一)并列式

并列式排座是举行双边签字仪式最常见的形式。按照仪式礼仪的规范，签字桌应当横放于室内，双方出席仪式的全体人员在签字桌之后排成一列，也可以依照职位的高低，自左至右(客方)或是自右至左(主方)排成一行，站立于己方签字人的身后，当一行站不完时可以按照以上顺序并遵照“前高后低”的惯例排成两行、三行或四行，原则上双方随员人数大体上相近。双方签字人员居中面门而坐，客方居右，主方居左。双方各自的助签人，应分别站立在各自一方签字人的外侧，以便随时对签字人提供帮助，如图 9—1 所示。

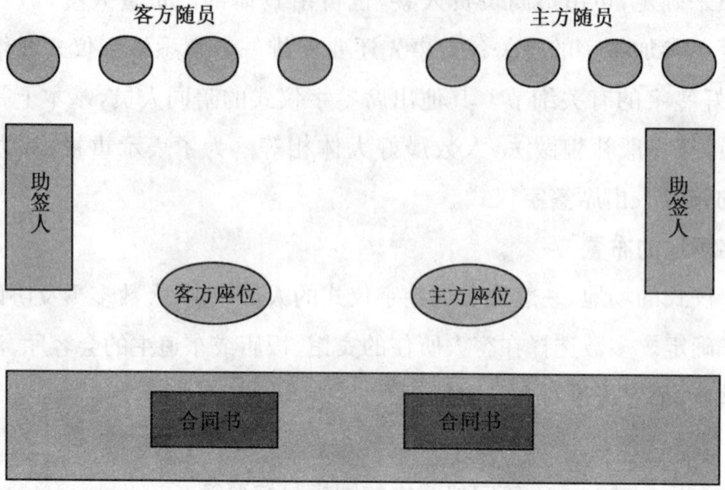

图 9—1

(二)相对式

相对式签字仪式的排座与并列式签字仪式的排座基本相同。两者之间的主要差别,只是相对式排座将双边参加签字仪式的随员席移至签字人的对面,如图 9—2 所示。

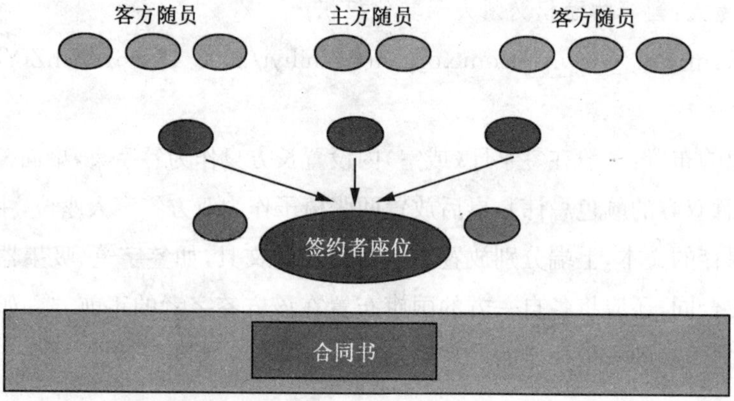

图 9—2

(三)主席式

主席式排座主要适用于多边签字仪式。其操作特点是:签字桌须在室内横放,签字席设在桌后,面对正门,但只设一个,并且不固定就座者。举行仪式时,所有各方人员(包括签字人在内)皆应背对正门、面向签字席就座。签字时,各方签字人应以规定的先后顺序依次走上签字席就座签字,然后退回原位就座。

四、签约程序

(一)双方人员进入签字厅

签约人行至本人座位前站立等候,双方其他人员分为主客并按身份顺序站在本方签约人之后。双方主要领导居中，助签人站在签字人靠边的一侧，来宾和新闻记者站在桌子前边。

（二）签字开始

双方主签人拿出文本，翻开应签字的一页，指明签字的地方。签约人在本方保存的文本上签字，必要时助签人用吸墨器吸去字迹上的水分，防止污染，然后双方助签人相互传递文本。签约人再在对方保存的文本上签字。随后签字人双方交换文本，相互握手，这时站在后面的双方相关人员也要依次握手祝贺。有的还备有香槟酒，在签约后共同举杯祝贺。

（三）结束

签约后，双方握手庆贺，这时可以留影纪念，也可做简短讲话。

五、参加签字仪式的礼仪

（一）必须端庄大方，从容不迫

所有参加签约仪式的人员进入签约场所前，服饰仪表要整洁朴素，不能过于刻板，也不应过分喜形于色。签约人员入座后，主、客按身份顺序依次排列于各签字人座位之后，双方身份最高者站立中央。

（二）合同的起草应符合法律规范

首先，草拟合同必须遵守法律。在商务交往中，所有正式的合同都具有法律约束力。一旦订立，任何一方不可擅自更改。因此，商务人员必须熟悉国家的有关法律与法规。

其次，草拟合同必须符合惯例。合同必须优先遵守东道主的法律、法规。

（三）穿着得体，干净整洁

在出席签字仪式时，签字人、助签人以及随员应该穿着深色西装套装、中山装套装或西装套裙，并且配以白色套装和深色皮鞋。男士还须系上单色领带。参加签字仪式的礼仪人员、接待人员应穿统一的工作制服，或是旗袍之类的礼仪性服装。

（四）签字仪式完成后的庆祝礼仪

交换已签的合同文本后，有关人员特别是签字人员应该当场干一杯香槟酒。这是国际通行的增添喜庆的方式。商务合同签署后，应提交有关方面公证，然后生效。

第四节 商务交接仪式

案例 9—6　　文化促进双赢

王刚在一家生产车床的甲公司工作，他一直为产品开拓市场东奔西走。一次一家在当地有影响的企业订购甲公司的一批车床，供整个车间使用。按甲公司的常规，车床运到企业，技术人员到现场安装调试完毕，验收合格、交付使用即可。这一次王刚和领导商量要搞一个交接仪式，以扩大甲公司的影响。经领导同意批准后，王刚与订购他们车床的企业协商，该企业也想扩大影响，他们的想法不谋而合。在来宾邀请上，双方协商除按常规邀请相关人员外，还有意识地邀请了使用车床的相关企业。在精心策划下，交接仪式办得热烈隆重，经媒体传播产生了轰动效应。结果王刚所在公司与订购其车床的企业都订单不断，实现了“双赢”。

资料来源：中国文化礼仪网。

一、商务交接仪式的意义

举行交接仪式的重要意义在于，它既是商务伙伴们对所进行过的成功合作的庆贺，也是对给予过自己关怀、支持、帮助和理解的社会各界的答谢，又是接收单位与施工、安装单位巧妙地利用时机，为双方各自提高知名度和美誉度而进行的一种公共宣传活动。

二、商务交接的准备

1. 来宾的邀请

一般应由交接仪式的东道主——施工、安装单位负责。在具体拟订来宾名单时，施工、安装单位亦应主动征求自己的合作伙伴——接收单位的意见。接收单位对于施工、安装单位所草拟的名单不宜过于挑剔，不过可以对此酌情提出自己的一些合理建议。交接仪式的出席人员应当包括：施工、安装单位的有关人员，接收单位的有关人员，上级主管部门的有关人员，当地政府的有关人员，行业组织、社会团体的有关人员，各界知名人士，新闻界人士，以及协作单位的有关人员等。

2. 举行交接仪式的现场选择

一般可将交接仪式的举行地点安排在已经建设、安装完成并已验收合格的工程项目或大型设备所在地的现场。有时，亦可将其酌情安排在东道主单位本部的会议厅或者施工、安装单位与接收单位共同认可的其他场所。

3. 在交接仪式上物品的准备

必不可少的是作为交接象征之物的有关物品。它们主要有：验收文件、一览表、钥匙等。验收文件，此处是指已经公证的由交接双方正式签署的接收证明性文件。一览表，是指交付给接收单位的全部物资、设备或其他物品的名称、数量明细表。钥匙，是指用来开启被交接的建筑物或机械设备的钥匙。一般情况下，因其具有象征性意味，故预备一把即可。还需为交接仪式的现场准备一些用以烘托喜庆气氛的物品，并应为来宾准备一份纪念品。

三、商务交接仪式的程序

主办单位在拟订交接仪式的具体程序时，必须注意两个方面的问题：其一，必须在大的方面参照惯例执行，尽量不要标新立异，另搞一套；其二，必须实事求是、量力而行，在具体的细节方面不必事事贪大求全。

从总体上讲，几乎所有的交接仪式都少不了下述五项基本程序：

（一）主持人宣布交接仪式正式开始

此刻，全体与会者应当进行较长时间的鼓掌，以热烈的掌声表达对东道主的祝贺之意。在此之前，主持人应邀请有关各方人士在主席台就座，并以适当的方式暗示全体人员保持安静。

（二）奏国歌

演奏东道主单位的标志性歌曲。此前，全体与会者必须肃立。该项程序有时亦可略去。不过若能安排这一程序，往往会使交接仪式显得更为庄严而隆重。

（三）由施工、安装单位与接收单位正式进行有关工程项目或大型设备的交接

施工、安装单位的代表将有关工程项目、大型设备的验收文件、一览表或者钥匙等象征性物品，正式递交给接收单位的代表。此时，双方应面带微笑，双手递交、接收有关物品。此后，还应热烈握手。至此，标志着有关的工程项目或大型设备已经被正式移交给接收单位。如果条件允许，在该项程序进行的过程中，可在现场演奏或播放节奏欢快的喜庆性歌曲。

（四）各方代表发言

按惯例，在交接仪式上须由有关各方的代表进行发言。他们依次应为：施工、安装单位的代表，接收单位的代表，来宾的代表，等等。这些发言一般均为礼节性的，并以喜气洋洋为主要特征。它们通常宜短忌长，只需要点到为止的寥寥数语即可。原则上，每个人的此类发言应以三分钟为限。

（五）宣告交接仪式正式结束

随后安排来宾参观或观看文娱表演。此时此刻，全体与会者应再次进行较长时间的热烈鼓掌。

四、参加交接仪式的礼仪

（一）东道主方

1. 要注意仪表整洁

东道主一方参加交接仪式的人员，不仅应当是“精兵强将”“有功之臣”，而且应能代表本单位的形象。为此，必须要求他们妆容规范、服饰得体、举止有方。

2. 要注意保持风度

在交接仪式举行期间，不允许东道主一方的人员东游西逛、交头接耳、打打闹闹。在为发言者鼓掌时，不允许厚此薄彼。当来宾为自己道喜时，喜形于色无可厚非，但切勿嚣张放肆、得意忘形。

3. 要注意待人友好

不管自己是否专门负责接待、陪同或解说工作，东道主一方的人员应当自觉树立起主人翁意识。一旦来宾提出问题或需要帮助,都要鼎力相助。不允许"一问三不知"、借故推脱、拒绝帮忙,甚至胡言乱语、大说风凉话。即使自己力不能及,也要向对方说明原因,并且及时向有关方面进行反映。

(二)来宾一方

1. 应当致以祝贺

接到正式邀请后,被邀请者应尽早以单位或个人的名义发出贺电或贺信,向东道主表示热烈祝贺。有时,被邀请者在出席交接仪式时将贺电或贺信面交东道主,也是可行的。不仅如此,被邀请者在参加仪式时,还须郑重其事地与东道主一方的主要负责人一一握手,再次口头道贺。

2. 应当略备贺礼

为表示祝贺之意,可向东道主一方赠送一些贺礼,如花篮、牌匾、贺幛等。时下,以赠送花篮最为流行。花篮一般需要在花店订制,用各色鲜花包装而成,并且应在其两侧悬挂特制的红色缎带,右书"恭贺××交接仪式隆重举行",左书本单位的画龙点睛式全称。花篮可由花店代为先期送达,亦可由来宾在抵达现场时面交主人。

3. 应当预备贺词

假若自己与东道主关系密切,还须提前预备一份书面贺词,供被邀请代表来宾发言时之用。其内容应当简明扼要,主要是为了向东道主一方道喜。

4. 应当准点到场

若无特殊原因,接到邀请后务必牢记在心,届时正点抵达,为主人捧场。若不能出席,则应尽早通知东道主,以防在仪式举行时来宾甚少,使主人因"门前冷落鞍马稀"而难堪。

本章小结

本章内容介绍了剪彩礼仪、开业礼仪、签字礼仪、交接礼仪等几种重要的商务仪式礼仪,阐述了不同仪式的具体流程和应该遵守的仪式礼仪,良好的仪式礼仪可以扩大企业的知名度,强化宣传效果,也可以使个人在以后的求职生涯中与客户谈合作、签协议时不至于因礼仪不对而遭受损失。

复习题

1. 开业仪式的特点是什么?

2. 签约仪式的程序包括哪些过程?

3. 开业仪式的程序包括哪些环节?

4. 如何做好开业仪式的筹备工作?

5. 常见的开业仪式有哪些具体的表现形式？

6. 在剪彩仪式上，有哪些必备的物品？

7. 剪彩仪式上的注意事项有哪些？

案例分析

1. 某新项目开工剪彩仪式，请来了张市长和当地各界名流嘉宾，请他们坐在主席台上。仪式开始时，主持人宣布："请张市长下台剪彩！"却见张市长端坐没动。主持人很奇怪，重复一遍："请张市长下台剪彩！"张市长还是没动，脸上露出一丝恼怒。主持人又宣布一遍："请张市长剪彩！"张市长才很不情愿地上台剪彩。

思考：该剪彩仪式为什么会出现如此尴尬的局面？试从剪彩礼仪方面分析。

2. 某公司定于某月某日在单位礼堂召开班子交接仪式，邀请有关部门的领导光临，在请柬上把开会的时间、地点写得一清二楚。接到请柬的几位部门领导很积极，提前来到礼堂。一看会场布置不像是开交接会的样子，就询问礼堂负责人才知道，今天上午礼堂开报告会，某机关的总结表彰会改换地点了。几位领导感到莫名其妙，个个都很生气：改地点了为什么不重新通知？一气之下，都回去了。事后，会议主办机关的领导才解释说，因秘书工作粗心，在发请柬之前还没有与礼堂负责人取得联系，一厢情愿地认为不会有问题，便把会议地点写在请柬上，等开会的前一天下午去联系，才得知礼堂早已租给别的单位用了，只好临时改换会议地点。但由于邀请单位和人员较多，来不及一一通知，结果造成了上述失误。尽管领导登门道歉，但造成的不良影响也难以消除。

思考：秘书在会议准备时应注意什么问题？

3. ××市于日本某市缔结友好城市，在某饭店举办大型中餐宴会，邀请本市著名演员助兴。这位演员到达后花了很长时间才找到自己的位置。她入座后发现同桌客人都是接送领导和客人的司机，演员感到自尊心受到了伤害，没有同任何人打招呼就悄悄离开了饭店。当时宴会的组织者并未觉察到这一点，直到宴会主持人邀请这位演员表演时，才发现演员并不在现场。幸好主持人头脑灵活，临时改换其他节目，才算没有"冷场"。

思考：试分析该演员为什么不辞而别？

第十章

商务涉外礼仪

学习目的和要求

了解涉外礼仪的一般原则及不同国度、不同交往对象的风俗禁忌、馈赠要求，学会运用涉外商务礼仪的基本技巧。

第一节　涉外礼仪概述

中国自古就是礼仪之邦，传统上很注重礼尚往来。儒家推崇“仁、义、礼、智、信”，其中“礼”是中国儒家思想最经典、最辉煌的一页。它的影响深远，至今还倍受推崇。

一、涉外礼仪的起源

郭沫若在《十批判书》中指出：“礼之起，起于祀神，其后扩展而为人，更其后而为吉、凶、军、宾、嘉等多种仪制。”这里讲到了礼仪的起源以及礼仪的发展过程。

礼仪是一门综合性较强的行为科学，是指在人际交往中自始至终以一定的、约定俗称的程序、方式来表现的律己、敬人的完整行为。由于地区和历史的原因，各地区、各民族对于礼仪的认识各有差异。在长期国际往来中，逐步形成了外事礼仪规范，即涉外礼仪。

涉外礼仪是人们参与国际交往中所要遵守的惯例，是约定俗成的做法。它强调交往中的规范性、对象性、技巧性。人和人之间有接触才有了解，有了解才能沟通，有沟通才会互动。

二、涉外礼仪的概念与要求

涉外礼仪是涉外交际礼仪的简称，指在长期的国际交往中，用以维护自身形象并对交往对象表示尊敬与友好的约定俗成的习惯做法。

不同的国家和地区涉外礼仪的风俗习惯不一定相同，但是各国涉外礼仪的基本要求近乎一致：第一要求尊重为本，要强调自尊自爱，要尊重自己的职业，要尊重自己的单位。第二个方面的理念就是要善于表达。在国际交往中，接待外国客人强调接待三声："来有迎声，问有答声，去有道声"。与人交往要尊重为先，尊重别人就是尊重自己，发现别人的优点，实际上就等于肯定自我，那说明你宽容，说明你谦虚，说明你好学，所以在国际交往中，要善于发现别人所长。

三、涉外礼仪的基本原则

（一）维护形象原则

加州大学阿尔伯特博士总结人与人的交流相互传递信号的方式主要有三种：视觉、声音、语言。按照重要性原则，视觉占7%，声音占38%，语言占55%。按照所占比重再进行细分，有以下原则：

1. 仪容表情形象

面部清洁、干净利落，适度美化与修饰，表情友好、自然。

应尽量面带微笑。这里所指的微笑，是指面露喜色而又不发出明显笑声的面容。适度的微笑能体现出交际者的和蔼、心胸宽大，同时也能做到从容应对。

注意眼神交流，视线的角度、注视范围、注视时间既能体现出个人的道德修养，同时也能体现出是否注重礼仪、是否尊重对方。注视其他区域会让对方不舒服，是不礼貌的注视方法。在问候、致意、告别、表示同意、强调自己见解的时候，一定要看着对方的眼睛。切忌目光东移西转，会让对方感到你心不在焉。但如果长时间盯着对方，也是失礼的行为，可以有意识地将视线不时地转换一下，让对方可以放松。中国有句老话叫作"察言观色"，说的是谈话时的交际礼仪，在细节上要注意观察，如对方的衣着、走路姿势、有没有小动作、说话时有没有口头禅等。通过对细节的观察能够发现对方的性格、喜好、意向以及需要。

在正式的社交场合，身体的气味也是仪容礼仪的一个重要环节，保证身体气味的清爽是前提条件，如果带有汗味或者其他异味会被视为失礼。在这个基础上，可以适当使用香水。使用香水时要注意香水的气味不要过于浓烈，这也是基本的礼貌。通常将香水涂抹于腰部以下及颈部、胸膛和腕部。

2. 举止形象

举止自然，落落大方。在交际场合中，大部分人会面或是介绍时都以握手为主。遇见朋友先打招呼，然后相互握手，寒暄致意；关系亲切的则边握手边问候，甚至两人双手长时间握在一起；一般情况下，握一下即可，不必用力。但年轻者对年长者、身份低者对身份高者时应稍稍欠身，双手握住对方的手，以示尊敬。多人同时握手，切忌交叉进行，应等别人握手完毕后再伸手。握手时应双目注视对方，微笑致意。

此外，有些国家还有一些传统的见面礼节，如东南亚信仰佛教的国家见面时双手合十致意，日本人行鞠躬礼，中国古代拱手行礼。这些礼节在一些场合也可使用。

公共场合远距离遇到相识的人，一般举起右手打招呼并点头致意，也可脱帽致意。与相识者在同一场合多次见面，只点头致意即可；对一面之交的朋友或不相识者，在社交场合均可点头或微笑致意。

3. 服饰形象

涉外人员在公务场合的着装，最标准的是深色毛料的套装、套裙或制服。

男士最好身着藏蓝色、灰色的西装套装或中山装，内穿白色衬衫，脚穿深色袜子、黑色皮鞋。男士在穿西装时，要注意的问题有：在穿西装之前，务必将位于上衣左袖袖口之上的商标、纯羊毛标志等先行拆除，它们并非与西装的档次、身价有关。一般情况下，坐着时可将西装上衣衣扣解开；站起来，尤其需要面对他人时，则应当将西装上衣的衣扣系上。西装上衣的衣扣有一定的系法：双排扣西装上衣的衣扣，应当全部系上；单排两粒扣西装上衣的衣扣，应当只系上边的那粒衣扣；单排三粒扣西装上衣的衣扣，则应当系上面的两粒衣扣，或单系中间的那粒衣扣；穿西装背心时，最下边的那粒衣扣可以不系。穿西装时，最好不要内穿。万一非穿不可，只允许穿一件单色的羊毛衫。不要在西装里面穿开领的、花哨的羊毛衫，更不要穿多件羊毛衫。穿西装套装时，务必打领带。打领带时，其位置大致是在七粒扣衬衫自上而下数的第四、第五粒衣扣之间。

穿长袖衬衫时，需要注意的问题有：下摆在正式场合要束在裤腰或裙腰之内。袖管不仅不可以挽起来，而且袖扣一定要系上。不穿西装上衣或是穿上衣未打领带时，领扣通常可以不系。

女士的最佳衣着是：身着单一色彩的西服套裙，内穿白色衬衫，脚穿肉色长筒丝袜和黑色高跟皮鞋。有时，穿着单一色彩的连衣裙亦可，但是尽量不要选择以长裤为下装的套装。对于女士在正式场合着装的评价，人们往往关注一个细节，即她是否了解不应该使自己的袜口暴露在外。不仅站立时袜口外露不合适，在行走或就座时袜口外露也不合适。穿裙装的女士，最好穿连裤袜或长筒袜。

4. 语言形象

在交际场合结识朋友，可由第三者介绍，也可自我介绍。为他人介绍，要先了解双方是否有结识的愿望，不要贸然行事。无论自我介绍或为他人介绍，都要做到放松自然。

语言要做到不卑不亢。在涉外交往中，通常代表国家或者企业与外国政府或企业进行洽谈，言语要得体，堂堂正正。不要畏惧自卑，同时也不要高傲自大。国家利益是国际关系的基础，在涉外礼仪中要时刻想到维护国家或者企业的礼仪。

自我介绍时，要主动讲清自己的姓名、身份、单位(国家)，对方则会随后自我介绍。为他人介绍时还应说明与自己的关系，以便新结识的人相互了解。介绍其他人时，要有礼貌地以手示意，而不要用手指指点别人。介绍也有先后之别，应先将身份低的、年纪轻的介绍给身份高的、年纪大的，把男子介绍给妇女。介绍时，除妇女和年长者外，一般应起立。但在宴会、会谈桌上可不必起立，被介绍者微笑点头有所表示即可。交换名片也是相互介绍的一种形式。在送给别人名片时，应双手递出，面露微笑，眼睛看着对方。在接受对方名片时，也应双手接回，还应轻声将对方的姓名等读出，然后郑重地收存好。

5. 守时守约

在外事交际中，无论与哪个国家进行洽谈，确定时间后不应早到或者迟到，一定准时到达。过早抵达，会使主人因准备未毕而难堪；迟迟不到，则会让主人和其他客人等候过久而失礼。因故迟到，要向主人和其他客人表示歉意。万一因故不能应邀赴约，要有礼貌地尽早通知主人，并以适当方式表示歉意。与人约会不能失约，不能超时。失约和超时是很不礼貌的行为。承诺别人的事情不能遗忘，必须讲“信用”，按时做好。

(二)入乡随俗原则

入乡随俗，是国际交往中重要的礼仪原则。出国或在国内接触外宾，都要尊重对方的风俗习惯与礼节。由于不同国家的社会制度差异，文化习俗有别，思维方式与理解角度也往往差别较大。因此，每到一个国家或接待来自某一国的客人，都要事先了解该国的礼俗。即使相当熟悉的友人，也应注意基本礼仪。入座也要尊重当地的习俗，切勿不断问津，也不要自作主张。首先必须充分地了解与交往对象相关的习俗，即在衣食住行、言谈举止、待人接物等方面所特有的讲究与禁忌。其次必须充分尊重交往对象所特有的种种习俗，既不能少见多怪、妄加非议，也不能以我为尊、我行我素。

(三)女士优先原则

“Ladies first”即女士第一或女士优先，这是国际礼仪中的重要原则。女士优先的核心是要求男士在任何场合、任何情况下，都要在行动上从各个方面尊重、照顾、帮助、保护妇女。这不仅是在涉外礼仪中应当注意的，在宴请等一些交际环节中同样适用，尤其是在国外的社交场合上要更加注意。在社交场合遵从女士优先的原则，可以显示男子气质与绅士风度。

男女同行时，男子应走靠外的一侧。不能并行时，男士应让女士先行一步。在开门、下车、上楼或进入无人领路的场所、遇到障碍和危险时，男士应走在女士前面。乘坐计程车或其他轿车时，应让女士先上车；下车一般是男士先下，然后照顾女士下车。在门口、楼梯口、电梯口及通道遇到女士，男士应侧身站立一旁，让其先行。在需要开门的场合，男士应为女士开门。在商务聚会场合，男士看到女士进门，应起身以示礼貌；当客人见到男女主人时，应先与女主人打招呼。

就餐时，进入餐厅入座的顺序是，侍者引道，女士随后，男士“压阵”。一旦坐下，女士不必再起身与别人打招呼，而男士则需起身与他人打招呼。点菜时，应先把菜单递给女士。女士在接受男士的礼让时，不能过分腼腆与羞怯，应面带笑容道谢。

(四)尊重隐私原则

在涉外礼仪中，不同文化间的差异会引起人们在语言以及行为方面的不同。在进行外事交际前，一定要充分了解各个国家和地区的禁忌。大部分国家的一般性隐私禁忌是：不问收入支出，不问年龄大小，不问恋爱婚姻，不问身体健康，不问家庭住址，不问个人经历，不问信仰政见，不问所忙何事等。在对话时要时刻注意这些，否则会给对方留下一个不好的印象。

案例 10—1　　　　　　　　　总理的礼仪

1972 年 2 月，美国总统尼克松访华，这是一次“破冰之旅”。周恩来总理当时确定的接待方针是“不冷不热，不卑不亢，待之以礼，不强加于人”。

尼克松乘坐的专机于 2 月 21 日中午抵达北京，周恩来总理等到机场迎接。尼克松下机时，为了突出他和他的夫人，使照片拍出好的效果，先不让基辛格、罗杰斯等人同他一起下机，等他跟周恩来握手之后，其他人才下舷梯。而周恩来又是怎样做的呢？在尼克松步出机舱、走下舷梯近一半时，周恩来鼓起掌来，尼克松也报以掌声。请注意，周恩来不是等尼克松一出舱就鼓掌，也不是根本不鼓掌，而是等尼克松下梯一半时才鼓掌，足见周恩来总理对礼仪细节的重视。

资料来源：《半岛都市报》2009 年 11 月 16 日。

第二节　涉外礼仪的应用

一、外事交际的准备工作

(一)考虑交际目的

明确本次会面或是拜访的目的是什么，例如大部分商业洽谈的目的在于促成合同或者签订协议。

(二)准备相关资料

俗话说“知己知彼,百战不殆”,做好充分的准备就离成功更进一步。例如,准备相关的合同资料以及本公司优势的资料,同时分析会面对方的性格特点、兴趣爱好、谈话风格等因素,做到知己知彼。

(三)设计谈话流程

谈话流程是交际会面中最重要的环节,谈话的成败决定了这次交际的成功与否,所以尽量不要过分相信自己的“三寸不烂之舌”。在进行会面之前,要设计谈话的流程,根据实际场合合理规划好自己的语言,做好充分的准备。

(四)选择时间

选择时间也同样重要,尽量选择对方的空闲时间。在谈话的过程中也不能拖之过久,这样会引起对方的厌烦。

二、涉外谈话礼仪

(一)谈话前的准备

到外国人的办公室或住所,均应预先约定、通知,并按时抵达。如无人迎候,进门先按铃或敲门,经主人应允后方得进入。如无人应声,可稍等片刻后再次按铃或敲门(但按铃时间不要过长)。无人或未经主人允许,不得擅自进入。

因事急或事先并无约定又须前往时,应尽量避免在深夜打搅对方。如万不得已、非得在休息时间约见对方时,见到约见人后应先致歉意,并说明打搅的原因。

(二)谈话礼仪

涉外交往中,在与外商谈话时表情要自然,语言和气亲切,表达得体。谈话时可适当做些手势,但动作不要过大,更不要手舞足蹈,用手指点人。谈话时的距离要适中,太远或太近均不适合,不要拖拖拉拉、拍拍打打。

参加别人谈话前要先打招呼。别人在个别谈话时,不要凑前旁听。有事需与某人谈话,可待别人谈完。有人主动与自己说话,应乐于交谈。发现有人欲与自己谈话,可主动询问。第三者参与谈话,应以握手、点头或微笑表示欢迎。若谈话中有急事需离开,应向对方打招呼,表示歉意。谈话时不要唾沫四溅。

在交际场合,自己讲话时要给别人发表意见的机会,在别人讲话时也应适时发表个人的看法。对于对方谈到的不便谈论的问题,不应轻易表态,可转移话题。要善于聆听对方的讲话,不要轻易打断,不提与谈话内容无关的问题。在相互交谈时,应目光注视对方,以示专心。别人讲话时不要左顾右盼、心不在焉,或注视别处、老看手表等做出不耐烦的样子,或做伸懒腰、玩东西等漫不经心的动作。谈话现场超过三人时,应不时地与在场的所有人攀谈几句。不要只与一两个人说话,不理会在场的其他人。也不要与个别人只谈两个人知道的事而冷落第三者。如所谈问题不便让旁人知道，则应另找场合交谈。

涉外交往在谈话时，内容不能涉及疾病、死亡等不愉快的事情，也不要提起荒诞离奇、耸人听闻、淫秽的话题。一般不询问妇女的年龄、婚否，不径直询问对方履历、工资收入、家庭财产、衣饰价格等私人生活方面的问题。与妇女谈话不说妇女长得胖、身体壮、保养得好等。对方不愿回答的问题不要追问，不寻根问底。对方反感的问题应表示歉意，或立即转移话题。一般谈话不批评长辈、身份高的人员，不议论当事国的内政。不讥笑、讽刺他人，也不要随便议论宗教问题。

案例 10－2　　中国鞋王——汪海

1992 年夏，"双星鞋王"汪海在美国纽约举行新闻发布会。

会上，纽约《美东时报》资深记者威廉·查理提问："汪海先生，你是大名鼎鼎的中国鞋王，都说双星鞋品质一流，超凡脱俗，那么，我冒昧地问一句，阁下脚上穿的可是双星鞋？"威廉·查理早已注意到汪海脚上那双漂亮的皮鞋，以他的眼光那应该是欧美货。他来这么一手，就是想看看汪海的笑话，挫一下汪海的锐气。

汪海笑了："我十分感谢这位记者的提问，是他给我提供了一个宣传双星产品的好机会，我知道在公众场合脱鞋是很不文明的行为，但是……"他开始弯腰脱鞋。

高声说道："看到了吗？DOUBLESTAR，地地道道的中国双星鞋。不瞒诸位，我一年四季都穿双星鞋，我们的两万多名双星人也都穿双星鞋，我们就是要脚踏双星鞋，走遍全世界。"

霎时间，灯光频频闪烁。

第二天，汪海面带微笑、手举皮鞋的照片刊登在美国许多报刊的显要位置。

美国新闻界评论："在我们的记忆里，社会主义国家的共产党人在美国公众面前脱鞋的只有两位。一位是赫鲁晓夫在纽约的联合国总部发火，他脱下自己的皮鞋敲桌子，以显示其世界超级大国的威力；再就是眼前的'中国鞋王'汪海了，这位一直站在国有企业改革前沿的中国人，微笑着用自己的产品挑战美国市场，这才是真正的厉害！"

资料来源：宋会鹤：《脱鞋做广告》，《中学生读写（初中）》2004 年第 9 期。

（三）谈话中的礼貌用语

谈话中要使用礼貌语言，如"你好""请""谢谢""对不起""打搅了""再见"等。在西方，一般见面时说："早安""晚安""你好""身体好吗""最近如何""一切顺利吗""好久不见了，你好吗""夫人（丈夫）好吗""孩子们都好吗""最近休假去了吗"。对新结识的人常问："你这是第一次来×国吗""到×国来多久了""这是你在国外第一次任职吗""你喜欢这里的气候吗""你喜欢我们的城市吗"。分别时常说："很高兴与你相识，希望再有见面的机会。""再见，祝你周末愉快！""晚安，请向朋友们致意。""请代问全家好！"

在商务场合，可谈论天气、新闻、工作、业务等事情。在商务场合中谈话，一般不过多纠缠，不高声辩论，更不能恶语伤人。即便争吵起来，也不要斥责，不讥讽辱骂，注意言行举止。因为在涉外交际中，你不仅代表的是自己，你代表的是自己的企业甚至自己的国家，所以在参加涉外活动的时候一定要注意形象，维护自己的尊严。

小知识　　**外事活动中的习惯用语**

Excuse me，may I take a look at this picture?　(对不起，我能看一下这张照片吗?)

Excuse me，may I ask you a question?　(打扰了，我能问您一个问题吗?)

Help me put the map on the wall please.　(请帮我把这张地图挂在墙上。)

I'm sorry，I'm late.　(对不起，我迟到了。)

Thank you for your help.It's really awesome.　(谢谢你的帮助，真是太棒了。)

I'd like to make an appointment with Mr.Hammer.　(我想要和 Hammer 先生约个见面时间。)

Would it be possible to see Mr.Hammer tomorrow?　(明天能不能跟 Hammer 先生见个面?)

If he does have time，may I meet him tomorrow?　(如果他有空，我明天能跟他见面吗?)

Could you spare me about half an hour?　(能不能给我半个小时的时间?)

What would you like to talk to me about?　(你要跟我谈些什么事?)

三、涉外个人活动礼仪

(一)外事住宿礼仪

如果外事活动一天进行不完，在安排住宿时一定要尊重对方。不同的企业甚至不同的国家都会有不同的文化与礼仪要求。在参加外事活动中，我们要入乡随俗，适应对方的文化。对于对方安排的相关礼仪接待，要向对方表示感谢。但如果涉及利益与尊严，一定要坚持原则。

在邀请外宾参加外事活动时，对于外宾的住宿需要考虑以下方面：

首先，必须充分了解外宾的生活习惯。不同的国家有不同的风俗，每一个人也有自己独特的生活习惯。一般而论，外宾对于个人卫生大多十分重视。对于他们而言，随时可以洗热水澡的浴室、单独使用的干净清洁的卫生间都是临时居所应具备的基本条件。

其次，必须慎重选择外宾的住宿地点。通常安排在涉外饭店里住宿。

除了要照顾外宾的个人生活习惯、尊重其特有的风俗、满足其特殊要求外，尚有如下几点应当注意："宾至如归"，体贴入微，善解人意理当在接待人员的身上得以发扬光大。

对外宾的关心、照顾,应以不妨碍对方私生活为准,并应以不限制对方个人自由为限。

(二)外事个人活动禁忌

在涉外活动中,人们在拍照时不能违反特定国家、地区、民族的禁忌。凡在边境口岸、机场、博物馆、住宅私室、新产品与新科技展览会、珍贵文物展览馆等处,严禁随意拍照。在被允许的情况下,对古画及其他古文物进行拍照时,严禁使用闪光灯。凡在"禁止拍照"标志的地方或地区,人们应自觉不拍照。通常情况下,应忌讳给不相识的人(特别是女子)拍照。

在外事活动中,忌蓬头垢面,忌衣装鞋帽或领口袖口不洁。在正式场合,忌讳挖眼屎、擤鼻涕、抠鼻孔、挖耳秽、剔牙齿、剪指甲等不卫生的行为。患有传染病的人严禁参加外事活动。切忌随地吐痰、乱弹烟灰、乱丢果皮纸屑或其他不洁之物,忌讳把雨具及鞋下的泥水、泥巴等带入室内,忌讳把痰盂等不洁器具放在室内醒目位置。

第三节　涉外馈赠礼仪

案例 10—3　　　　千里送鹅毛

南宋罗泌撰的《路史》载:唐朝贞观年间,云南土司缅氏为了表示对唐王朝的拥戴,特派部属缅伯高带了一批礼物和一只长得十分可爱的白天鹅去京城朝见唐太宗。一路上缅伯高对白天鹅精心照料。谁知到了湖北沔阳湖边时,缅伯高看到白天鹅口渴,便慈心大发,放白天鹅到湖边饮水。白天鹅拍着翅膀扑腾扑腾地来到湖边饮水,饮足后却展翅高飞而去。缅伯高赶紧扑上去,只抓住了一根鹅毛。这可把他急坏了。后来,他只好硬着头皮把这根鹅毛用锦缎包好,并写了一首诗去见唐太宗。诗云:

"天鹅贡唐朝,山高路远遥。沔阳湖失宝,倒地哭号啕。上复唐天子,请饶缅伯高。礼轻情意重,千里送鹅毛。"

唐太宗看了这首诗后,不但没有责怪缅伯高,反而高兴地收下礼物,并回赠丝绸、茶叶、玉器等中原特产。缅伯高深为感动,久跪谢恩。后来,人们就用"千里送鹅毛"来形容"礼轻情意重"了。

资料来源:《罗泌家世及其〈路史〉考》,《古代文明》2011 年第 4 期。

一、馈赠礼仪的概念

馈赠是人们在交往过程中通过赠送交往对象礼物来表达对对方的尊重、友谊、纪念、祝贺、感谢、慰藉、哀悼等情感与意愿的一种交际行为。馈赠的目的主要是沟通感情、保持联系、体现馈赠者的品质与诚意。

二、馈赠礼仪的六要素

馈赠礼仪同样适用“5W＋H”原则：WHO(送给谁)、WHY(为什么送)、WHAT(送什么)、WHEN(何时送)、WHERE(什么场合送)、HOW(怎么送)。

(一)送给谁

馈赠礼品是一门很考究的学问，一般情况下馈赠时要考虑对方的性别、年龄、职位、身份、性格以及喜好等。另外，商界人士在选购礼品时应主动索取票据、说明书等一并放在礼品中，以免除受礼者的后顾之忧，从而让对方感到你的一份细心和周到。

亲友、上司、同事、外宾都是馈赠的对象，我们只需要在合适的场合选择合适的对象进行馈赠，便可以达到预期的效果。

(二)为什么送

为什么送礼物也就是馈赠礼物的目的，如祝贺生日、初次见面、久别重逢、恭贺新禧、节日祝福、探望病人、感谢友人以及根据外国友人的文化习俗等。如果没有很好的目的就随意赠送，会给对方留下尴尬的印象。如果没考虑对方的情况与性格以及两人之间的关系就赠送，也会给对方留下不好的印象。逢节日(或者时机)必送，会使对方产生怀疑。

很多人认为，赠送礼品主要是向客户或者亲友表示感谢，使已有的关系得到进一步加强。但是并非如此，一些礼品能起到广告宣传作用，达到感谢目的，同时又巩固、加强了公司与客户之间已有的良好关系。现在，在这个竞争日益激烈的形势下，很多大公司在电脑里对一些主要关系公司、关系人物的身份、地位以及爱好、生日都有记录，逢年过节或是合适的日子总有例行的送礼，以此来给大客户带来温暖同时也能给公司带来利益。用于促销的礼品，既可促进商品的销售，同时加深了品牌印象，起到了广告的作用。更重要的是这不仅是做广告，也是相互交流的一个重要方面。

(三)送什么

1. 在当今的商业事务中，赠送礼品起着相当重要的作用

一般来说，商业礼品分为两类：常规礼品以及定制礼品。

(1)常规礼品，一般指日常用品、高档用品、工艺品、保健用品等市面上存在并能显示使用者一定身份和地位的商品，如：高档便签本、名片夹、名片座、笔记本、笔、高档鼠标垫、多功能鼠标、手表、收音机、皮包、皮带、皮夹、匙扣、钥匙包、打火机、领带、邮票册、古玩、石雕、印章、钱币册、纯金纯银纪念章(条)、书画篆刻、珠宝玉器、壶杯、保健按摩器材、汽车饰品、化妆品、美容用品、运动休闲用品及各种工艺品、消费卡等。工艺品包括：陶瓷工艺品、雕刻工艺品、传统工艺品、琉璃工艺品、水晶工艺品、石料工艺品、贝壳工艺品、天然工艺品、泥塑工艺品、宝石玉石工艺品、木制工艺品、树脂工艺品、宗教工艺品、仿古工艺品、金属工艺品、塑料工艺品、丝绸工艺品等。

(2)定制礼品，即市面上不存在而需要定制的礼品，如为城市、企事业单位或个人定制

的产品。城市定制产品是指高档旅游纪念品、该城市的百年老字号产品等。企事业单位定制礼品是指以企事业单位标志(如商标、名称)、企业文化、企业建筑标志物、企业吉祥物、企业属性、企业领袖、企业产品、商务活动主题等为题材设计的产品。个人定制礼品是指为赠送重要对象,以该对象的名字、生肖、生日、形象、喜好等为特征而特别精选或设计的产品。

2. 先详细了解馈赠礼物的目的以及职业特征等,再决定送什么

一般情况下只需迎合相应的赠送时机以及对方的性格特点就可以。礼物不应太贵重,在于突出心意,迎合对方的心理。

(1)馈赠外宾礼品,首先要注意对方的习俗和文化修养。由于外宾所属国家、地区间有较大的差异,文化背景各不相同,爱好和要求必然存在差别。例如,在阿拉伯国家,不能给当事者的妻子送礼品;对于来自伊斯兰教国家的人们,酒类不可作为礼品:在英国,人们普遍讨厌有送礼人单位或企业印记的礼品;在法国,只有在办丧事时才使用菊花,所以除去丧事场合外一定不能送菊花;日本人视狐狸为贪婪的象征,不喜欢有狐狸图案的礼品。

(2)赠送外国友人礼物时则要考虑突出中国传统文化又要考虑对方的禁忌。在中国悠久的历史中,丝绸、针织等艺术品有着浓厚的中国文化,在赠送外国友人物品时,可以考虑丝绸、绣品、陶瓷等有中国代表性同时又没有禁忌的东西。与此同时,不论送什么礼品,都要进行美观大方的包装,否则会令对方不愉快。

小常识　　　　　对外接待工作中的“七不送”

第一,不送现金、信用卡、有价证券。

第二,不送价格过高的奢侈品。

第三,不送不合时尚、不利于健康的物品。

第四,不送易使异性产生误解之物。

第五,不送触犯受赠对象个人禁忌之物。

第六,不送涉及国家机密之物。

第七,不送有违国家法律、法规之物。

3. 在涉外交往中接受外国友人赠送的礼品,大致上有以下四个方面的问题需要注意:

第一,要欣然接受。在接受礼品时,应当起身站立,面含笑容,以双手接过礼品,然后双方握手,并且郑重其事地为此向对方道谢。

第二,要启封赞赏。在许多西方国家里,受礼者在接受礼品时,通常习惯于当着送礼人的面,立即拆启礼品的包装,然后认真地对礼品进行欣赏,并且对礼品适当地赞赏几句。

第三,要拒绝有方。外国人赠送的以下五类物品不宜接受:一是违法、违禁物品,二是

有辱我方国格、人格的物品，三是可能使双方产生误会的物品，四是价格过于昂贵的物品，五是现金、有价证券。如果不能接受外方赠送的礼品，应立即向对方说明原因，但最好不要在其他人面前退还礼品。若对方并无恶意，在退还或拒绝礼品时还须对对方表示感谢。最后要事后再谢。

第四，及时致谢。接受外方人员赠送的礼品尤其接受了对方所赠送的较为贵重的礼品后，最好在一周内写信或打电话给送礼人，向对方正式致谢。大多数我们认为禁忌的礼品对外国人而言也是一样，所以，无论在馈赠对方还是接受礼品的时候都应该注意。国内企业之间或者企业与客户之间的商务馈赠礼品在接受时也要礼貌为先，如需拒绝，一定要委婉，涉及本企业的利益关系或是尊严时一定要坚持原则。

案例 10—4　　一顶绿帽子

有一次跟老外打交道，他很客气，他非要给我送个礼物。我跟他讲，不要送了吧。他说不行，我说你就送我一顶小花帽算了。他们这个民族喜欢戴小帽子。这个老兄第二天给我拿了一顶帽子。从包里一拿出来，在场的人都用幸灾乐祸的眼神看着我——他送我一顶绿帽子。人是好人，但是沟通上出现障碍，我们怎么能戴绿帽子呢？所以，在涉外交往中，赠送礼品一定要注意沟通的问题，不是喜欢不喜欢，而是对方能不能接受，也就是说对方是否认为这个东西是好东西，是不是感觉到尊重和尊严。

资料来源：羽麓：《涉外交际馈赠礼仪：选择礼品避免禁忌》，中国社交礼仪网。

（四）何时送

何时送也就是赠送的时机选择。大多数礼品赠送者认为，选择送礼时间相当重要。最新调查表明，对大多数公司来说，选择新春、元旦、中秋、圣诞节仍是最流行的做法，也有选择公司成立纪念日，大客户的生日，重要部门的领导需要公关时，感谢某人提供获得生意的信息时，感谢同事或朋友把商业机会介绍给你时，感谢某人不计利益地在工作上帮助你时，恭喜某人高升，你的下属或是业务上有往来的人结婚、生小孩、生日、重病初愈时。

有些公司习惯当面把礼品送给客户，如展销会、促销日以及订货会等。美国某制造公司的发言人说："我们选择与生产线有关的礼品，在客户参观工厂时，我们公司用礼品来吸引他们。我们送的礼品能使他们回想起参观活动，而且赠送的礼品可带回家。牛排餐刀对我们来说是极好的礼品，因为它是用我们生产的材料做成的。在订货会上我们把不锈钢钢笔作为礼品赠送，笔上刻有公司标识，这将使客户记住我们的公司，为随身带着这样一只高质量钢笔而自豪。"这样送客户或者送公司员工定制礼品不但可以增强公司员工的归属感，也可以让客户觉得公司的发展壮大。

（五）什么场合送

如果准备向主人赠送礼品，应当选择在起身告辞之时。向交往对象道喜、道贺时，通常在见面之初相赠。出席宴会时向主人赠送礼品，可在起身辞行时，也可选择餐后吃水果时。观看文艺演出时，可酌情为主要演员预备一些礼品，并且在演出结束登台祝贺时当面赠送。游览观光时，如果参观单位向自己赠送礼品，最好在当时向对方适当地回赠一些礼品。为专门的接待人员、工作人员准备的礼品，一般在抵达当地后尽早赠送给对方。在送给外国友人礼物时，他们一般会当面拆开礼物来看并表示对礼物的欣赏，这与中国传统的待送礼人走后再打开看的文化不同，在馈赠时应当注意。

(六)怎么送

怎么送也就是如何让对方接受你的礼物，这是最关键的环节。送礼既然是一门艺术，自有其约定俗成的规矩，送给谁、送什么、怎么送都很有奥妙，绝不能瞎送、胡送、滥送。

很多情况下，送礼需要巧妙处理。如若不想让对方感受到受礼的压力，不妨说“这东西在我家撂着也是撂着”，让他拿去先用，日后买了再还；只要你不催着要他还，天长日久也变成送了。这样也可减少受礼者的心理负担，你送礼的目的就达到了。如果你送土特产品，可以说是老家人捎来的，目的是分一些给对方尝尝鲜。东西不多，自己没花钱，又不是特意买的。这样的话一般受礼者那种因害怕你目的性太强的拒礼心态可望缓和，会收下你的礼品。如果你送的是酒一类的东西，不妨说是别人送你两瓶酒，来和对方对饮共酌，这样喝一瓶送一瓶，礼送了，关系也近了，还不露痕迹。

另外有时你想给人送礼，而对方又与你关系较远，你不妨选择对方的生日、婚礼或升职、乔迁之时，邀上对方的几位熟人同去送礼祝贺，那样受礼者便不好拒收了。事后知道这个主意是你出的，必然改变对你的看法。借助大家的力量达到送礼联谊的目的，实为上策。

第四节 各国涉外礼仪简介

各国涉外礼仪有很多不同，特别是一些禁忌，如果触范这些禁忌会给企业或者国家的形象带来不好的印象，所以各企业或是国家都纷纷禁止这些行为，希望给对方一个完美的形象。这些禁忌大体上可以分为四种类型：

第一“举止忌”，严忌姿势歪斜，手舞足蹈，以手指人，拉拉扯扯，相距过近，左顾右盼，目视远处，频频看表，舒伸懒腰，玩弄东西，抓耳挠腮。

第二“话忌”，严忌荒唐淫秽，询问他人履历、女子私事、工资收入、私人财产、衣饰价值，批评尊长，非议宗教，嘲弄异俗。

第三“语气忌”，严忌大声辩论，高谈阔论，恶言恶语，寻根问底，争吵辱骂，出言不逊。

第四礼“遇忌”，严忌冷落他人，独谈到底，轻易表态，打断异议，纠缠不止，随意插话，随意辞别。

一、主要国家礼俗简介

(一)英国主要礼仪风俗

英国主要由英格兰、苏格兰和北爱尔兰三岛组成。英格兰人占80%以上，其余是苏格兰人、威尔士人和爱尔兰人等。居民大部分信奉基督教，只有少部分人信奉天主教。

英国是绅士之国，讲究文明礼貌，注重修养。同时也要求别人对自己有礼貌。注意衣着打扮，什么场合穿什么服饰都有一定惯例。见面时对尊长、上级和不熟悉的人用尊称，并在对方姓名前面加上职称、衔称或先生、女士、夫人、小姐等称呼。亲友和熟人之间常用昵称。初次相识的人相互握手，微笑并说："您好！"在大庭广众之下，人们一般不行拥抱礼，男女之间除热恋情侣外一般不手拉手走路。

与英国人进行商务往来时要注意英国人不轻易动感情或表态。他们认为夸夸其谈是缺乏教养的，自吹自擂是低级趣味的。人们交往时常用"请""对不起""谢谢"等礼貌用语，即使家庭成员间也一样。

英国的"烤牛肉加约克郡布丁"被称为国菜。这是用牛腰部位的肉，再把鸡蛋加牛奶和面，与牛肉、土豆一起在烤箱中烤制的菜肴。上桌时，还要另配些单煮的青菜，即为"烤牛肉加约克郡布丁"。普通家庭一日三餐(即早餐、午餐、晚餐)，以午餐为正餐。阔绰人家则一日四餐(即早餐、午餐、茶点和晚餐)。不愿意吃带粘汁的菜肴，忌用味精调味。他们普遍喜爱喝茶，有些妇女嗜茶成癖。"下午茶"几乎成为英国人的一种必不可少的生活习惯，即使遇上开会，有的也要暂时休会而饮"下午茶"。不喝清茶，要在杯里倒上冷牛奶或鲜柠檬，加点糖，再倒茶制成奶茶或柠檬茶。如果先倒茶、后倒牛奶，会被认为缺乏教养。他们还喜欢喝威士忌、苏打水，喝葡萄酒和香槟酒，有时还喝啤酒和烈性酒，彼此间不劝酒。

有些英国人对被称呼为"英国人"是不愿意接受的。因为"英国人"的原意是"英格兰人"，而你接待的可能是英格兰人、威尔士人或北爱尔兰人，而"不列颠"这个称呼则能让所有的英国人都感到满意。忌讳用人像、大象、孔雀作服饰图案和商品装潢。他们认为大象是愚笨的，孔雀是淫鸟、祸鸟，连孔雀开屏也被认为是自我吹嘘和炫耀。忌讳"13"这个数字。还忌讳"3"这个数字，忌讳用同一根火柴给第3个人点烟。与英国人坐着谈话忌讳两腿张得过宽，更不能跷起二郎腿。站着谈话不能把手插入衣袋。忌讳当着他们的面耳语和拍打肩背，忌讳有人用手捂着嘴看着他们笑，认为这是嘲笑人的举止。忌讳送人百合花，他们认为百合花意味着死亡。

案例10—5　　盥洗室与去"100号"

"盥洗室"一词的本意为洗手或洗脸的地方，但其实际含义则是厕所，英国人上厕所时不会直截了当地说"去上厕所"，在提醒别人时也是如此，不直接提"厕所"二字。如果你想上厕所，可以说“去男人的房间”或“去女人的房间”，也可以说“我想洗手”等。小孩子想要大小便时说：“我要去那个地方”。在朋友之间和家庭内部，“100号”则是最常用的说法。

资料来源：http://bj.xdf.cn/publish/portal24/tab15295/info661279.htm。

（二）欧洲其他国家主要风俗禁忌

欧洲大多数国家的风俗习惯与英国类似，这里不一一介绍。

俄罗斯礼忌：俄罗斯及东欧诸国，对西方商人的礼待是极其热情的。在同俄罗斯人洽谈贸易时，切忌称呼“俄国人”。

法国礼忌：到法国洽谈贸易时，严忌过多地谈论个人私事，因为法国人不喜欢大谈家庭及个人生活的隐私。

德国礼忌：德国商人注重工作效率。因此，同他们洽谈贸易时，严忌神聊或节外生枝地闲谈。德国北部地区的商人均重视自己的头衔，同他们一次次热情握手、一次次称呼其头衔时，他必然格外高兴。

瑞士礼忌：若给瑞士的公司寄信，收信人应写公司的全称，严忌写公司工作人员的名字。如果收信人不在，此信永远也不会被打开。瑞士人崇拜老字号的公司，如果你的公司建于1895年之前，那么你应在工作证件或名片上特别强调出来。

芬兰礼忌：与芬兰商人洽谈时应行握手礼，应称呼其“经理”之类的职衔。谈判地点多在办事处，一般不在宴会上。谈判成功后，芬兰商人往往邀请你赴家宴与洗蒸汽浴。这是一种很重要的礼节。如你应邀赴宴，忌讳迟到，且不要忘记向女主人送上5朵或7朵（忌双数）鲜花。在主人正式敬酒前，客人不宜先行自饮。在畅谈时，应忌讳谈当地的政治问题。

（三）日本主要风俗禁忌

日本人讲究礼貌待人。在商务交往或者社交礼仪中，日本人比较实在，也比较热情。在人际交往中，日本人通常以鞠躬作为见面礼节。日本人在行鞠躬礼时其度数的大小、时间的长短以及鞠躬次数的多少，往往同对对方所表示尊敬的程度成正比。有的时候，日本人还会一面与人握手，一面鞠躬致敬。与他人初次见面时，通常要互换名片，否则即被理解为不愿与对方交往。

日本人对称呼也有特别的讲究，称呼日本人时，可称之为“先生”“小姐”或“夫人”，也可以在其姓氏之后加上“君”字，尊称为“某某君”。只有在很正式的情况下，称呼日本人时才使用其全名。在交际场合，日本人的信条是“不给别人添麻烦”，因此忌讳高声谈笑。在外人面前，他们大多满脸笑容，而不论自己是否开心。日本人认为，这是做人的一种礼貌。樱花备受日本人民的喜爱，故成为日本的“国花”。日本人不喜欢荷花，荷花在日本主要用于丧葬活动。菊花在日本是皇室的标志。

日本人在交际应酬之中对打扮十分介意，在商务交往、政务活动以及对外场合中才会穿西服，在民间活动时有时会穿国服——和服。和服最基本的特点是没有什么线条，领口很大，袖子宽短，腰身广阔。穿和服时，一定要穿木屐和草鞋，并配以布袜。妇女穿和服时，还必须腰系彩带，腰后加上一个小软托，并且手中打伞。在过去，和服的色彩、图案、款式、面料乃至穿着方法无一不与穿着者的地位、身份有关，因此人们在穿和服时不能马虎大意。

在与日本人打交道时，衣着上必须注意以下四条：

首先，日本人认为衣着不整齐便意味着没有教养，或是不尊重交往对象。在与日本人会面时，一般不宜穿着过分随便，特别是不要光脚或穿背心。

其次，到日本人家里做客时，进门要先脱下大衣、风衣和鞋子。

再次，拜访日本人时，切勿未经主人许可而自行脱去外衣。

最后，参加庆典或仪式时，不论天气多么热，都要穿套装或套裙。

在饮食方面，日本可以说是自成一体，世人一般称为和食或是日本料理。和食的主要特色曾被归纳为"五味""五色"与"五法"。"五味"是指日本人在不同的季节里，饮食的口味往往有不同的侧重，通常是春苦、夏酸、秋滋、冬甜，此外还好食涩味。"五色"是指菜的色彩搭配，一般是绿春、朱夏、白秋、玄冬。五法是指和食的烹饪方法主要有蒸、烧、煮、炸、生五种。具体而言，和食是以大米为主，多用海鲜、蔬菜，讲究清淡与味鲜，忌讳油腻。典型的和食有寿司、拉面、刺身、天妇罗、铁板烧、煮物、蒸物、酱汤等，此外还有饭团和便当，尤以刺身（即生鱼片）最为著名。

日本人喜欢喝酒，西洋酒、中国酒和日本清酒统统是他们的最爱。日本人普遍喜欢喝茶，形成了"和、敬、清、寂"四归茶道。日本人用餐时，要摆上一长矮桌，男子盘腿而坐，女子要跪坐而食。宴请客人时，大多忌讳将饭盛得过满，并且不允许一勺盛一碗饭。作为客人，则不能仅吃一碗饭，哪怕是象征性的，也要再添一次，否则会被视为宾主无缘。在用筷子吃饭时，日本人使用的筷子是尖头的，所以日本人使用筷子更加讲究。

小知识　　**日本人使用筷子八忌**

1. 不准用舌头舔筷子。
2. 不准拿着筷子在饭菜上晃来晃去，举棋不定。
3. 不准夹了一种菜又夹另一种菜，而不去吃饭。
4. 不准将筷子头反过去，吞在口里。
5. 不准将筷子插在饭菜里。
6. 不准用筷子在饭菜里扒来扒去，挑东西吃。
7. 不准把筷子跨放在盘、碗之上。
8. 不准用筷子当牙签用。

(四)美国主要习俗及禁忌

与美国人洽谈交易时,不必过多地握手与客套,贸易谈判可直截了当地进入正题,甚至从吃早点时即可开始。美国人性格浪漫、为人诚挚。他们在与互不相识的人交际时,惯于实事求是、坦率直言。即使是自我介绍时,他们也喜欢对自己的情况据实说出,越真实越好,对那些谦虚、客套的表白是看不习惯的。过分的客套对他们来说是一种无能的表现,过头的谦虚可能被误认为心怀鬼胎。在公共场所就座时,一般让长者和妇女坐在右边;走路要让长者和妇女走在右边。他们以好客著称,为了表示友好,使客人感到随便、不拘束,他们一般乐于在家里宴请客人,而不习惯在餐馆请客。他们很健谈,喜欢边谈边用手势。彼此间乐于保持一定的距离,一般以 50 厘米左右间距为好。请美国人用餐,他们一般是不提前到达的,而是准时或迟到 5～15 分钟。美国人喜爱白色,认为白色是纯洁的象征;偏爱黄色,认为是和谐的象征;喜欢蓝色和红色,认为是吉祥如意的象征。他们喜欢白猫,认为白猫可以给人带来运气。美国人欣赏白头鹰,认为它威武强悍,把它敬为"国鸟",并以它作为国徽的图案。其解释为:顶冠象征美国是一个主权国家;分握橄榄枝与箭的两爪象征和平与武力;嘴叼黄带,上书"合众为一",表示美利坚合众国由多州组成。他们比较怕热,夏天乐于在空调房间内就餐。喜欢简明而又富有生机的图案,如梅、兰、牡丹等。

小知识　　　　与美国人进行涉外交际时的注意事项

(1)商务交往初次见面一般用握手致意。

(2)不一定在会面开始交换名片,一般在确认需要继续联系的情况下才交换名片。

(3)守时很重要。

(4)早餐会 7:00 就可能开始。

(5)与美国人第一次见面,以先生、小姐、女士或者博士称呼对方的姓氏。许多美国人在第一次见面后会建议你直呼其名。

(6)美国人不兴赠送商务礼品。

(7)谈判和生意一般在较短的时间内完成。

(8)在正式谈判前,双方往往进行寒暄,但话题有限。

(9)谈话间双腿交叉、跷腿很常见,可以接受,不属于失礼行为。

(10)留心在哪里可以吸烟。许多公共场所禁烟。

(11)收到做客邀请,最好写一个简短和非正式的便条表示感谢。做客时带上礼物,主人会很高兴,但礼物不是必不可少的。

(12)美国人收到礼物后一般会立刻打开。

(13)在社交场合吃东西,你可以按需要自取适量食物,主人一般不主动建议。

(14)人们在交往中往往以互相恭维作为谈话的开始。

(15)美国人递东西、接东西习惯用一只手。

(16)美国人习惯用手势表示赞同:一是用拇指和食指做圆圈,二是握拳伸大拇指。

(17)在商店买东西、剧场买票、乘公交都需排队。即使队伍是非正式的或者根本没有排队,人们依然遵循先来后到的次序。

(五)澳大利亚主要风俗禁忌

澳大利亚人讲究礼貌。在商务场合,澳大利亚人显得非常随和,喜爱同陌生人交往。对待外来客人也是这样,无论是在马路上还是在酒吧里,他们总是主动走到陌生人面前,打招呼问候,自我介绍一番。当然,这种现象只限于男性之间。到澳大利亚进行商务活动的最佳月份是3～11月。澳大利亚是一个讲求平等的社会,不喜欢以命令的口气指使别人。他们把公和私分得很清楚,所以不要以为一起进过餐,生意就好做了。在人际交往方面,即使在澳大利亚偏僻的地方,互相之间对面走过,虽不认识也会微笑点头致意。这里的男人们相处时感情不能过于外露,大多数男人不喜欢紧紧拥抱或握住双肩之类的动作。在社交场合,忌讳打哈欠、伸懒腰等小动作。

澳大利亚人的风俗礼仪在许多方面同英国人十分相似:澳大利亚人的姓名同英国人一样,名在前,姓在后;可以以姓名、职称、衔称冠以先生、女士等称呼来称呼交往对方;澳大利亚人见面握手是一种最普遍的打招呼方式,拥抱亲吻的情况比较罕见;有"妇女第一、女性优先"的习惯;注重公共场所的仪表,男子大多数不留胡须,出席正式场合时西装革履,女性是西服上衣西服裙。

澳大利亚人待人接物很随和。邀请澳大利亚人到家中作客,他们总是随身带一些礼物,但价值并不高,仅用来表示友好,如在自家花园摘几朵鲜花或拿一瓶自家酿制的果酱等。澳大利亚人的时间观念很强,约会必须事先联系并准时赴约。如果被邀请到澳大利亚人家中作客,最合适的礼物是给女主人带上一束鲜花,也可以给男主人送一瓶葡萄酒。客人进门,主人会用咖啡、牛奶或啤酒热情招待。如果主人视你为知心朋友,把你当作家庭的一员,会主动邀请你参观家里的客厅、书房、卧室、花园、游泳池等。

澳大利亚人招待客人的饭菜与英国大致相同,油少清淡,量少而精,讲究花样,注意色、味、香、型,而且调味品种众多,进餐者可以根据自己的口味选用。

澳大利亚人对兔子特别忌讳,认为兔子是一种不吉利的动物,人们看到它都会感到倒霉。与他们交谈时,多谈旅行、体育运动及在澳大利亚的见闻。

男子多穿西服,打领带,在正式场合打黑色领结,达尔文服是流行于达尔文市的一种简便服装。妇女一年中大部分时间穿裙子,在社交场合则套上西装上衣。无论男女都喜欢穿牛仔裤,他们认为穿牛仔裤方便、自如。

二、花木习俗及禁忌

花木的种类繁多,世界各国都非常喜欢花。但是对于每一种花,不同的国家有着不同的理解，从而便有了涉外赠送花木的禁忌行为。送花在国外非常普遍。由于习俗不同，某些花的含义在不同的国家也有区别。例如，荷花在中国有“花中君子”之称，而在日本却被认为是不祥之物，仅用于祭奠。郁金香在土耳其被看作是爱情的象征，德国人却认为它是没有感情的花。菊花是日本皇室的专用花卉，而在比利时、意大利和法国人眼中，菊花却与死亡相连，只能在墓地或灵前使用。在法国不要送康乃馨，因为它表示不幸。在日本，去医院探视朋友不能送白花，那表示不吉祥。在与外国友人交往时，按惯例不能将菊花、杜鹃花、山竹花和黄色的花献给客人。本书根据不同花木的品种，阐述各个国家的文化禁忌行为。

根花忌：探视病人时，日本人严忌以根花（包括盆花）为礼，因为日文的“根”字与“睡”字的发音相同。

香花忌：一些欧洲国家的人在探望病人时，忌用香气浓烈的或具有特殊象征意义的鲜花。送予中年人的，忌用小花；送予年轻人的，忌用大花。

荷花忌：印度人忌以荷花作馈赠品，因为印度人多以荷花为祭祀之花。

白花忌：在欧洲，人们以花为礼时，除生日与命名日外，一般忌用白色鲜花。

盆花忌：在通常以花为礼的交往中，许多欧洲人爱用切花，忌用盆花，但在复活节之际，可用盆栽的风信子为礼。

菊花忌：在欧洲许多国家，人们忌用菊花为礼。传统习俗认为：菊花是墓地之花。日本人忌用菊花作室内装饰，认为菊花是不吉祥的。许多拉丁美洲人将菊花视为“妖花”，忌用菊花装饰房间，忌以菊花为礼。

双花忌：波兰人与罗马尼亚人以花为礼时，所用的花束必须是单数，一枝也可，忌讳双数，但罗马尼亚人的生日除外。

干花忌：除人造花外，波兰人忌送干花或枯萎的花。波兰人认为，送干花或枯花，意味着情谊的终结。

郁金香忌：德国人往往忌以郁金香为馈赠品，认为它是无情之花。

黄玫瑰忌：英国人忌以黄玫瑰为礼花。英国传统习俗认为，黄玫瑰象征亲友分离。

黄花忌：法国人往往忌送黄花。法国传统的习俗认为：黄色花象征着不忠诚。

紫花忌：巴西人忌用绛紫色的花为礼，因为巴西人惯以紫花为葬礼之花。

三、宗教禁忌

无论在东方还是西方，宗教都已渗透到社会礼仪的众多方面。在欧美国家要考虑到基督教的影响，在中东地区要考虑到伊斯兰教的影响，在东南亚一带则不能忽视佛教的存在。伊斯兰教徒每天要做五次祈祷，这时无论有什么要紧事都应暂且搁下，外来人虽然可以不做祈祷，但绝不能表现出不耐烦或干扰当地人的祈祷。对于信奉佛教的泰国人来说，所有的神像都是神圣的，不经允许不准拍照。在进入日本的神社或寺院的房舍之前，则应脱掉鞋帽和围巾。

(一)基督教、天主教

如果涉外商务礼仪中涉及基督教时进教堂要态度严肃,保持安静。在聚会和崇拜活动中禁止吸烟。基督徒一般饮食中不吃血制品,谈话中最好也不要涉及。在天主教中,主教、神父、修女是不结婚的。所以,同天主教人士交往时,见到主教、神父、修女不可问他(她)们"有几个子女""爱人在哪里工作"等。

进入教堂应保持严肃的态度,切忌衣着不整或穿拖鞋、短裤。禁止在教堂内来回乱串、大声喧哗、交头接耳、东张西望、打情骂俏、争抢座位等,更不允许在教堂内吃东西、抽烟。

(二)伊斯兰教

接待穆斯林客人一定要安排清真席,特别要注意不要出现他们禁食的食物。穆斯林禁食死物、血液、猪肉以及非真主之名而宰的、勒死的、捶死的、跌死的、抵死的、野兽吃剩的动物。此外,还禁食:生性凶猛的肉食动物,如狮、虎、豺、狼、豹等;穴居的肉食动物,如狐、獾、狸等;猛禽,如鹰、隼、鹞、鹫、猫头鹰等;污浊不洁的动物,如鼠、蜥蜴、穿山甲等;两栖动物,如蛇、蛤蟆、鳄鱼等;豢养而不能吃的动物,如马、驴、骡、狗、猫等。穆斯林严禁饮用一切含酒精的饮料。对他们是不能祝酒的,在与穆斯林进行会面时要严格注意。

虔诚的穆斯林每天都要面向圣城麦加方向礼拜五次,要注意避开他们朝拜的方向。伊斯兰国家规定星期五为休息日(聚礼日),穆斯林晌午要到清真寺集体做礼拜,即聚礼。如果遇星期五,应注意安排时间让虔诚的穆斯林做礼拜。

穆斯林忌讳用左手给人传递物品,特别是食物。给穆斯林递东西时,注意不要用左手。

(三)佛教

在信奉佛教的国家里,如缅甸、泰国等东南亚国家,人们非常敬重僧侣。僧侣和虔诚的佛教徒一般是素食者。他们非常注重头部,忌讳别人提着物品从头上掠过;长辈在座,晚辈不能高于他们的头部;小孩子头部也不能随便抚摸。他们认为只有佛、僧长或是父母能摸小孩的头,意为祝福,除此就是不吉利,会生病。当着僧人的面不能杀生、吃肉、喝酒等,男女也不能做过分亲昵的举动。在与僧人直接面对的场合,女士穿着要端庄,不要穿迷你裙等过于暴露的衣着。

(四)印度教

信仰印度教的国家(如印度、尼泊尔)的教徒奉牛为神,认为牛的奶汁哺育了幼小的生命,牛耕地种出的粮食养育了人类,牛就像人类的母亲一样。他们不吃牛肉,也忌讳用牛皮制成的皮鞋、皮带。

(五)犹太教

犹太教认为唯一可以食用的哺乳动物是反刍并有分蹄的动物,如牛肉,而不允许吃猪肉和马肉。大多数饲养禽类(如鸡、鸭、鹅等)是被允许的,但禁食鸵鸟和鸸鹋。食用的鱼类必须有鳃和鳞,禁食软体动物和甲壳类动物。犹太教认为血是“生命的液体”而严禁食用。此外,奶品和肉品必须分开食用。

本章小结

本章主要介绍了商务涉外礼仪的相关实务,包括涉外礼仪中我方应保持的形象、应给对方如何的尊重以及与外国人的谈话细则、馈赠礼仪。最后详细介绍了各国礼仪的习俗,希望大家了解。

复习题

1. 涉外礼仪的基本原则是什么?
2. 馈赠礼仪的要素有什么?
3. 简述英国、美国、日本等国家的礼仪差别。
4. 涉外谈话礼仪有何要求?

案例分析

某公司的王先生年轻能干,点子又多,很快引起了总经理的注意并拟提拔为营销部经理。为了慎重起见,决定再进行一次考查。恰巧总经理要去省城参加一个商品交易会,需要带两名助手。总经理于是选择了公关部杜经理和王先生。王先生自然看重这次机会,也想寻机表现一下。

出发前,由于司机小王乘火车先行到省城安排一些事务、尚未回来,所以他们临时改为搭乘董事长驾驶的轿车一同前往。上车时,王先生很麻利地打开了前车门,坐在驾车的董事长旁边的位置上,董事长看了他一眼,但王先生并没有在意。

车上路后,董事长驾车很少说话,总经理好像也没有兴致,似在闭目养神。为活跃气氛,王先生寻一个话题:“董事长驾车的技术不错,有机会也教教我们。如果自己会开车,办事效率肯定会更高。”董事长专注地开车,不置可否,其他人均无应和。王先生感到没趣,便也不再说话。一路上,除董事长向总经理询问几件事、总经理简单地作答外,车内再也无人说话。到达省城后,王先生悄悄问杜经理:董事长和总经理好像有点不太高兴?杜经理告诉他原委,他才恍然大悟:“噢,原来如此。”会后从省城返回,车子改由司机小王驾驶,杜经理由于还有些事要处理,需在省城多住一天,同车返回的还是四人。这次不能再犯类似的错误了,王先生想。于是,他打开前车门,请总经理上车,总经理坚持与董事长一起坐在后排。王先生诚恳地说："总经理您如果不坐前面，就是不肯原谅来的时候我的失礼之处。"并坚持让总经理坐在前排才肯上车。

回到公司，同事们知道王先生这次是同董事长、总经理一道出差，猜测着肯定提拔他，纷纷向他祝贺。然而，提拔之事一直没有人提及。

资料来源：http://quick.xiangrikui.com/baoxianziliao/26412.html。

思考：请指出王先生的失礼之处。

第十一章

商务求职礼仪

学习目的和要求

通过对本章的学习，使学生较为全面地掌握求职礼仪，理解面试礼仪的相关知识，掌握制作简历的要求，了解面试后的有效沟通礼仪，帮助学生认清就业形势，定位自我。

第一节　求职信的书写

对每个求职者来说，求职信和简历都是再熟悉不过的。在求职的过程中，这两样被认为是求职的“敲门砖”。公司对求职者的最初印象来自于求职信和个人简历。如何让自己的求职材料在众多的求职材料中脱颖而出，这需要求职者的精心设计。一份设计合理、重点突出的个人简历，往往成为求职者迈向成功的第一步。

一、求职信的概念及作用

求职信又称“自荐信”或“自荐书”，是求职者向用人单位介绍自己实际能力、表达自己就业愿望和理想的一种特殊的书信。求职信与普通信函有所区别，它所给的对象很难确定，一般情况下最好写上“人事部负责人收”。

求职信起到毛遂自荐的作用，其主要目的和作用是让人事主管阅读。求职信是沟通求职者和用人单位的桥梁，意在表现自我、求得录用。因此，求职信要简明扼要，突出自我优势。

二、求职信的写法

案例 11－1 **一封失败的求职信**

一名23岁的耶鲁大学毕业生在向华尔街的一家银行求职时，不但寄去了自己的求职信，还附上一段自我介绍的视频短片，里面有打网球、跳舞、健身等录像，还自称是“执行总裁和职业运动员”双料人才。然而，他如此出众的方式没能让他如愿以偿，相反，这份简历迅速传遍网络，成为整个华尔街的笑柄。原因很简单，他的求职信长达十一页，这在华尔街这样追求效率的金融中心没有任何一位管理人员会花费时间阅读这样一篇大作。在许多人眼里，视频简历也没有反映出求职者的相关职业技能。在大多数人眼中，他所做的一切不过是在哗众取宠而已。

资料来源：《国人必知的2300个职场知识》。

这是一封失败的求职信，它没能为求职者赢得一份理想的工作，反而令他遭受嘲讽。那么，怎样写出合适的求职信呢？

求职信是为了表现出求职者对所求职位和用人单位的极大兴趣和热忱的，因此求职信的书写应当遵从以下几点：

1. 求职信的称呼要得体

求职信与普通信函不同，它没有特定的收信人，因此在称呼上应当选择在单位里有权录用新人的人，要特别注意他们的姓名和职位。鉴于求职者未必对用人单位相关人员的姓名熟悉，可直接用职务头衔。

2. 求职信的重点要突出

求职信的作用是为了帮助求职者赢得理想的工作，帮助他们展示自己，让用人单位知道求职者的优势。因此，求职信应当重点体现求职者与工作相关的经验和能力，求职者应当针对不同的职位突出自己不同的能力。

3. 求职信要简明扼要，贴合主题

求职信的读者多数为单位的负责人，他们通常没有时间去阅读冗长的文章，因此求职者要用简练的语言表达清楚自己的求职想法、个人特点及优势。

4. 求职信的态度要适当

求职信的目的是为了向用人单位展示自己，因此要强调自己的成就和优势。但是这样的展示要适度，不能过分炫耀。同时，过分的谦虚也是不可取的。求职信应当实事求是地表现自己。根据中外文化差异，对外资企业可以适当地多一些炫耀，对于中国企业要谦虚。

5. 求职信要富有个性

在求职的过程中，求职信承担着敲门砖的作用，目的是吸引用人单位的目光，因此求职信可以不拘泥于常规的书信写作，可以用独特的语言和多元化的思考方式给用人单位留下深刻印象。

6. 问候要真诚

对于用人单位的领导来说，求职者的真诚问候可以激起他们的好感。问候语要切合双方的关系，尽量简洁、自然。

第二节　求职简历的书写

一、求职简历的概念和作用

求职简历又称求职资历、个人履历等，是求职者将自己与所申请职位紧密相关的个人信息经过分析整理并清晰简要地表述出来的书面求职资料。

求职简历是为了真实地向用人单位展示自己的经验、成果、能力等方面的内容，为求职者争取获得面试的机会，其作用就是为应聘提供一块敲门砖。

二、求职简历的基本内容和基本格式

(一)求职简历的基本内容

一般来说，求职简历包含以下基本内容：

(1)个人基本情况，包括姓名、性别、民族、出生日期、婚姻状况、政治面貌、家庭住址、联系方式及职业目标等。

(2)教育背景，以时间顺序列出从初中至最高学历所在的院校、专业、主要课程，以及参加的各种专业知识和技能培训等。

(3)工作经历，同样以时间顺序列出参加工作至今的就业记录，包括单位名称、职务、就任及离任时间等，主要突出职位职责和工作性质。这一部分是整份简历的精华。

(二)求职简历的基本格式

求职简历的格式主要有时序型格式、功能型格式、综合型格式、履历型格式以及视频简历等，求职者可根据需要选择不同格式。

(1)时序型格式被视为求职简历首选格式，其特点为可以清晰地表现求职者的职业成长过程。它以时间顺序罗列求职者过往的就职职位，并且从最近的职位开始，在每一项列出的职位下面说明责任、所需技能和取得的成就。时序型格式简单明了，能够很好地突出

求职者的工作经历，是设计简历的良好选择。

(2)功能型格式是指在简历开头就强调个人的技能、资历以及成就但并不把这些与特定职业联系在一起的格式。大多数招聘者不欣赏这种格式，因为它不如时序型格式清楚明白，不能很好地说明工作经历。

(3)综合型格式是集时序型格式和功能型格式优点于一体的简历格式。综合型格式首先以功能型格式简洁明了的介绍求职者的个人价值，然后以时序型格式强调工作经历。综合型格式近年来成为较受欢迎的一类简历格式。它既能向用人单位展示求职者的资质，又能凸显求职者不同时期的工作经历。

(4)履历型格式只需列出个人的资信情况，多为专业技术人员或是应聘的职位只需罗列出个人资信的求职者使用。

(5)视频简历是指将个人情况和才艺以电视图像的方式录制下来，作为视频资料递送给用人单位的一种简历。视频拉近了用人单位和求职者之间的距离，可以展示一般简历无法展示的内容，但不一定被所有招聘者接受。

三、求职简历的设计礼仪

个人简历不仅是自己学习生活、工作经历的简短集锦，也是求职者自我鉴定和自我评价的主要材料。因此，简历不仅是一份书面材料，更是向用人单位自我推荐的重要文件。我们在设计简历时应当使其简洁有力，重点突出，有极强的说服力，同时在格式和内容上遵循一定的标准。

1. 避免遗漏个人重要信息

如姓名、年龄、学历、联系方式等，一旦出现遗漏，用人单位就会将简历视为无效。尤其是联系方式，一旦缺失或写错，会导致用人单位无法与你联系，错过工作机会。

在简历中，求职者应当将自己的才能尽可能多地叙述出来，但绝不能夸夸其谈，甚至捏造虚假信息。同时，陈述应当简洁有力，不要写得过于繁杂，只要分清主次、突出重点即可。

2. 避免出现拼写或语法错误

如果出现这类错误，招聘者会认为求职者缺乏基本的职业素养。语法错误甚至会引起歧义，令对方不知所云。因此，简历设计要注意细节。

3. 版面设计合理

版面设计以方便用人单位阅读为主，重点部分要以粗体突出，不要过多地使用斜体字或花哨的字体。内容排列要整齐大方，简洁美观，字符大小要合适，一般采用五号字，有时可以稍大。

4. 简历修饰适度

在设计简历时可以采用合适的背景，背景选择以淡色调为主。打印简历时，要选用品质较高的纸张，打印出来后要检查是否有排版错误。简历要保持干净，不能弄脏弄皱。

5. 简历投递时机准确

投递简历时一定要目标确定。确定自己是否有适合工作的条件，以免造成简历的浪费，同时也浪费了招聘者的时间。

此外，由于应届毕业生与社会实际接触较少，没有经历过求职的挫折，因而时常自我感觉良好，但用人单位往往并不认同。因此，应届毕业生在与有工作经验的社会人士竞争的过程中常常处于劣势。在这种情况下，应届生应当在简历中扬长避短，重点强调自己接受教育和培训的情况，突出"刻苦学习""领悟快、接受能力强"等个人素质和能力；还要在简历中写明实习情况，或表明自己在校期间已获得与应聘工作有直接关系的知识，这可能使用人单位放弃有经验的人而考虑应届生。

实训 11－1

某名校博士毕业的周先生想要找一份理想的工作。他经过思索，选择了正在当地招聘的几家知名企业。为了在求职中引起企业的注意，周先生精心设计了一份 80 多页的求职材料，包括个人简历、博士毕业论文摘要、个人奖学金证书、学位证书等。周先生将简历投给心仪的企业，但是如同石沉大海，没有一个企业反馈。下面请详尽分析周先生的求职材料，找出不足。

求 职 信

尊敬的总裁先生：

您好！

我是一名即将毕业于××大学的博士生，师从著名中科院院士×××，成绩优秀。

对于制冷行业和白色家电行业，我有着深刻的了解。对 TCL、格力、海尔、春兰等几家国内有影响力、很有发展潜力的企业，我更是耳熟能详。五年以前，我就开始跟踪制冷业的技术发展和行业发展趋势，现在已经站在行业技术的前沿！

作为校学生会社管部成员，我积极参加相关宿舍的管理工作，在做好自身内务的同时，很好地锻炼了自身管理能力。相信我能够很好地胜任贵公司的技术管理工作。同时，在寒假和实习期间，我先后到三四家企业进行实习，使我对企业的管理体系有了深刻的认识。相信我可以站在企业发展战略的高度进行企业的技术规划。

我待人真诚，乐观开朗，做事认真负责，冷静客观，善于控制自己，不感情用事。我希望先从贵公司开始做起，一步一步达到我最终的目标。我不会频繁更换我的工作，我会踏踏实实地将本职工作做到底，直到这份工作无法发挥我的热情和能力。

进入您的企业，对我是一个新的起点；对您，将拥有一个具有很大发展潜力的复合型人才。

等待您的回音。

此致

敬礼

学生:周××

20××年××月

<table>
<tr><td colspan="2">个　人　简　历</td><td rowspan="3">个人简历</td></tr>
<tr><td colspan="2">求职意向:技术总裁/技术总监/</td></tr>
<tr><td>技术员人才类型:应届毕业生</td><td>相关工作经验:0年</td></tr>
<tr><td>可到职日期:两个月</td><td colspan="2">求职类型:　　全职</td></tr>
<tr><td>希望工作地点:上海市　杭州市</td><td colspan="2"></td></tr>
<tr><td>姓名:周××</td><td colspan="2">性　别:　　男</td></tr>
<tr><td>年龄:32</td><td colspan="2">民　族:　　汉族</td></tr>
<tr><td>出生日期:1972—01—12</td><td colspan="2">身　高:　　178cm</td></tr>
<tr><td>体重:　65kg</td><td colspan="2">国　籍:　　中国</td></tr>
<tr><td>户口所在地:　××省</td><td colspan="2">目前所在地:　××省</td></tr>
<tr><td>婚姻状况:　　未婚</td><td colspan="2">最高教育程度:博士</td></tr>
<tr><td>政治面貌:　　无党派人士</td><td colspan="2">现有职称:　　暂无</td></tr>
<tr><td>身份证号:</td><td colspan="2">健康状况:　　良好</td></tr>
<tr><td>毕业院校:××大学</td><td colspan="2">专　业:　　工程热物理</td></tr>
<tr><td>学历:　　博士</td><td colspan="2">手　机:</td></tr>
<tr><td>电子邮件:</td><td colspan="2">联系电话:</td></tr>
<tr><td>通信地址:××省××市</td><td colspan="2">邮　编:</td></tr>
<tr><td>教育背景:2001～2004　××大学</td><td colspan="2"></td></tr>
<tr><td colspan="3">工程热物理　博士</td></tr>
<tr><td colspan="3">论文情况:
论文名称:　《热管式空气预热器设计》
论文成绩:　　优
内容概要:　　详见附表三</td></tr>
<tr><td colspan="3">是否已发表:　是,已发表于《锅炉》
专　业　课:锅炉设计,汽轮机设计,泵与风机
专业基础课:传热学,热力学,结构力学,流体力学,机械零件设计,金属加工,专业英语等
基　础　课:高等数学(上、下),大学物理(上、中、下),博士英语,工程数学,概率论与数理统计,技术企业管理等</td></tr>
<tr><td colspan="3">外语水平:
*第一外语:英语
基本技能:国家六级;听、说、读、写能力俱佳
*第二外语:日语
基本技能:国家一级:听、说、读、写能力俱佳</td></tr>
</table>

续表

计算机水平： 已获得微软认证，可以熟练应用 windows/dos/excel 等编程 熟练应用网络进行资料查询、下载 熟练应用数据库 网页设计熟练，深受网友好评，请见 http://www.zhouyuliamg.com.cn
获奖情况 1995～1996 年度，二等奖学金　　1996～1997 年度，三等奖学金 1997～1998 年度，二等奖学金　　1998～1999 年度，二等奖学金 2000～2001 年度，邵逸夫奖学金　　2001～2002 年度，二等奖学金 2002～2003 年度，一等奖学金　　2003～2004 年度，邵逸夫奖学金
工作经历：无
实践与实习： 1998 年 7 月参与美国的三 S 公司的市场调查活动，对企业在目标的选择与市场潜力的调查及研究有了基本的认识。2000 年 8 月参加××大学学生实践团，赴云南省考察、体验生活。返校后与同学合作写了数万字的调查报告。此后还在校内组织了图片展览及为老区希望小学的捐款活动。
个性特点： 待人真诚，乐观开朗。 做事认真负责，冷静客观，善于控制自己，不感情用事。 我希望先从贵公司开始做起，一步一步达到我最终的目标。我不会频繁更换我的工作，我会踏踏实实地将本职工作做到底，直到这份工作无法发挥我的热情和能力。
工作能力及特长： 乐于并善于与人沟通；能熟练运用英语和计算机操作以及 office 软件，并能进行简单的编程。
职业目标： 对公司的类型没有要求，只要有发展。 希望能够从事管理或科研工作。
附件： 1. 大学英语六级证书复印件 2. 全国计算机考试二级合格证书复印件 3. ××大学学习优秀奖荣誉证书复印件 4. 博士论文概要复印件 5. ××大学优秀学生干部荣誉证书复印件

资料来源：老哈：《完美求职设计》，天津人民出版社 2005 年版。

第三节　面试礼仪

面试是经过组织者精心设计，在特定场景下，以面试官对考生的面对面交谈与观察为主要手段，由表及里测评考生的知识、能力、经验等有关素质的一种考试活动。面试是公司挑选职工的一种重要方法。面试给公司和应招者提供了双向交流的机会，能使公司和应招者之间相互了解，从而双方都可更准确做出聘用与否、受聘与否的决定。因此，面试在求职过程中有着不可替代的作用。

一、面试的作用和特点

(一)面试的作用

1. 面试可以考察到简历和笔试中无法表现的内容

简历以文字形式为用人单位展示求职者的文化素质,笔试同样借助文字考察求职者的知识水平和素质。但是很多素养和特征是无法通过文字形式体现的,比如一个人的仪表仪态、口才、反应的敏捷度和对突发状况的应急处理等。

2. 面试可以综合考察求职者仪表、性格、知识、能力、经验等特征

面试作为面试官和求职者之间的一次沟通活动,主动权掌握在面试官手中。面试官可以根据实际需要对求职者进行全方位的测评。

3. 面试可以弥补笔试的失误

笔试中可能出现高分低能者、冒名顶替者或发挥失常者。面试可以有效检验这些情况,以免错失人才或录用能力不足的人。

(二)面试的特点

1. 面试是以谈话和观察为主要手段的测试

谈话是面试最主要、最基本的手段。在面试时,面试官要向求职者提出各种各样的问题,求职者要逐一回答这些问题。谈话可以考察求职者的反应能力,还可以从其语言习惯上判断其性格特征。观察是面试的另一重要手段。在面试中,面试官除了注意倾听求职者的回答外,还要观察求职者的各种非语言行为,并由此推断其心理活动。

2. 面试是一个双向沟通的过程

面试时求职者并非完全处于被动状态。面试官可以通过求职者的语言和状态来考核,求职者也可以通过面试官的表现来判断其态度偏好、价值标准以及对自己的满意程度等,从而在面试中调整自己的状态。

3. 面试的内容具有灵活性

面试因为求职者的背景、经历等的差异无法固定,同时不同的工作岗位也会造成面试的差异。面试时题目虽然会固定,但并不是按部就班,面试官可以随时根据求职者的表现进行调整。

4. 面试的对象具有单一性

面试的形式包括集体面试和个人面试。即使是集体面试,面试官也要逐一提问、逐一测评。

5. 面试具有持续性

面试不能在同一时间为所有面试者展开,只能一一进行。

6. 面试的交流具有互动性(略)

二、电话面试的礼仪

在很多情况下，为了节约时间、提高面试效率，一些企业会选择电话面试的方式决定参加面试的求职者。一些求职者认为电话面试不够正式，因此并不重视。其实应对电话面试时有很多需要注意的礼仪。

1. 做好准备工作

电话面试的成绩可以决定求职者是否能够进入下一轮面试，因此对电话面试要予以高度重视。在电话面试前要充分了解该公司的情况，还可以尽量了解面试官的情况。还要准备好自我简介，能够说明自己为什么可以胜任工作。

2. 电话面试的着装要正式

有些电话面试是通过可视电话完成的，在这种情况下，正式的着装就显得很重要。

3. 选择僻静的地点接听

为了保证电话面试的质量，接听时一定要选择安静的地点，避免嘈杂的声音。这些声音不仅会影响双方的通话心情，也影响着通话质量，容易造成面试失败。

4. 电话面试时不能一心多用

即使是不用直接面对面试官的电话面试，态度也要端正，不能在接听电话的同时做其他事情，更不能同时与其他人交谈。

5. 注意语速和音调

电话面试时由于通信设备的传递效果，声音可能比平时略小，因此在接听电话面试时，音量可以稍稍放大，但不能过大。语速应该放慢一些，以免对方听不清你的回答，但不要有停顿，也不能不加思考。

三、面试的着装礼仪

案例 11－2　　　　　　　　王林的不解

在校期间成绩优异的王林，毕业后到一家外企应聘文秘的职务。为了使面试成功，她特意到美发店做了一个时髦的发型，又去商场买了一条便宜但款式新颖的短裙。为了使自己看起来更成熟，她还请寝室的同学帮她化了妆。最后她穿上自己常穿的帆布鞋，拎着书包就去面试。结果主面试官看到她只是简单问了几句就请她离开了，并直接告诉她："你的打扮既不像学生又不够职业，先回去收拾好了再来吧！"就这样，成绩优秀的王林落选了。王林感到不解，自己的着装难道不够好吗？

资料来源：中华礼仪网。

我们讲到过着装"TPO"原则，它不仅适用于商务洽谈，同样适用于求职过程。初入职场的毕业生在面试时的着装选择应当谨慎，既不能太过休闲，也不可过于成熟。良好得体的着装既是自尊自爱的表现，也是对他人的尊重。在面试过程中，面试官首先是通过衣着来认识、判断求职者的。因此，端庄得体的衣着对求职活动的顺利进行有着不可忽视的作用。

(一)面试中的男士着装礼仪

男士在应聘时最好穿着西装，选择硬领衬衫，搭配合适的领带，展现男子气概。

1. 西装的选择

男士在面试时大多选择黑色、烟灰色或深蓝色的西装，偏瘦的人可以选择浅灰色，以显得自己高大挺拔。西装的质料要好，不能给人以廉价的感觉，袖口的商标要剪掉。初入职场的大学生不必穿高档新装，七八成新的服装最自然、妥帖。在价钱、档次上应符合学生身份，不要盲目攀比，乱花钱买高级名牌西服。如果用人单位看到求职者的衣着太过讲究，不符合学生身份，对求职者的第一印象也是会打折扣的。长裤与衣服应当成套，不能随意搭配，长度以盖住鞋跟 3/4 为佳。西装和长裤都要熨烫笔挺，不能有褶皱。

2.衬衫的选择

应当选择硬领衬衫，领子要干净、挺括，颜色以白色或浅蓝色为佳，可以带有条纹，但一定要选择浅色。要选择八九成新的衬衫，太旧的衬衫或崭新的衬衫都不合适，前者显得不够重视，后者则显得太过刻意。同样，衬衫也要熨烫整齐。在穿着时衬衫下摆要塞进裤腰，内衣、内裤都不能漏出。

3.领带的选择

男士在参加面试时一定要在衬衫外打领带，领带的材质最好为真丝，上面不能有油迹、污渍等。颜色的选择要与西装和衬衫搭配，不能选择太过鲜艳的颜色。领带的宽度应当与西服翻领的宽度相当。领带要熨烫整齐，领结要打得坚实端正，不能歪向一边，更不能松松垮垮。领带的长度不能超过腰带，面试时最好不用领带夹。

4. 鞋袜的选择

皮鞋最好选择黑色，质地应与皮带相同或相近，款式不要选择尖头，这样容易令人感到具有攻击性。皮鞋应在面试前一天擦拭干净，打好鞋油。穿鞋时鞋带要系紧。袜子最好选择与西装同色系，如果不能做到，也必须选择深色。西装革履时一定不能穿白色袜子。袜子的长度要适宜，以袜口达到小腿处为最佳。

5. 容貌的修饰

(1)男士的头发要修剪整齐，发尾长度不超过衬衫领，鬓角不要留得过长，额前头发不要挡住眉毛。切忌夸张、怪异的染色、长发和光头。头发要洗净，不要让头发、衣物上有头屑残留。

(2)做好面部清洁工作。胡子要刮干净，并且注意刮的时候不能弄伤皮肤。指甲要在面试前一天修剪整齐。

(3)男士可以用一些味道淡雅的男士香水。须后水可以作为香水的替代品，但要注意不能使用浓烈的化妆品。

6. 其他注意事项

(1)在面试之前最好清洁自己,身上不要有诸如汗味、烟味、酒味等刺激性气味。

(2)不要将票夹、钥匙、手机、零钱等放在衣袋裤袋中,以免使做工考究的西服走样。只携带必须随身携带的零钱和证件即可,或选择与衣服相搭配的文件包携带物品。

(3)戴眼镜求职者的镜框佩戴最好能使人感觉稳重、调和。眼镜的上镜框高度以眉头和眼睛之间的1/2为合适,外边框以跟脸最宽处平行为宜。

(4)面试时不要佩戴项链、耳环等饰物,文身不能外漏。

(二)面试中的女士着装礼仪

相对于男士而言,女士面试的着装更具多样性。一般来说,女士着装的总体原则是整洁美观、稳重大方,一般以西装、套裙为宜。

1. 服装的选择

女性在选择穿着西装时,不要选择太紧或太宽大的外套,内搭衬衣,夏天可以选择吊带。上衣的领口不能过低,穿着V字领或低领的衣服时应该选择搭配丝巾,丝巾的颜色要与衣服搭配。在选择穿着套裙时,裙长在膝盖附近为佳,太长容易显得老气,太短则显得不庄重。在颜色的选择上,女性可以选择较为庄重的黑色、藏青色、灰色、驼色等,也可以根据需要选择其他颜色。切忌选择粉红色,会给人轻佻、圆滑之感。夏季穿浅色服装时,要注意内衣裤的搭配,避免轮廓透出引起尴尬。

2. 鞋袜的选择

女性在面试时应尽量选择高跟或半高跟的皮鞋,避免穿鞋跟过高或过细的鞋子。颜色应当与衣服搭配,不可选择颜色过于鲜亮(如漆皮鞋、糖果色)的鞋子。鞋的款式应以可以包住脚趾的为主,不要选择鱼嘴鞋、凉鞋等;避免穿着尖头鞋,鞋型可以选择圆头或方头。冬季可以选择式样简洁的靴子。但注意穿着靴子时,裙子的下摆要长于靴端。丝袜最好选择肉色,不要穿流行的彩色丝袜。丝袜必须完好,没有脱丝或破洞。建议女性在面试时可以在包中放一双丝袜备用,脱丝或破洞时及时更换。

3. 饰物的选择

女性面试时可以选择佩戴一些精致的饰物,但不能过多。女性随身可以携带公文包或手提包,应当选择皮质包,式样简单大方,颜色和花纹不要太过鲜艳复杂,避免携带漆皮包。应届生要避免选书包、帆布包或休闲款式的包。面试时首饰应当尽量少带,可以选择小巧不引人注目的耳饰,不能佩戴太过华丽的珠宝项链。可以选择一款精巧的手镯或手表佩戴,但不能有太多缀饰。脚链绝对不可以佩戴,这会使人看起来不够庄重。

4. 其他注意事项

女性在面试时可以选择化淡妆,避免烟熏妆,唇色不要过于鲜艳。香水的味道应该以清新淡雅为主,切忌使用香气浓烈的化妆品。短发的女士只要将头发梳好不飞起即可,长发的女士可以将头发扎起或盘起。女士烫发和染发已经被社会接受和认可,但在面试时,切忌将头发染成过于扎眼的颜色，如黄色、红色等，不要挑染，不要烫太过前卫的发式。

四、面试的言谈举止礼仪

在求职面试时应当注意自己的言谈举止，得体地向面试官推荐自己，让其了解自己的能力。

（一）回答面试问题的注意事项

1. 面试时应当言之有物、言之有序

面试是求职者与面试官之间最直接的交流。求职者除了注意在叙述时不犯语法错误、表达清晰流利、用词得当、言之有物外，还要注意说话时的语速语调、语气态度等问题。在与面试官对话时，过多的俗语、俚语、语气词、口头用语都是语言修养不高的体现。

2. 面试时要注意礼貌

求职者应该遵守时间，一般提前 5～10 分钟到达面试场地。在等候面试时，要对接待员有礼貌。进入应聘室时，应先敲门，以 2～3 次为宜，得到允许后才能进入。进入后应背对面试官将门关上，然后转身面向面试官，主动问好致意，称呼要得体。

3. 面试时要注意体态礼仪

采用站姿与面试官进行交谈时，应与其保持一米左右的距离，挺胸抬头，双臂自然下垂，双腿直立且并拢；采用坐姿时，入座要轻，最好坐满椅子的 2/3，后背轻靠椅背，双膝自然并拢或微微分开，双手自然放于膝上，女士在坐下时应用手扶住后面的裙子；切忌进门就急于坐下，应当在面试官允许后，先致谢再坐下。面部表情要谦和，最好是面带微笑，应聘过程中应当把目光集中在招聘人员的额头部位，眼神要真诚、自然。

4. 其他注意事项

在面试时，求职者应当自觉关掉手机；面试中说话不要有捂嘴、耸肩等小动作；不要拖延时间；告辞时应当向面试官致谢；离开时要面带微笑，握手告别。

（二）面试的应答技巧

案例 11－3　　　　　　　　失败的面试

在一次面试中，李先生向面试官递交自己的材料后，不等对方发问就开始讲述自己的学历和工作经历以及对工作的想法等，一再表示这个岗位非自己莫属。他还不断提问："是否会经常加班？奖金福利如何？薪酬水平怎样？"最终，虽然李先生有着丰富的经验，但他的面试以失败告终。

资料来源：维基百科。

面试过程中最重要的部分就是应答，求职者应当认真把握自己的谈吐。注意礼仪规范和相应的原则，会为你的前程增添一份助力。

1. 面试时要等待面试官首先发问

求职者在面试时应该等待面试官首先发问，在听清其问题和要求后，针对问题做出合适、规范的回答，以获得较高的评价。不等面试官发问就过于热情地介绍自己，尤其是不管对方的态度而自己滔滔不绝，是面试中的一大禁忌。

2. 态度诚实恳切，状态轻松自如

在面试中遇到不会回答的问题时，一定要诚实地告知对方，不要不懂装懂、支支吾吾。求职者在面对一个或多个可以影响自己前途的人时难免会感到紧张和有压力，应答时要尽量放松心情，发挥自己的最佳状态。

3. 积极思考，争取主动

在面试时，灵活的应变能力往往是面试官们最热衷考察的项目之一。一般来说，用人单位更青睐那些思路灵活、积极主动、勇于创新、善于思考的员工。因此，面试官喜欢用一些特殊手段考察求职者的反应能力。在面试中遇到突发情况时，一定要沉着冷静，积极寻求解决方式，充分展示自己。

4. 多谈对方，少说自己

求职者往往会在面试时从自身出发，只谈论自己的状况，而不顾及对方的感受。在面试时学会多谈对方少说自己，可以赢得面试官的好感。

5. 适当提问

面试中虽然以面试官提问为主，但求职者也应当寻找机会，适当进行提问，尤其是当面试官问“你有什么问题吗”时，一定不要说没有，也不要提问和薪酬有关的问题。当对方问及希望的薪酬时，应当根据自己了解的情况说出自己所能接受的最低待遇和最高薪酬。商谈薪水时要自信，但要注意给双方留下余地。

6. 学会处理冷场情况

在面试中，面试官会突然沉默，制造冷场，认为这是考察求职者的一个有效的手段。因此，求职者要学会以下几点来处理冷场状况：

(1)冷静地分析原因。求职者应当冷静快速地分析原因，以找出相应的对策。如发现自己话没讲完对方已经表现出不耐烦，就应当表示歉意并尽快结束自己的话题。

(2)做合适的补充。

(3)适当地进行总结。当面试官沉默时，求职者可以大胆地为自己的陈述做简短的总结，显得更有逻辑性。

(4)另起一个新话题。最好在面试之前准备几个相关的话题，以备不时之需。

(5)适当反问，争取主动权。

小知识　　面试中的常见问题和回答方法

1. 求职者自问自答：“我们企业的行业特征是……”这样的叙述可以让面试官与求职

者一同探讨,无形之中加深认可程度,优化面试氛围。

2. 求职问:“你所说的岗位除了……还需要……吗?”与面试人沟通对应聘岗位的理解,进一步调整接下来对工作经历、经验阐述的角度。

3. 面试官问:“你对公司有什么问题需要进一步了解的吗?”当面试官提出此类问题时,求职者千万不能回答“没有”,那无异于告诉对方你没有专心听讲,对用人单位、行业、产品、发展战略一无所知。问题一定要问,但是不要问待遇问题。

4. 求职者自问自答:“我一直在使用我们公司的产品,它……”求职者可以与面试官探讨你对用人单位产品的理解,最好的说法是九分表扬、一分批评,可以提出更好的传播创意。

5. 面试官问:“最基础的工作你也愿意做吗?”这时不能毫不犹豫地回答“愿意”,这样会给人应付之感,应该表明自己做过类似的基础性工作,同时表达自己对岗位的愿望。

6. 面试官问:“你是否有出国或者考研的打算?”此时要坚定地回答“没有”,并间接描述自己的职业规划。

7. 面试官问:“你为什么应聘本单位?”面对这样的问题,只要描述对用人单位、所在行业、应聘岗位的认知即可,不能抱怨对原单位的不满。

8. 面试官问:“如果工作的安排与你的愿望不一致,你是否愿意服从其他安排?”这是一个陷阱性问题,说服从会被认为没有主见,说不服从则可能失去工作机会。此时可以回答:“我可以接受公司因为工作需要进行的调整,当然,我相信公司可以人尽其才的。”

9. 面试官问:“跟我们谈谈你自己。”这是一个开放性问题,从哪里谈起都可以,但绝不能滔滔不绝。建议求职者将自己的背景和所求职位联系起来。

10. 面试官问:“请介绍你过去工作的状况。”这对于求职者来说是一个机会,应该重点介绍自己的技能、经验等,注意条理、重点突出,要与应聘职位有关联。

11. 面试官问:“你没有工作经验,为什么认为自己适合我们的要求呢?”对于没有经验的应届毕业生,这是一个常见问题。此时,求职者要冷静,可以告诉面试官:“经验只能代表过去,不代表全部,我想工作能力更重要。”

12. 面试官问:“你对工资有什么期望?”或“你希望的薪水是多少?”这几乎是所有面试中都会问到的一个问题,而且通常在面试的最后阶段才会提出,这是求职者获得认同的一个标志。这时求职者应当根据自己所掌握的情况,给出一个范围,下限可以低一点,上限不能太高,给双方留有余地。

五、面试后的告别礼仪

许多求职者只重视面试的过程而忽视面试最后告别时的礼仪,但面试的结束并不意味着求职过程的结束,也不意味着求职者可以得到录用通知。因此,应该注意面试后的告别礼仪，做好求职的后续工作。

1. 礼貌地向面试官告别

当面试官示意或暗示求职者可以结束面试时，求职者应当礼貌地与面试官告别，此时要面带微笑，对面试官表示感谢，主动与面试官握手告别。需要注意的是，求职者不能主动提出结束面试，一定要让面试官结束。

2. 有条不紊地离开

面试结束时要收拾好自己的随身物品，不要丢三落四。走出房间时应转身正面面对面试官。如果面试官也出门，则要等其出门后自己再走，并轻轻地关好门。

本章小结

本章主要介绍了求职简历的书写，并通过案例，分析了求职简历在写作过程中的注意事项。其次重点介绍了面试过程中可能出现的问题及应对技巧。对面试问题的回答直接决定了面试者的成败，因此在面试前要做好充分的准备，做到有备无患。

复习题

1. 面试前应做哪些准备？
2. 给某企业写一封求职信。
3. 给自己设计一份个性化的求职简历。
4. 假设面试者可能提出的问题，并做回答。

案例分析

一次精心策划的求职面试

一、背景

2011 年韩洁毕业于××工业大学工业会计专业，获学士学位。通过亲人帮助，她先后在上海某投资公司、美国某集团驻上海办事处任职，工作职责为：出纳。

2013 年 3 月，韩洁准备离开美国某集团驻上海办事处。在求职前，她求助某工作室对她的情况进行了详细分析，并对她的求职材料进行了全面包装。

二、前期准备

（一）个人情况分析

优点：朴实无华，谦虚好学，善于待人接物，专业可以应用于多个行业和领域。

缺点：特点不够突出，英语和计算机应用能力一般。

职业定位：大公司的小会计，安稳中享受生活，获得进一步的学习机会。

(二)求职材料

制作精美个人简历一份(重点强调工作经历、工作经验、解决问题和专业特质)。

精心设计电子求职简历一份。

前任职公司总裁推荐信一封，美国某集团驻上海办事处首席代表推荐信一封。

(三)求职方向和策略

求职方向：总部位于上海的大企业、集团公司。

求职策略：重点突出。充分了解企业后，才去面试。用对企业的了解来弥补英语、计算机能力的不足。

(四)求职信息途径选择

大企业进行招聘时都会在大型网站、各大报纸刊登广告，对这些媒体途径进行密切跟踪。

求职撒手锏：曾经服务过的两家机构负责人的推荐信、联系方式。

(五)重点准备面试问题

1. 专业的问题(重点准备：专业课、日常工作情况；集团公司财务部门涉及财务稽查，所涉及行业财务的管理)。

2. 工作经验和工作经历自述(重点准备过去工作给自己带来的快乐、学到的知识、同事对自己的帮助)。

3. 为什么离开自己认为这么好的公司和工作环境(同事和老总希望自己可以更好地发展，鼓励自己出来到大企业大集团工作)。

4. 重点表现自己的天真、随和、与人为善的天性。

5. 大公司招聘财务职位，往往应者如云，应重点做好集体面试的准备。比其他求职者表现出更多平和、懂事理。

6. 大公司的薪酬有严格的规定，所以不要主动谈论薪资问题。

7. 面试时总体态度一如既往地谦虚、随和、微笑、文静。

三、面试

面试方式：集体面试

面试人员：五人一组，共三组

主持人：两人(财务部长、人事经理)

拟录用人数：一人

面试时间：上午9:30

根据面试时间可以判断出：面试上午全部完成，韩洁有可能是第一批。这一排序的特点是：必须给主试人留下深刻、良好的印象，从而使主试人的选择更加挑剔。否则，很容易被遗忘。按照既定方针，韩洁提前20分钟到达会议室等候面试。

出人意料的事情出现了:15 名求职者在 9:30 分之前的一刻钟内先后到达,这让负责接待的财务室科员和前台两位接待小姐有些手忙脚乱。出于天性,韩洁很自然地询问是否需要帮忙。在其他十四双眼睛的注视下,韩洁开始了搬椅子、倒茶水、发表格的工作。

韩洁不是预想中的第一轮,因为她在协助招聘的接待室工作,她被重新安排在第三轮。当她和其他四位求职者一起步入面试现场时,气氛发生了轻微的变化;其他四位求职者都接受过她的服务,所以都自然地向她点头,她则回以微笑。

五人坐定后,主试人是一位 40 岁左右的中年妇女和一位 40 岁左右的中年男子,分别介绍说是黄部长和王总监。黄部长对韩洁报以一个亲切的微笑,点了一下头,和蔼地问道:"你是韩洁吧?辛苦了。"

韩洁脸有点红了,赶紧欠了一下身体:"没什么,我应该做的。"

王总监:我先介绍一下公司的基本情况和本次招聘财务部门工作人员的基本情况。

……

黄部长:你们分别介绍一下各自的工作经历和工作经验。

韩洁:2011 年,我毕业于××工业大学工业会计专业,同年到达上海,先后任职某投资公司、美国某集团驻上海办事处,工作岗位为出纳。因为天性,想多学一点东西,有时协助做一些项目方面的工作。2011 年 10 月和 2012 年 8 月,我先后协助公司项目组做了两个咨询方案《×××××××可行性分析》《×××××××现状调查》,对我们公司类似企业的财务处理有了一些实质性的了解。

我很感谢我的同事们,他们素质都很好,经验也很丰富,他们不嫌弃我这个刚走出校门的女孩子,手把手教会我很多东西,从最基础的打印机换墨盒、接电话到财务工作实务、为人处事、英语口语训练等。尤其是这两家企业的账户分别设在工商银行、华夏银行,在我初步熟悉了业务之后,他们很放心地让我与银行直接打交道——那种被信任的感觉真好。

从西北来到上海两年时间里,在领导和同事的帮助下,我快乐地成长,学会了很多东西,已经融入上海的工作与生活节奏中。

黄部长:那你为什么要离开这两家公司呢?

韩洁:是这样的。您一定看到了我个人简历中有一点点特别的地方,都附有证明人,分别是这两家企业的总裁、首席代表和他们的联系方式。我带来了他们的推荐信原件。他们告诉我说:大型企业集团会更有利于我的成长,并且说,等我的好消息。

王总监:从走出大学校门到今天,你已经工作了两三年,在事业上受过挫折吗?

韩洁:刚刚开始工作时,打印机不会用,碎纸机也不会用,接电话会发抖、做报表会出错、出门坐错车,连热水器都不会弄。这些和刚从黄土高原来到上海时的意气风发比起来真的很受挫折,还哭过几次鼻子。不过还好,在同事和朋友们的帮助下,我用了三个月的时间完成了由学生到职员的过渡。这一过程使我成熟了很多。我想,将来我还会经历很多挫折，不过我不会总是哭鼻子了。

王总监：你还有什么需要了解的吗？

韩洁问起了公司财务管理的方式方法，黄部长为她做了初步讲解，并表示如果想继续了解还可以再找时间详谈。

……

最后王总监说：“各位的情况我们都已了解，我们将在两周内给你们答复。谢谢你们。”

韩洁静立一旁，待其他四位求职者离开后索取两封推荐信。黄部长半开玩笑地问：“怎么？对我们不满意？还想去找工作？”韩洁微笑着回答：“不是啊，我想好好保存这两封信，它们对我是很好的鼓励啊。”

一周后，韩洁接到总台小姐的通知：“韩洁，王总监让我通知你，后天来报到，我们是同事了……”

资料来源：维基百科。

思考：怎样才能让自己在众多面试者中脱颖而出？

参考文献

REFERENCE

1. 曹浩文:《如何掌握商务礼仪》,北京大学出版社 2004 年版。

2. 李荣建、宋和平:《礼仪训练》,华中理工大学出版社 2005 年版。

3. 徐觅:《现代商务礼仪教程》,北京邮电大学出版社 2008 年版。

4. 庄铭国:《国际礼仪》,中共中央党校出版社 2006 年版。

5. 杨狄:《社交礼仪》,高等教育出版社 2005 年版。

6. 陈柳:《职业人形象设计与修炼》,上海远东出版社 2004 年版。

7.(日)金井良子,万友等译:《礼仪基础》,人民大学出版社 2004 年版。

8. 张岩松:《现代交际礼仪》,清华大学出版社 2008 年版。

9. 吴　冰:《中西方文化差异拾零》,闽西职业大学学报 2002 年版。

10. 万锦虹、李英:《商务与社交礼仪》,北京师范大学出版社 2008 年版。

11. 吕彦云:《国际商务礼仪》,清华大学出版社 2011 年版。

12. 韩爱群:《商务礼仪商务》,北京理工大学出版社 2012 年版。

13. 史锋:《商务礼仪》,中国科学技术大学出版社 2012 年版。

14. 唐蜀湘、陈宁:《商务礼仪》,北京师范大学出版社 2013 年版。

15. 余忠艳、李荣健:《现代商务礼仪》,武汉大学出版社 2007 年版。

16. 郝凤波:《商务礼仪》,地震出版社 2008 年版。

17. 金正昆:《商务礼仪教程》,中国人民大学出版社 2005 年版。

18. 马飞:《商务礼仪规范手册》,金城出版社 2007 年版。

19. 姜红:《商务礼仪》,复旦大学出版社 2009 年版。

20. 李兰英、肖云林:《商务礼仪》,上海财经大学出版社 2012 年版。

21. 李荣健:《旅游服务礼仪教程》,中国传媒大学出版社 2010 年版。

22. 杜汉明:《商务礼仪》,高等教育出版社 2010 年版。

23. 覃常员、张幸花:《现代商务礼仪》,中国农业大学出版社 2009 年版。

24. 梁志刚、尹喜艳:《商务礼仪》,北京大学出版社 2005 年版。

25. 钟晓红:《现代商务礼仪》,天津大学出版社 2009 年版。

26. 罗宇:《商务礼仪实用手册》,人民邮电出版社 2008 年版。

27. 陈福义:《礼仪实训教程》,中国旅游出版社,2008 年版。